编委会名单

主　　编：胡一梁

编　委　会：姚　争（浙江传媒学院）

　　　　　　张文东（东北师范大学传媒科学学院）

　　　　　　马池珠（山东师范大学影视传媒研究院）

　　　　　　于　然（中国传媒大学融媒体中心）

　　　　　　张学波（华南师范大学教育信息技术学院）

　　　　　　卢小雁（浙江大学传媒与国际文化学院）

　　　　　　田　力（成都理工大学传播科学与艺术学院）

　　　　　　党　君（陕西师范大学新闻与传播学院）

　　　　　　王建磊（深圳大学传播学院）

　　　　　　祁小龙（天津师范大学新闻传播学院）

　　　　　　何天平（中国人民大学新闻学院）

传媒集刊 2024

中国传媒实践教学研究

|第四辑|

Research on Media Practical Teaching in China

胡一梁 主编

中国传媒大学出版社
·北京·

前　言

　　时值百年未有之大变局,世界环境变得动荡起来,宏观经济环境发生了很大的变化,传统行业面临巨大挑战。不管怎样,时间的如椽巨笔,一笔一画书写正道沧桑,点横撇捺折射梦想光芒,翻越一程山水,告别一段时光,2024年如约而至。

　　2023年,影视传媒技术迅猛发展,特别是以GPT为代表的人工智能技术及其广泛的业务场景正在实现深度集成,大量AI应用正在开发,深刻影响着从劳动力市场到知识发展、内容创作、协同交互等商业、工作、教育、生活的方方面面,让每个人都能够"身无彩凤双飞翼,心有灵犀一点通"。

　　当今世界,变化无处不在,不确定性成为常态,变化不再是连续的、线性的、确定的,昨日的成功、今日的徘徊与明天会遇到的问题几乎没有关联,墨守成规可能导致机会的丧失。创新的来源是好奇心、开放精神、自由探索,未知将为我们打开新的世界之窗,更开阔的空间、更浩大的宇宙正等待着我们去披荆斩棘。

　　与影视传媒高等教育息息相关的大视听产业的新业态、新场景、新案例、新模式层出不穷,这些是传媒教育的一个个等待着被填满的空间,传媒教育不能够再等待、观察问题该如何解决,尤其是影视传媒实践教学要自由地尝试实践创新的想法,创造影视传媒实践教学新的场景,开拓影视传媒实践教学的未来。

　　2023年,中国高校影视学会实验教学专业委员会面对影视传媒产业的发展,通过搭建传媒产学研创各界业务交流的平台,积极开展实践教学生态系统共建共享,不断探索集技术、艺术、人文融合及基础素养、实践能力等于一身的新型传媒实践创新人才培养模式,在传媒新文科建设、实践教学创新方面做了一些卓有成效的工作。

　　2023年5月中旬,中国高校影视学会实验教学专业委员会第三届理事会成立大会暨主题为"大视听 向未来"的第六届影视传媒实践教学创新研讨会在深圳召开,来自全国230余所高校、23家公司的600余位代表参加盛会,通过交流与分享开阔了传媒教育的视野,激发了影视传媒实践教学创新思维,推动了影视传媒实践教学不断发展。

　　2023年11月中旬,传媒类一流专业、一流课程、AIGC系统建设研讨会在湖北黄冈召开,面对AIGC、大模型等技术迅猛发展的局面,全国29个省(区、市)100余所高校影视传媒领域专家学者、10余家影视传媒相关产业公司的300余名嘉宾齐聚一堂,围绕影视传媒实践教学如何赋能一流专业、一流课程建设等相关主题展开深入研讨。

中国高校影视学会实验教学专业委员会还在2023年开发了由网络平台、移动App组成的面向全国的影视传媒实践教学共建共享平台——媒教空间，其主要功能包括发布媒教资讯、链接一流课程、展示优秀作品、分享实践教学经验、传播新技术新业务等，初步实现了影视传媒实践教学产学研用各界的交流互鉴。

当前，生成式人工智能为传媒实践教学创新路径、重塑形态、推动发展提供了新的重大机遇。一是传媒实践教学将更加注重技术融合与创新应用，通过引入新技术、新工具和新平台，构建适应人工智能时代的学习生态，提升学生的技术素养和创新能力。二是实践教学将更加注重跨界融合，除了传媒业务领域之外，还将与计算机、艺术设计、社会科学等多个学科进行有机融合，形成更加丰富多样的实践教学内容和课程体系。三是实践教学将更加注重与行业需求的对接，确保实践教学与行业需求同频共振。四是实践教学将更加注重国际化教学合作与交流，开展国际间的师生互访、联合培养、课程共享等活动，开阔学生的国际视野和提高学生的跨文化交流能力。

2024年是龙年，积土成山，风雨兴焉；积水成渊，蛟龙生焉。每个人的成就最终都是时代的产物，既要低头走路，又要抬头顺势而为，谁先入局打破视野盲区，就有望占得先机。山和山不相遇，人和人要相逢，传媒实践教学界同人需要以奋斗者的昂扬姿态迎接新的机遇与挑战。作为教师，我们需要不断地丰富知识储备、提升业务能力，永远学习，永远奔跑，看见光，追逐光，成为光。

《中国传媒实践教学研究》（第四辑）全方位、多角度、深层次地总结了2023年传媒教育在传媒实践教学生态建设各方面的成果，凝聚了国内从事传媒实践教学的产学研用各界专家学者的智慧，希望能够对我国影视传媒实践教学共建共享生态建设起到积极的推动作用。

《中国传媒实践教学研究》（第四辑）集刊在征集的过程中得到了中国高校影视学会、实验教学专业委员会、浙江传媒学院电视编辑与导播国家级实验教学示范中心、浙江传媒学院全媒体实验创新中心、相关高校传媒院系和中国传媒大学出版社的大力支持，胡一梁、王轶群、李水仙、李明远等同志参加了本集刊的编辑工作。在此，对上述单位和付出辛勤劳动的编辑人员，谨致以诚挚的感谢。

路漫漫其修远兮，吾将上下而求索。

胡一梁

2024年1月28日

目 录 >>>>CONTENTS

实践教学前沿

面向 AIGC 的媒体生产运营平台建设　　　　　　　　　　胡一梁　徐　畅/ 2

影视传媒专业本科实践教学的课程体系设计
　　——以北京大学数字传播教学实验中心为例　　　　　　严富昌/ 14

以人工智能为引领的媒体内容生产实践教学研究　　　　　　王　昊/ 23

新文科背景下交叉团队的协同教学模式创新
　　——以"虚拟数字人"实训为例　　　　　　　　　　王建磊　张文文/ 35

基于 PBL 模式的大视听实践教学研究与探索　　　　　　　　李佳龙/ 46

实践教学综合改革

实践聚力人才培养　项目赋能教学创新
　　——影视摄影与制作专业"一核双驱"模式建设　　　　杜　君/ 58

基于 OBE 理念的影视艺术实践课程混合式教学探索　　　　陈文华/ 65

地方本科院校戏剧与影视学类专业实践教学创新路径探析
　　——以西安工程大学学院为例　　　　　　　　　　　妣晓霞　丛红艳/ 73

智能传播环境下民办高校的新闻实践教学探索
　　——以上海建桥学院新闻传播学院为例　　　　　　　张建民　曹茶香/ 83

AIGC 语境下学研产一体化动漫数字内容创新实践人才培养模式

　　　　　　　　　　　　　　刘　欣　朱姝丽　王青青　淮永建 / 89

基于 OBE 理念的传媒工作室人才培养模式的再构与实践　　路　鹏　周　利 / 97

嵌入理论视域下体育传媒教学实践"以体为本"的路径创新研究　　赵琳琳 / 107

智能时代影视专业实践教学的变革与展望　　　　　　　　　　　　李　琳 / 115

实践教学模式改革

"摄像技术与艺术"课程创新与实践　　　　　　　　　　刘一儒　喻晓琛 / 124

亲近世界，人尽其才

　　——视频制作类课程改革方略　　　　　　　　　　　　　　段　筱 / 132

新文科背景下社会实践类课程建设的创新探索

　　——以国家级一流本科课程"网络营销"为例　　　　赵　茹　闫书渊 / 139

国家虚拟仿真实验教学项目"舆情引导全流程报道"的创新路径

　　　　　　　　　　　　　　　　　　　　　　　　　王　熙　谭江平 / 146

基于 OBE 理念的应用型本科高校影视照明课程教学改革与实践

　　——以西南石油大学艺术学院为例　　　　　　　　　　　　范超辉 / 154

融媒体时代传媒专业短视频创作教学革新研究

　　——以宝鸡文理学院"纪录片创作"课程为例　　　　　　　郭勋亚 / 161

基于视觉文化视角的"摄影基础"课程建设研究　　　　　宋　欣　马　林 / 168

国际中文教育视频教材《用中文·学表达》100 集剧本创作实践

　　　　　　　　　　　　　　杨爱君　耿雪娜　张博源　梁　雪 / 176

实践教学评价与管理研究

数字化背景下影视实践教学测量与评价的创新路径　　　杨　阳　沈　璇 / 186

虚拟仿真实验持续使用意愿的实证分析

　　——以融媒体虚拟仿真平台实践教学为例　　　　　陈　臻　张启阳 / 192

拥抱变化　守正创新

　　——东北师范大学国家级传媒实验教学示范中心实践教学建设分享

　　　　　　　　　　　　　　　　　　　　　　　　　　　　　董　昕 / 203

基于教学实习的省级地面台新闻生产实践探析　　刘晓丽　张　燕／209

AIGC数智在传媒3D数字内容教学中的实践应用　　闫俊丽／220

基于微信企业号的实验室管理系统设计与应用　　王轶群／229

研讨会综述

面向大视听的传媒实践教学新进展
　　——第六届传媒实践教学创新研讨会会议综述　　董　莉　鹿　凤／242

影视传媒实践教学新场景的建设与思考
　　——传媒类一流专业、一流课程、AIGC系统建设研讨会综述　　胡一梁／252

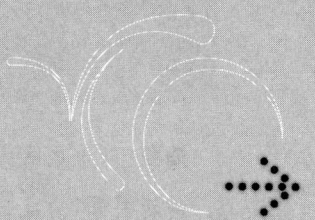

实践教学前沿

面向AIGC的媒体生产运营平台建设	胡一梁　徐　畅
影视传媒专业本科实践教学的课程体系设计	
——以北京大学数字传播教学实验中心为例	严富昌
以人工智能为引领的媒体内容生产实践教学研究	王　昊
新文科背景下交叉团队的协同教学模式创新	
——以"虚拟数字人"实训为例	王建磊　张文文
基于PBL模式的大视听实践教学研究与探索	李佳龙

面向 AIGC 的媒体生产运营平台建设

◎ 胡一梁　徐　畅

摘要： 以生成式人工智能（AIGC）等为代表的新技术已经成为支撑媒体生产运营的新引擎，为此，浙江传媒学院构建了包括媒体智能生产、媒体智能运营、媒教空间等在内的媒体生产运营平台，实现了媒体生产运营实践教学的"上云、用数、赋智"，探索了媒体智能生产运营实验室建设的新路径。

关键词： 影视传媒；智能生产；媒教空间；共建共享

1.引言

进入 21 世纪，云计算、大数据、物联网、5G 等新一代信息技术迅猛发展。2023 年，以 AIGC 为代表的通用人工智能技术引发全球范围内的持续激荡，正在迅速影响甚至重塑包括教育在内的诸多行业。AIGC 技术经历了以 GPT 为代表的大模型的涌现、应用层的快速创新、深度业务场景的应用，打通了业务数字化全流程，深度影响了从劳动力市场到知识发展、内容创作、协同交互等工作、生活、学习的方方面面。

目前，AIGC 正在"听、说、读、写、看、画、思、动"等方面延伸人的能力，对包括传媒在内的文创产业造成了颠覆性影响，传统媒体长期以来稳定的市场结构正在被彻底颠覆。为了在智能社会保持竞争力，传媒必须开启一次生产运营业务流程重构之旅，从技术层面到业务层面，包括基础设施、业务应用、交互模式、数据价值、生态伙伴等方面都需要按照媒体智能生产运营新架构重构。

浙江传媒学院全媒体实验创新中心实验平台由线下、线上及线上线下融合实验系统组成，常驻学生记者 1,500 余人，通过"产学研创用"一体化运行模式，与新华社、人民日报社、中央广播电视总台、今日头条、网易等媒体实行战略合作，全天候运营了下沙高教园区实验广播电视台、浙传在线、浙江传媒学院的官方微信、官方微博、官方抖音、头条号、浙传号以及钱塘新区官方抖音,形成了产教融合的媒体化实践教学运行模式,成为浙江传媒学院卓越影视传媒人才培养的重要基地。

面对 AIGC 及大模型技术的迅猛发展,浙江传媒学院全媒体实验创新中心(以下简称"中心")审时度势,率先启动影视传媒 AIGC 方面的实验教学系统建设,与成都华栖云、百度云合作构建了包括媒体智能生产、媒体智能运营、媒教空间等在内的媒体生产运营平台,初步实现媒体生产运营"上云、用数、赋智",提升了实践教学效率、降低了实践教学成本、满足了师生个性化媒体生产运营实践需求。

2. 平台建设目标与内容

媒体智能生产运营平台基于媒体云,通过人工智能技术、算法应用及媒教空间建设,提供多种 AIGC 编辑工具和共建共享平台,旨在提升媒体内容的生产效率和媒体生产运营实践教学的智能化水平。

2.1 平台建设目标

媒体智能生产运营平台在智慧校园建设的基础上继续深化浙传云生态建设,迭代原有浙传云,完善校内外虚实空间融合、富媒体应用、全场景呈现、多终端互动等"云""管""端"一体化的影视传媒实践教学生态系统。具体措施如下。

第一,紧紧结合浙江传媒学院"计算+云+大数据+AI"智慧校园基础设施资源,在此基础上构建媒体生产系统,满足媒体生产、实践教学、业务创新、社会服务"共享、聚合、移动"的需要。

第二,迭代升级中心现有的相关媒体实践教学资源,在智慧校园的基础上构建包含 App、小程序、HTML/H5、SDK 等在内的实践教学客户端群,从而组成提供软件开发、集成、运营、运维服务的媒体生产运营平台,探索云端融合实践教学系统建设路径和媒体化实践教学模式。

第三,持续夯实国家级实验教学示范中心在国内影视传媒实践教学中的引领与示范作用,支撑中心实践教学、生产运营和各二级学院 App、微信、微博,以及其他媒体平台的运营推广需要。

2.2 平台建设内容

媒体智能生产运营平台承担着媒体生产运营方面的软件开发、集成、运营、运维服务和微信、微博、各大短视频平台的运营推广等方面的媒体内容生产运营及相关实践教学任务，主要建设内容如下。

2.2.1 建设媒体生产子系统

平台采用由 iOS 框架、Android 框架、PHP 服务端框架、前端 UI 框架等组成的开源框架，通过智能软硬件系统建设，搭建包括轻量化采集拍摄、媒体生产、AIGC 智能编辑系统在内的媒体生产子系统。

2.2.2 建设媒体运营、共建共享子系统

平台通过对浙传云和公有云资源进行调用，建设包括内容运营、客户运营和活动运营等方面在内的媒体运营服务子系统 App，实现中心的媒体运营矩阵化和媒体运营实践教学的媒体化。

2.2.3 构建媒体化实践教学模式

平台依托媒体生产运营实验室，建设与之对应的实践课程体系，实行"课程＋栏目＋社团"媒体工作坊教学形态，构建"一二三课堂"协同、云端一体生产与实践教学融合的媒体化实践教学模式。

3.平台架构与功能

平台秉持"轻量化、智能化、高效率"的互联网智能生产理念，采用基于媒体云的开放式设计，在此基础上灵活接入多场景生产工具，具备松耦合、资源池化、高扩展性等特性，满足业务发展快速迭代升级的需求，实现高效的媒体生产、运营以及影视传媒实践教学的共建共享。

3.1 平台总体架构

平台框架采用前台、中台、后台的"三台"技术架构。后台提供稳定可靠的虚拟化计算、存储、网络资源以及基础的共性支撑模块，支持灵活动态扩展以应对业务系统的突发需求。中台提供业务抽象能力，对底层"视频＋AI"原子能力进行编排、调度，将各种异构的能力归一化接入，实现平台服务能力的整合输出。前台基于中台的能力提供各种业务需求操作、展现，以满足 B 端用户和 C 端用户的业务使用需求。媒体智能生产运营平台总体架构示意图如图 1 所示。

图 1　媒体智能生产运营平台总体架构示意图

3.1.1　技术架构设计

技术架构分为基础 IaaS 层、通用中间件 PaaS 层、高性能接口层、对外访问接入层、后台应用层、网络接入安全层及运维监控层。

3.1.1.1　基础 IaaS 层

基于平台资源，ECS 服务器提供基础计算能力，网络附属存储（NAS）保存主要的系统运行数据，CDN 完成页面静态文件、内容点播文件及视频直播流加速工作。

3.1.1.2　通用中间件 PaaS 层

远程字典服务（REDIS）用于存储高频率访问的复杂数据结构数据，关系型数据库管理系统（MySQL）用于持久化存储和管理数据，ES 用于高扩展的检索服务，开源流处理平台 Kafka 用于高吞吐量的消息传输服务。

3.1.1.3　高性能接口层

高性能接口层利用多级缓存能力，通过高性能的开源 HTTP 加速器 Varnish 服务对外进行请求路由，对大量雷同接口进行高速缓存，建立具备多级缓存能力、面向互联网媒体的平台。

3.1.1.4　对外访问接入层

对外访问接入层主要由 API Kong 应用网关和负载均衡组成，具有认证、鉴权、流量管控、缓存、服务路由、熔断、灰度发布、监控报警等功能。

3.1.1.5 后台应用层

后台应用层采用前后端分离架构、前后端一体架构。前后端分离架构完成前端操作界面和后端服务能力的分离,实现前端部分静态页面的 CDN 加速,提供终端良好的应用操作体验。而对于安全性要求高且访问要求不高的部分模块,采用前后端一体形态,能够有效提供安全访问保障。

3.1.1.6 网络接入安全层

网络接入安全层主要提供网络、主机、应用、分布式阻断服务(DDOS)防护等方面的基础安全保障。主机安全通过两方面的举措完成:一方面,仅部分主机开放互联网对外接口并引入白名单机制;另一方面,使用主机安全防护对主机漏洞、异常访问等进行全方位的监控。

3.1.1.7 运维监控层

运维监控层分为应用监控、业务监控、基础资源监控三个维度,用于实现系统整体 7×24 小时的稳定安全运行。

3.1.2 前台主要组成模块

前台包括内容管理、内容生产、活动运营及数据分析等模块。

3.1.2.1 内容管理模块

内容管理模块可完成平台所有内容文件的上传、管理、审核及搜索应用任务,并结合中台层 AI 能力对内容进行智能化标签,提升内容管理效率及质量。

3.1.2.2 内容生产模块

内容生产模块可完成媒体内容资源的在线生产,提供视频快编、数据新闻、海报视频、场景包装、文稿制作、H5 制作等在线编辑工具,基于当前最新的生成式大模型打造智变观澜、数字分身等 AIGC 工具,实现内容的智能化生产。

3.1.2.3 活动运营模块

活动运营模块主要完成各种运营活动的创建、管理及发布等工作,提供融媒号、问卷调查、投票、直播等运营工具,提供运营可视化配置功能。

3.1.2.4 数据分析模块

数据分析模块主要完成内容的生产、发布,运营数据的统计、分析及可视化展现,为内容生产、活动运营提供数据支撑。

3.1.2.5 内容传播矩阵

在终端应用层,我们构建了由媒教空间、移动客户端以及互联网发布渠道组成的内容传播矩阵,在平台中,各类资源以及各种运营活动形成了影视传媒实践教学的内容展示、互动空间,实现了面向全国影视传媒实践教学的交流互鉴。

3.2 系统拓扑设计

计算资源为媒体业务提供完全透明的计算服务,应用系统可直接使用由虚拟化平台提供的计算资源,系统拓扑则采用如图2所示的网络拓扑。

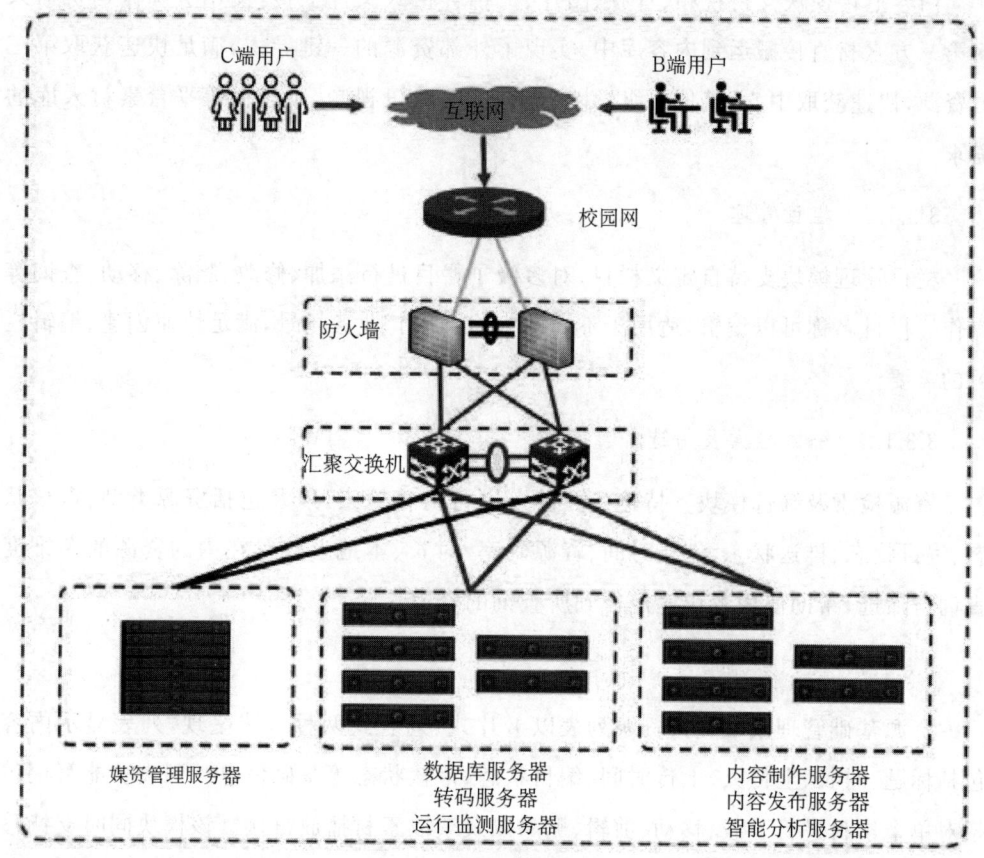

图 2　系统拓扑示意图

网络资源能够自动感知虚拟服务器,随着虚拟服务器的迁移、调度,网络资源能够自动进行网络重新配置,同时通过业务控制平面对网络进行逻辑化的抽象、封装,屏蔽复杂物理网络的协议和交互,给上层应用提供简捷的"虚拟网络"的使用接口。

3.3 系统实现的功能

3.3.1 内容管理系统的主要功能

内容管理系统是媒体智能生产运营平台的核心模块,旨在满足多样化、海量资源汇聚、快速生产、发布等需求,并支持平台工具挂接。在媒体智能生产运营的场景下,海量内容给资源管理带来巨大挑战,使用图片、语音、文字等AI识别技术能够实现资源编目、检索、审核等的智能化。主要功能包括以下几个方面。

3.3.1.1 内容上传

内容上传模块支持视频、音频、图片、文档等格式文件上传,使用资源搬运机器人将第三方素材直接搬运到内容库中,实现了外部资源的一键导入,满足快速获取第三方资源,快速获取中心、其他二级学院以及抖音、腾讯视频、小红书等平台素材入库的需求。

3.3.1.2 栏目管理

栏目管理模块支持自定义栏目,对多级子栏目进行添加、修改、删除、移动、查询等操作。栏目名称可以编辑,适用于不同的"产学研用"业务场景,满足快速创建、编辑栏目的需要。

3.3.1.3 资源检索及筛选

资源检索及筛选模块支持输入关键字进行内容检索,以及包括资源类型、审核状态、编目状态、推送状态、创建时间、资源码率、时长、本地上传等在内的资源的多维度查询与筛选,帮助使用者快速定位到所查询的资源。

3.3.1.4 资源基础管理

资源基础管理模块支持资源列表以卡片式、列表式两种方式呈现,列表显示内容包括标题、时长、上传人、上传时间、编目状态、审核状态等基础信息。列表功能管理包括对单个素材进行下载、移动、剪辑、删除以及获取素材播放链接。该模块同时支持移动资源到其他栏目进行管理,完成批量上传、批量删除、批量提交审核、批量移动,避免重复步骤,减少用户重复操作。

3.3.1.5 资源AI处理

资源AI处理模块具有资源AI识别功能,支持对视频文件进行处理,呈现标签信息、语音信息、字幕信息、人脸信息,可以智能检测、智能质检内容。

3.3.1.6 任务进度管理

任务进度管理模块具备查看查看任务名称、任务类型、任务来源、任务状态、发起时间、发起人功能,以及按任务名称检索、按任务创建时间筛选、按任务发起时间正序和倒序排序等管理功能。

3.3.1.7 内容审核管理

内容审核管理模块具有内容审核、技术审核、底层审核等审核管理功能,能够面向实践教学业务场景,进行多级审核流程、审核人员配置等操作。该模块还具备基于智能化 AI 识别能力进行智能化审核的功能,识别视频文件中的广告、暴恐、涉政、色情等类型内容,辅助审核人员进行快速审核。

3.3.1.8 合成转码软件

合成转码软件具有专业的视频、音频、图片格式转码能力,配合多层超高清 GPU 渲染能力,支持标清、高清、超高清幅面的时间线、文件渲染输出以及色键、颜色校正、辐射模糊、多窗口、粒子、闪光等特技效果。

3.3.2 内容生产系统的主要功能

内容生产系统融合了文字、H5、视频等多种媒体形式的 B/S 编辑生产工具以及 AIGC 生产工具,增强了简易操作、快速处理的编辑能力。内容生产系统包括视频快编模块、海报视频模块、场景包装模块等。

3.3.2.1 视频快编

视频快编模块采用基于 B/S 架构的轻量化编辑工具,通过浏览器即可获取,满足了媒体内容生产实践教学业务中所需的快速、简单、专业的编辑能力。

3.3.2.2 海报视频

海报视频模块提供包括媒体、教育、政企、电商直播带货等丰富的行业场景模板,选择模板替换素材内容即可快速完成视频素材包装等相关的实践教学活动。

3.3.2.3 场景包装

场景包装模块提供了场景包装、复制分屏、画面拼接等模板,以及背景音乐、文字底板样式、素材库转场样式,选择模板替换素材内容就可完成视频素材包装。

3.3.2.4 数据新闻

数据新闻模块提供柱状图、折线图、饼状图、排名图、指标图、热词云、地图等模板，使用者在模板中输入表格数据就能够快速生成视频文件。

3.3.2.5 文稿编辑

文稿编辑器提供丰富的稿件编辑功能，支持各种格式与插件，能够快速完成源代码模式、Word 编辑等文稿编辑实践教学活动。

3.3.2.6 H5 编辑

H5 编辑模块定制了易企秀企业专业版服务，该模块通过 H5 编辑器及海量模板，为媒体内容生产运营实践教学提供在线内容编辑器，使用者可快速制作电子邀请函、新闻宣传资料、通知公告、人物介绍材料等。

3.3.2.7 智变观澜

具备文字成像、图片成像、图片修复与超分等功能的智变观澜工具，支持文字成像、图片成像，支持用户输入提示词、调整参数进行内容生成。

3.3.2.8 数字分身

数字分身模块通过建立真人数字人，对数字人进行人脸识别，输入文本信息进行语音合成，对合成后的语音信息进行理解，基于对内容的理解再对数字人的人脸以及动作进行驱动，从而生成符合文本内容的视频文件。

3.3.3 内容发布系统的主要功能

内容发布系统具备内容分发、传播渠道管理的能力，形成由客户端、网站、互联网渠道组成的传播体系，实现了覆盖面积最大化、传播效果最大化。

3.3.3.1 稿件管理

稿件管理模块提供对个人稿库、通稿库、专题库等稿件进行管理的功能，支持创建图文、图集、视频、音频等类型的稿件以及对稿件进行编辑、提交、发布、预览。

3.3.3.2 内容审核

在个人稿库选择送审文稿，使用者选择审核人员，对应审核人员可以在文稿审核中查看已审核、待审核，以及"我发起"的审核文稿。对于待审核文稿，使用者可以进行审核及转审操作；对于已审核的文稿，使用者可以查看审核历史情况；对于"我发起"的审核，使用者可以实时查看审核进度及审核历史情况。使用者还可对文稿评论进行通过、不通过、删除、管理员回复及查看评论详情等操作。

3.3.3.3 发布稿库管理

使用者可查看所有渠道下已创建的栏目以及栏目下保存的文章，能够对稿件进行编辑、预览、发布、下线、删除、置顶、移动、引用等操作。

3.3.3.4 渠道管理

平台渠道包括内部渠道和外部渠道，针对各渠道的增、删、改等管理操作在此模块内进行。互联网渠道包括微信公众号、微博、抖音、B站。

3.3.4 活动运营系统的主要功能

活动运营系统提供丰富的活动样式、活动模板，师生能够快速地创建运营活动，并开展活动运营方面的实践教学活动。

3.3.4.1 融媒号

融媒号为浙江传媒学院内部各单位以及其他院校、机构提供服务，使用者可通过融媒号使用平台提供的内容管理、内容生产及内容发布功能，在平台上完成稿件编辑并发布，从而建成面向全国影视传媒相关专业的内容共建共享平台。

3.3.4.2 互动活动

该系统提供包括大转盘、投票、问卷调查、报名、问答、答题等类型的运营活动的创建、管理及发布功能，使用者选择活动模板后完成活动相关设置即可发布至前端使用。

3.3.4.3 积分系统

根据设置的积分规则，通过完成活动任务获取积分，积分可用来兑换商城商品。在互动运营后台设置积分商城中的商品以及对应的积分数量，通过自定义积分规则与策略来满足不同的运营需求。

3.3.5 数据分析系统的主要功能

该系统基于大数据底层数据处理能力、媒体大数据引擎实现针对内容传播、绩效统计的数据分析呈现，实现传播数据及时洞察、渠道数据及时分析。

3.3.5.1 数据可视化呈现

该系统具有热点稿件发布排行、App传播分析、融媒号分析等大屏数据可视化呈现功能。

3.3.5.2 数据分析后台

数据分析后台为平台管理员提供媒教空间、移动 App、浙江传媒学院媒体矩阵及融媒号的多维度数据的统计，使用者可以根据条件进行筛选、排序。

3.3.6 媒教空间的主要功能

媒教空间面向全国影视传媒实践教学提供共享平台，由网络平台及其移动 App 组成，与媒体生产运营平台后台打通，使用者在媒体生产运营后台编辑完成稿件后可点击发布，将稿件直接呈现在前端。媒教空间的主要功能包括发布媒教资讯、链接一流课程、展示媒教优秀作品、分享传媒实践教学经验、传播大视听最新技术与业务、实现影视传媒实践教学交流互鉴。

3.3.6.1 媒教资讯

媒教空间提供便捷的、广泛的影视传媒行业新闻信息、影视传媒教学活动资讯发布功能，让用户可实时聚焦行业动态和影视传媒实践教学资讯。

3.3.6.2 实践课程

媒教空间建设、上线一批影视传媒实践教学优质课程，同时链接国家级、省级一流课程中与影视传媒实践教学相关的在线课程，形成基于一流专业、一流课程、实验教学示范中心、其他项目的实践教学资源库，便于师生快速检索学习。

3.3.6.3 作品展映

作品展映模块旨在展示各个高校学生在影视传媒、新闻传播等相关领域创作的优秀实践成果，具有作品上传与存储、作品展示、互动交流、作品推广、作品评价、数据分析与统计等功能，实现影视传媒实践教学优秀作品的学习与交流。

3.3.6.4 技术之光

技术之光模块提供影视传媒最新的技术、业务资讯及其实践教学系统建设解决方案、各个高校影视传媒典型实验室及其实践教学模式展示功能，实现影视传媒新技术、新业务、新系统及其实践教学新形态的交流互鉴。

3.3.6.5 媒教号

高校传媒院系、合作伙伴、媒体机构、相关公司等申请入驻媒教空间、开通媒教号，发布各自的实践教学课程、实践作品、活动资讯等与实践教学相关的内容，优秀内容可由平台管理员同步至平台主页相关栏目发布。

3.3.6.6 媒教空间App

与媒教空间网络平台展示的内容与功能基本一致，媒教空间App支持iOS、Andriod、鸿蒙等操作系统，还能够提供用户注册和登录、信息展示、搜索、社交、娱乐、个性化设置、在线课程、学习工具等功能。

4.结语

媒体生产运营实验室于2023年10月建成，2024年春季学期，在实验室开设了"媒体智能生产运营实务""XR虚拟现实内容创意设计"等课程，师资由中心教师、校外专家组成，采用学生5人一组组成团队进行教学、创作，与媒体生产运营紧密结合的教学形态，以AIGC辅助作品生产运营、XR虚拟现实内容创作贯穿整个教学过程。目前，该平台各项功能运行正常，浙江传媒学院媒体矩阵的部分生产运营任务也在平台上顺利进行，实现了实验室的建设目标。

〔胡一梁，教授级高级工程师，浙江传媒学院电视编辑与导播国家级实验教学示范中心副主任；徐畅，实验师，浙江传媒学院全媒体实验创新中心教师〕

影视传媒专业本科实践教学的课程体系设计
——以北京大学数字传播教学实验中心为例

◎ 严富昌

摘要： 本文以北京大学数字传播教学实验中心实践教学的课程设置为例，探讨了影视传媒专业本科实践教学的课程体系设计。文章将影视传媒实践教学划分为道、法、术、器、势五个层次，按照这五个层次来设计本科实践教学的课程体系和培养方案，并详细阐述了这五个层次的培养目标：势以立人——专业素养的教育；器以成事——硬件工具的使用；术以立策——软件技术的学习；法以立本——影视语言的语法；道以明向——选题立意的价值。本文为影视传媒专业本科实践教学的课程体系建设提供了一种新的思路和方法。

关键词： 教学体系；实践教学；课程设计；职业规划

1.引言

我们常说，影视传媒学科是"文科里的工科"。这个表述非常中肯和有见地，它一方面强调了技术和实践在影视传媒学科中的重要性，另一方面也凸显了其学科定位的矛盾性。"纪录电影教父"——英国导演约翰·格里尔逊也认为，优秀的影视作品离不开三个基本元素：社会学的、诗的和技术的元素。也就是说，优秀的影视作品必然是社会性、艺术性和技术性之集大成者。如果以培养优秀影视作品的创作者和生产者为教育的目标，那么影视传媒学科的实践教学课程体系设计，也应该表现为社会性、艺术性和技术性的充分融合。将不同学科背景、不同专业领域的师资力量，整合到统一的课程体系中来，取不同学科之所长，让不同专业融会贯通。这样不仅契合影视传媒行业的运作流程和发展规律，也有助于培养出拥有开阔视野和全面技能的学生。这种融合不仅有利于打破不同专业领域之间的藩篱，也有利于消解不同专业背景之间，因缺乏了解而产生的看不到、看不懂和看不起之类的隔阂。

借鉴《道德经》的思维框架体系,北京大学数字传播教学实验中心将影视传媒实践教学划分为道、法、术、器、势五个层次,并按照这五个层次来设计本科的实践课程体系和培养方案。这五个层次的培养目标概括来说就是——道以明向、法以立本、术以立策、器以成事和势以立人。本科的实践课程体系刚好是将道、法、术、器、势的顺序反过来,以势为始,以道为终。

2.势以立人——专业素养的教育

从新生入学教育开始,我们就要突出强调青年一代的社会使命感,要树立"为天地立心,为生民立命,为往圣继绝学,为万世开太平"的远大抱负。考上理想的大学之后,大学新生的学习态度难免会有些懈怠,学校需要将他们的学习热情重新激发出来。我们通过专业素养和职业操守教育,让他们树立新的目标。我们要求学生铁肩担道义,并且具备妙手著文章的职业素养,还要拥有悲天悯人的普世情怀。这是形而上之三观教育。

北大本科入学时只分院系,不分专业,到了大学二年级学生可以自主选择专业。针对选择了影视传媒专业方向的学生,学院要让他们了解业界发展的形势、技术发展的趋势和行业竞争的态势。我们要让学生充分认识到融媒体传播向全媒体传播、AIGC过渡之后,传媒产业格局产生的变化和影响;要让学生认识到,行业整合伴随着专业媒体的分化,向更精细、更精致的方向发展,一专多能的复合型人才将是未来的人才标准。我们引导学生了解目前业界技术应用的现状,以及在高清视频向超高清视频过渡的技术背景下,帧速率、帧尺寸、采样深度、色彩范围、动态范围等技术维度的发展趋势,并让学生对未来8K画幅的技术演进有所认识。学生认识到行业竞争的态势,不同类型的媒体营收的现状,传统媒体与互联网媒体的竞争格局,以及人才、技术和资本的流动趋势。这是形而中之素养教育。

我们要让学生知晓相关专业的人才培养状况和发展趋势。要让学生向外看,了解教学的相关专业的办学规模和本科在校生人数,这样做的目的是让学生对未来的就业形势早有预判,对未来的职业发展早做规划。北大的学科门类丰富,我们鼓励学生辅修经济类、政法类、艺术类等专业的学位,拓宽学生的专业领域,培养一专多能的复合型人才。要让学生向内看,了解不同专业的工作特点。比如剪辑师是在幕后工作,要耐得住寂寞,剪辑工作做得越是出色,越是完美,就越容易被大家忽略,甚至遗忘。学生在入行之前要有心理准备,有必要做一些心理建设。这是形而下之职业教育。

3.器以成事——硬件工具的使用

《论语》中说:"工欲善其事,必先利其器。"针对实践教学来说,这句话有两个重点:一个是"善",就是要把培育人才的事情做好;另一个是"先",培育人才以器为始。器是硬件,也就是工具,包括收音设备、拍摄设备、灯光设备、导播设备、虚拟演播室设备、调音设备、录像设备、剪辑设备、调色设备和输出设备等。巧妇难为无米之炊,不会使用工具,拍不下来,录不下来,后面的实践环节就成了纸上谈兵。器以成事,是说从事相关专业的工作,必须有工具,而工具的选择往往决定了个人的兴趣和发展方向。因此,有关工具的操作与使用的课程开得越早越好。

我们习惯把与拍摄有关的工作称为影视前期,与剪辑有关的工作称为影视后期。这样就可以把所有与硬件使用相关的教学内容都放在一门课里,我们称之为"影视前期实践"。影视前期实践的课程设计是面向实操实训的实验教学,每周2学时,共32课时。课程分为室外拍摄场景和室内实验室场景两种学习场景,教学分为可移动设备教学和不可移动设备教学。可移动设备教学,由教师讲解演示设备操作,学生分组领用设备,按照教师要求学习设备的使用与操作,比如收音设备、摄像设备、灯光设备等;不可移动设备教学,教师讲解和演示设备操作,同学在现场观摩操作,然后由学生操作设备,教师在旁指导,不可移动设备包括导播切换台、导播通话系统、演播室布光设备等。

具体的教学内容包括:音视频接口及技术特性、无线话筒的使用、挑杆话筒及数字录音机的使用、摄像机以及拍摄器材的使用、灯光器材及布光控制、灯控台的使用及演播室布光、导播通话系统的使用、移动切换台的使用、三维虚拟演播室场景实践、推拉流与网络直播实践、调色台及基础校色流程等。课前发放实验操作提纲和设备资料,课后布置习题并批改,以便纠正学生记漏和记错的笔记内容,强化其关于设备使用规范的记忆。期末考核包括问答笔试题和实践操作题两种形式,教师据此进行综合评价。

学生通过影视前期实践课的学习,能够熟悉影视前期业务的基本流程和规范,了解影视前期常用设备的性能与作用,熟练掌握不同场景下的拍摄设备、收音设备以及辅助光源的使用,熟练掌握演播室灯光的类型及布光的流程、多机位拍摄以及虚拟演播室场景中的现场调度与导播切换,知晓推拉流及现场直播的操作流程,为未来从事影视前期业务积累相关知识和实践经验。由于课程内容比较注重实践性，比较契合《中共中央 国务院关于全面加强新时代大中小学劳动教育的意见》"让学生动手实践、出力流汗"①，进行劳动教育的精神，以及教育部《大中小学劳动教育指导纲要（试行）》中要求的，"具有显著的实践性，必须面向真实的生活世界和职业世界，引导学生以动手实践为主要方式"②的劳动教育必修课的指导思想，因此影视前期实践课也被列为本科的劳动教育必修课。

4. 术以立策——软件技术的学习

术以立策，指的是在确定了自己的发展方向之后，就可以进行专业技术的学习。术是指软件技术，相关软件包括剪辑软件、混音软件、特效软件、调色软件、字幕软件、包装转码软件等。综合类高校的本科专业划分得不细，不可能为影视传媒的每个技术方向都开设课程，而不管学习什么专业，都会或多或少地涉及剪辑软件。我们就以剪辑软件为依托，将混音技术、调色技术、特效技术等教学内容都融入视频剪辑的教学环节中，这样我们对剪辑软件平台就有了比较高的要求。我们要求软件平台的选择要具备专业性、先进性和开放性。

一是专业性，选择针对行业用户开发的面向专业应用的剪辑软件，而非针对个人用户开发的面向短视频平台的剪辑软件。行业用户会对诸如环绕立体声素材的输入，HDR高动态和3D影像的剪辑，色彩空间在不同场景中的切换，以及多人在线协同剪辑等功能有着非常现实的需求，而面向个人用户开发的剪辑软件并不具备这些专业性功能。剪辑软件课程承载着掌握完整的知识体系和完善的剪辑流程的教学任务，剪辑软件应该具备专业知识和剪辑流程教学所需的应用模块。比如多人在线协同剪辑这个功能模块，个人用户根本用不到，可是对于行业用户来说，这一功能是非常重要的。剪辑、混音、调色和字幕等部门需要协同工作，同时打开同一个项目，读取和编辑同一条时间线，多人协作时如何进行资源共享和读写权限控制，是学生需要了解和掌握的。非线性编辑的课程设计要更加侧重知识、方法、策略、规范和流程等方面的教学，我们无法预测学生未来工作时的操作环境，但这些知识和技能无论他们将来使用什么剪辑软件，都能用得上。

---

① 中共中央 国务院关于全面加强新时代大中小学劳动教育的意见[EB/OL].(2020-03-20)[2024-04-15]. https://www.gov.cn/zhengce/2020-03/26/content_5495977.htm.
② 大中小学劳动教育指导纲要（试行）[EB/OL].(2020-07-07)[2024-04-15].http://www.moe.gov.cn/srcsite/A26/jcj_kcjcgh/202007/t20200715_472808.html.

二是先进性，软件应在行业中处于主导地位，能够保持版本的更新和迭代。软件平台选择的最大风险是软件厂商战略转型，放弃软件的后续开发。比如在行业用户中颇具影响力的 Final Cut Studio，就因为软件厂商 Apple 公司战略转型，裁撤了调色软件 Color、混音软件 Soundtrack Pro、特效软件 Motion 和剪辑软件 Final Cut Pro 7 的研发团队，另起炉灶面向个人用户和网络短视频平台开发 Final Cut Pro X。Final Cut Pro X 是为个人用户量身定做的时间轴触发式非编软件，而行业用户更习惯使用操作更灵活的时间线轨道层式非编软件，Apple 公司的非编软件与行业用户也就渐行渐远了。为 Apple 非编软件做配套开发的国内厂商捷成世纪被迫转行，做起了数字化教育和影视项目投资，其为 Apple macOS 平台开发的新闻快编系统也落得无疾而终的下场。软硬件平台的搭建、内容资源的整理、教学课程的设计、教材教辅的编写……任课教师往往需要几年的不懈努力，才能形成稳定成熟的教学计划和培养方案。软件厂商一旦战略转型，停止软件的后续研发，为该软件继续开课就没有意义了，前期平台建设的资金投入和课程研发的精力投入都将付诸东流。因此，教师要选择行业中处于主导地位的软件厂商，所谓船大不好调头，这些厂商轻易不会进行战略转型。同时，为了巩固自身在行业中的主导地位，这些厂商会持续地进行技术研发，将先进技术和理念应用到产品设计中去。

三是开放性，这在很大程度上取决于软件厂商的行业影响力，尤其是那些能够制定行业标准和技术规范的软件厂商，其他软硬件厂商会为其研发配套的系统或插件。比如非编软件 Avid Media Composer 采用的 DN×HD/HR 视频编码格式，主流录制设备基本都会支持 DN×HD/HR 视频编码格式。在电影调色领域颇有名气的 FilmLight 公司开发的 Baselight，也为 Avid Media Composer 开发了插件，在其时间线轨道上就可以直接调用 Baselight 调色的绝大部分功能。同为 Avid 公司的混音软件 Avid Pro Tools，也可以通过数据线控制 YAMAHA 数字调音台 01V96 的推子，因为硬件厂商 YAMAHA 为 Avid Pro Tools 开发了驱动程序。这源于 Avid 是最早开发非编软件的公司，也是影视行业里获奖最多的非编软件公司，其他非编软件与其都有着或多或少的关联。虽然 Adobe 公司的知名度也很高，旗下也集成了很多软件，但其在视音频领域并没有自己核心的编码技术，在影视行业中的影响力比 Avid 公司要逊色不少，还没有拥有 ProRes 视频编码技术的 Apple 公司的影响力大。

开放性的另一个表现是平台的兼容性，主要是指操作系统平台和数据存储平台。主流的非编软件都能在 Windows 和 macOS 操作系统上运行。有些影视后期软件的平台适用性较弱，比如 FilmLight 的 Baselight 只能在 Linux 操作系统上运行，Final

Cut Pro X 只能在 Apple macOS 操作系统上运行,雷特世创的 EDIUS X 只能在 Windows 操作系统上运行。我们在选择软件平台时,除了要考虑影视后期机房软硬件环境的兼容之外,还要照顾到学生的计算机是否支持选择的软件。影视后期的数据存储平台五花八门,最具有代表性的有直连式存储(DAS)、网络连接存储(NAS)和存储区域网络(SAN)。数据存储平台的选择常常要兼容已有的存储环境,还要兼顾其他部门的存储应用,因此,影视后期软件支持的存储方式越多越好。选择影视后期软件平台时,要把存储环境考虑进去,后期的存储数据量会越来越大。有些应用,比如前面提到的多人在线协同剪辑,离开相应的存储环境则根本无法实现。

如果仅是进行剪辑软件的教学,2 学分 32 课时的教学安排应该是够用的。但对于影视专业的人才培养来说,显然是不够的。诸如我国高清视频的格式标准是什么,唱词字幕的格式规范是什么,音频电平的动态余量是什么,这些内容是影视相关专业的同学应该掌握的。至于视频格式的交错场、帧速率、帧尺寸、采样率、色彩空间等,调光调色的色相、饱和度、亮度、对比度,以及 Gain 曲线、Gamma 曲线和 Lift 曲线,还有混音的频率、振幅、波长、相位、包络、回声、混响等知识点,要是将其融入剪辑软件的教学中,课时就不够了。如果按照 3—4 学分来安排课时,那么剪辑软件的教学内容就会非常扎实,这对于学生专业领域的知识体系建构是非常有益的。在学生拍摄和剪辑经验不足的前提下,教师的经验分享很难引起学生的共鸣。如果课时够用,可以让学生剪辑自己拍摄的作品,这要比教师言传身教好得多。

5.法以立本——影视语言的语法

术和法的关系就像 Word 和写作的关系,Word 软件用得好,并不意味着能写出传世之作,对于影视传媒学科来说,也是同样的道理。法,即影视语言语法。在掌握了硬件工具和软件技术之后,学生还不知道该怎样剪辑,这就需要进一步学习影视语言语法。影视语言是一种将声音和影像结合起来使用的语言艺术,有其独特的语法和表达规律。影视语言作用于人们的感官,然后通过感官抵达观众的内心,文学语言则是直接作用于人们的思维,绕过了人们的感官。将任何情感、思想和观点运用影视语言来表现,都必须依托于具体的画面形象,表现的形式要具象化,表现的手段要表面化,表现的内容要生活化,这与追求理性与抽象的文学语言有着本质的不同。比如在表现人物对话时,文学语言只需加上冒号和双引号就能表达得清清楚楚,影视语言对应的则是"三镜头法则"。因为画面形象有具象化和生活化的要求,所以影视语言有"30 度规则"和"180度规则"。文学语言无须考虑视角范围的问题。

更多的时候,影视剪辑其实就是将文学语言转化成影视语言的过程,因为台词、剧本、分镜头脚本等都是文学语言,甚至编剧和导演的思维方式也是以文学语言来展现。除了母语,我们学习任何一门外语,都需要学习它的语法。对于影视语言来说,字法就是认识景别、角度、视点和时长等镜头的内在属性;词法则是镜头匹配和组接的规范;句法是通过剪辑进行镜头叙事,包括片段组接、运动剪辑、转场过渡等影视段落的剪辑方法;章法则着眼于影视片的整体框架和叙事结构,以及不同类型、风格的影视片的剪辑逻辑,不仅要关注叙事结构和内容层次,还要关注作品的艺术表现。

影视语言语法的学习是为时间线剪辑服务的,它是实用的、具体的和可操作的,在声音和影像的物理特性与人的生理、心理的特征之间寻找量化的平衡和规律,核心目的是帮助学生了解剪辑的规范、明确剪辑的逻辑、清晰剪辑的依据和提高剪辑的效率。我们广播电视学的专业必修课使用笔者编写的《影视剪辑》[①],它可以作为影视语言语法的教材。针对剪辑软件的课程被称为非线性编辑,针对影视语言语法的课程被称为影视剪辑,以便学生选课时加以区分。影视剪辑的教学安排是2学分32课时,这只是理论课的课时安排。考核方式有两种:第一种是理论课考核,每个单元课程教学结束后都会安排单元小测,测试形式为线上测试,题型均为客观题,同学提交后就能看测试结果,测试的目的是督促和巩固理论课的学习;第二种是实践课考核,让学生自由组成小组,拍摄并剪辑一段10分钟以内的视频。青春、恐怖、科幻、悬疑、励志等类型的视频短片,学生都尝试过。实践课考核的目的是锻炼学生的动手能力,在实践中积累经验,并检验学生在器、术、法三个阶段的学习成效。

6.道以明向——选题立意的价值

道有不同层次,大道谋德,中道谋略,小道谋术。大道谋德,大道提供价值观,提供判定好坏、美丑、喜恶、真假的价值标准。比如电影的史论、评论、赏析等方面的课程。大道提供的价值观,也是影视片创作的主题。比如电影《肖申克的救赎》中的大道是主人公安迪说的话:"希望是个好东西,也许是世界上最好的东西。"电影《泰坦尼克号》中的大道是"真爱跨越生死"。

中道谋略,告诉我们如何讲好故事,呈现观点。比如《舌尖上的中国 第一季》的叙事策略:在表现美食的同时,讲一点故事,说一点人情,引发一点乡愁,缅怀或者回顾一

---

① 严富昌.影视剪辑[M].2版.北京:北京大学出版社,2021.

下传统,进而思考一下人与自然的关系。《舌尖上的中国 第一季》的叙事策略毫无疑问是非常成功的,而《舌尖上的中国 第二季》将叙事重点从美食转移到人情上来。人情的根基是故事,并不是美食。这让寄托于美食与乡土之上的乡愁无以慰藉,对传统的缅怀也因此失去了情感的依托,而慰藉乡愁和缅怀传统正是工业化所带来的社会变迁,赋予我们这代人特殊的情感需求,该片评分相比上一季的评分有所下滑,但仍在佳作之列。《舌尖上的中国 第三季》抛弃了之前的叙事结构和叙事策略,将美食与乡土、美食与人情的关系,演绎成匠人与器具的关系、技艺与传承的关系,美食的内容被市井习气和人情世故所取代,美食算是彻底地被边缘化了,豆瓣评分还没过及格线。"舌尖上的中国"系列的成败,足以说明中道谋略的重要性。

小道谋术,小道着眼于微观层面,为剪辑实践提供一些技术和准则。小道若巧,巧是指一些剪辑的技巧,比如静止画面准则、动作轴线准则、定场镜头准则、声轨优先准则等。这类准则和技巧有很多,不需要都记住,但学生至少应该熟悉它们,这样在剪辑视频时碰到任何一种情况,都能立刻知道如何处理。剪辑规则的制定是为了有章可循,提高剪辑效率,这些规则并非不能被打破。最终剪辑师还是要用自己的方式创造性地剪辑和诠释。可以说,小道谋术是影视语言语法的创造性应用,是对影视作品质量提出了更高的要求,追求的目标是成就经典之作。总之,大道至简,小道至繁,无道致乱。

道以明向,所开课程主要围绕能为学生积累经验、提升素养和提供借鉴的目标来设置。积累经验主要依靠史论类课程,包括中外电影史、广播电视史以及纪录片简史等课程。提升素养主要依靠影视赏析类课程,包括视听语言、电影赏析、纪录片与专题片创作、非虚构写作等课程。提供借鉴主要依靠影视评论类课程,包括电影批评、影像与社会、影视文化与批评等课程。这些课程的选课顺序不分先后,学生根据自身课业负担情况灵活安排。北京大学的学科门类比较齐全,新闻与传播学院的学生还可以选修中文、历史、哲学、艺术学和社会学等专业的相关课程,这对于学生提升专业素养和培养人文底蕴很有帮助。

7.结语

概括来说,势以立人,就让学生知己知彼,审视到底适合做影视前期还是影视后期的工作,毕竟影视前期主要是与人打交道,而影视后期更多的是与机器打交道,能否耐得住寂寞,也是对人性的考验。器以成事,是说工具和设备的选择影响学生的专业兴趣和发展方向,毕竟调色师和音效师选择的工具,与剪辑师选择的工具并不相同。术以立策,是在确定自己的发展方向之后进行专业技术的学习。我们常说,"术"可以活人,就是教给学生职业的技能和谋生的本领。"以道御术","术"要符合"法","法"要基于"道",这是对影视作品质量的要求和期许,也是人才培养的目标和追求。以上五个层次的课程设置将职业理想的确立、知识体系的构建、专业能力的培养和实践经验的积累统合起来,理论与实践相结合,循序渐进,最终目标是学生构建完善的知识体系和打造过硬的业务能力,毕业后能从容应对工作挑战。

〔严富昌,高级工程师,北京大学新闻与传播学院数字传播教学实验中心主任〕

以人工智能为引领的媒体内容生产实践教学研究

◎ 王 昊

摘要: 随着 AI 技术的日新月异,新闻传播行业正面临着前所未有的挑战与机遇。新闻传播类院校作为培养未来新闻人才的摇篮,其实践教育体系的适应性与创新性显得尤为重要。本文通过分析 AI 技术对新闻传播行业的影响,以及上海交通大学媒体与传播学院在媒体实务课上的应对与探索,探讨了新闻传播类院校实践教育体系在应对 AI 技术发展中的策略与措施,并提出了相应的优化建议。

关键词: 人工智能;AIGC;传媒专业;实践教学

1.引言

自 1956 年达特茅斯夏季研讨会首次提出人工智能(AI)的概念以来,经过多年的研究积累,特别是在移动互联网、大数据、超级计算、传感网、脑科学等新理论与新技术的引领下,加之经济社会发展的迫切需求,人工智能取得了巨大的突破和进展。AI 技术的进步推动了经济社会各领域的快速发展,相关技术从数字化、网络化向智能化迈进,对人类的思维方式、行为习惯和生活方式产生了深远的影响,其中在传媒行业的表现尤为突出。

以 AIGC 为代表的智能传播,是人类传播的又一次范式转变,是生产力工具层面和传播基础设施层面的全新重构,智能传播具有深入各类产品和服务的强大技术渗透性和扩展性,对人类生存方式和社会运行方式都将产生颠覆性影响。

每一次传播技术的革新,都需要大量新的传播人才。既有人工智能理念,又掌握人工智能传播技术的创新性人才已是社会的急需人才。新闻传播院校的实践教育体系如何应对日新月异的 AI 技术发展,如何围绕新技术展开人才培养和业务实践,成为亟待探索的重要话题。

本文分为三个部分：第一部分分析了 AI 技术对新闻传播行业的影响；第二部分介绍了上海交通大学媒体与传播学院在传媒实务课上的应对与探索；第三部分探讨了将人工智能技术引入新闻传播类院校实践教学课程的教学体会，并提出了优化教学效果的一些建议。

2. AI 技术对新闻传播行业的影响

2.1　AI 在传媒行业的应用场景

第一，自动写稿：AIGC 工具可以用于自动生成新闻稿件、新闻摘要或实时新闻报道，能够从大量数据中提取信息，生成具有逻辑结构和流畅语言的新闻内容。

第二，激发创意：AIGC 工具可以生成创意文本、广告文案和影视脚本，以及在社交媒体平台上发布的推送内容。这有助于提高媒体创意的吸引力和提升传播效果。

第三，生成多模态内容：一些 AIGC 模型能够处理多种输入数据类型，如文本、图像、音频和视频，并生成和输出多模态内容。这种多模态生成使得 AIGC 工具在各种不同的内容生成任务中更加灵活。

第四，自动总结内容：AIGC 工具可以自动创建文章、报告或长篇内容的摘要和汇总，使读者更容易获取和理解关键信息。

第五，智能编辑和自动校对：AIGC 工具可以用于自动编辑文档、校对文章，提高文本内容的语法和语言质量。

第六，智能分发推荐：基于用户的行为和偏好，AI 技术可以为用户提供个性化的内容推荐，改善用户体验和增强用户黏性。

这些应用使得 AIGC 在传媒行业中成为一个强大的工具，能够提高内容的生产效率、创造力，并为传媒行业和内容创作者提供创新的工作方式。

2.2　AIGC 在传媒行业的优势

第一，提高内容生产效率：AI 技术可以大幅缩短内容生产周期，提高生产效率，为传媒机构节约大量时间和人力成本。利用 AIGC 工具自动化处理烦琐和耗时的任务，媒体机构可以大幅提高内容生产效率，减少人力需求，降低成本，提升市场竞争力。

第二，丰富内容形式：AIGC 工具可以生成多样化的内容形式，如文本、图像、音频、视频等,丰富传媒行业的内容生态。

第三,提高内容质量:基于深度学习和自然语言处理等技术,AIGC工具可以生成高质量的内容,提高传媒行业的整体内容水平,激发新想法,提供跨学科的解决方案,尤其在内容创意、产品设计和媒体营销领域表现优异。

第四,个性化服务:AI技术可以根据用户需求提供个性化的内容推荐和服务,提升用户体验。开发个性化和定制化的产品和服务,提高客户满意度。

2.3 AIGC对传媒行业的影响

第一,内容生产变革:AIGC工具的引入将彻底改变传媒行业内容生产和传播分发的方式,提高生产效率和质量,降低生产成本。

第二,商业模式创新:AIGC工具为传媒行业带来了新的盈利方式,构建了新的商业模式,如基于用户数据的精准营销、虚拟主播的广告代言等。

第三,就业结构调整:随着AIGC工具的广泛应用,传媒行业的就业结构将发生调整,大量传统岗位可能被自动化替代,同时也会出现一些新的就业岗位。

第四,行业竞争格局:AIGC工具的应用将重构传媒行业的竞争格局,促使传媒机构全面向智能化、数字化转型,以不断创新来提高自身实力。

综上所述,AIGC工具在媒体内容生产领域具有广阔前景,会产生深远影响。随着技术的不断发展和完善,AIGC工具将在媒体内容生产过程中发挥越来越重要的作用,推动传媒行业的结构性变革与发展。

3.上海交通大学媒体与传播学院的应对与探索

在当下的数字化时代,AI的崛起正深刻地改变着媒体行业的方方面面,从内容创作到内容推广,再到用户体验,无一不受到AI技术的影响。

熟练掌握AI技术来应对行业变革,已经成为媒体行业对于未来从业者的基本要求。为了更好地适应这一潮流,上海交通大学媒体与传播学院积极主动地引入最新的AI技术,将其融入媒体内容生产的相关课程中,进行了有益的尝试与探索。

3.1 教学目标:两大任务

第一,教授各种传媒类AIGC工具的使用方法。我们实时关注权威的第三方平台,查询选取使用得最多、流量最大的26款AI文本、图像、音频、视频、剪辑等类别的工具,以理论与实践相结合、经验与操作相印证的方法,全面地向学生教授各种传媒类AIGC工具的使用方法,培养学生对人工智能技术的深刻理解和实际操作能力。

第二,以任务为导向,要求学生掌握用AIGC工具完成特定媒体内容生产任务的技能。比如:写一篇新闻稿、写一份媒体工具使用手册、为商品进行定位并写一份广告文案、快速制作产品海报、高效生产短视频作品等。

例如,有这样一份作业:请学习并利用AdCreative.ai,为一款产品设计10份广告文案和执行计划,包含广告目标、目标受众、竞争对手分析、广告主题和创意、广告文案内容、广告渠道和投放计划、广告效果评估等指标,以确保广告活动的效果。

3.2 教学内容:五大模块

在"新媒体实务"课程的教学中,我们从文本、图像、音频、视频、剪辑等5大模块入手,介绍AI赋能内容创作的各种工具与使用技巧,侧重于各AIGC工具的实战应用,特别鼓励学生利用AIGC工具来优化新闻、广告等产品的制作过程,提高学生内容生产的效率。

3.2.1 AI文本生成

AI文本生成是指利用AI技术来生成自然语言文本。这一领域涉及多种技术,其中深度学习和自然语言处理是关键的组成部分。文本生成是用户最容易上手的AIGC应用,也是技术成熟度相对较高的场景。AI文本生成的方式大体分为三类:结构化写作、非结构化写作、辅助性写作。

新闻资讯写作属于结构化写作,通常具有比较强的规律性,AIGC工具能够在有高度结构化的数据输入的情况下生成文章。AI不具备个人色彩,行文相对严谨、客观,因此在及时播报气象信息、体育快讯、公司年报、股市讯息等领域具有较大的优势。AI结构化写作还可以被用于生成自动标题、摘要和总结等,它可以通过自然语言处理对一篇纯文本内容进行读取与加工,从而完成写作任务。

ChatGPT可以同时作为问答、聊天及创作AI存在,它的使用场景日常且多样,融合了文案生成、小说续写、代码生成、代码漏洞修复、在线问诊等场景,甚至展现出了超越搜索引擎的潜力。用户要做的可能只是和ChatGPT"聊"一下自己的想法以及项目相关背景,让AI生成一份草稿文档,再进行修改润色即可。

非结构化写作是一种相对自由、无固定格式或规范的创作方式。在非结构化写作中,作者不受严格的框架或排列顺序的限制,可以自由地表达想法、情感或讲述故事,这种写作风格强调灵活性和个性,更注重作者的独特创意和表达方式。非结构化写作任务,比如写诗、小说/剧情续写、写作营销文本等,都需要一定的创意与个性化。相较于结构化写作,非结构化写作会更有难度,然而即使如此,AI 也展现出了令人惊叹的写作潜力。

辅助性写作是 AI 利用其强大的数据检索与语言理解能力,给用户在搜集资料、获取灵感、文案写作等创作过程中提供检索、对话、润色、纠错、改写以及翻译等帮助的过程。

AI 文本生成方面,我们选取一些全球领先的科技工具进行教学:ChatGPT、Copy.ai、AdCreative.ai 等。

第一,ChatGPT 是由 OpenAI 开发的一种大型语言模型,它基于 Transformer 架构,特别是 GPT(生成预训练 Transformer)系列。ChatGPT 能够生成连贯的文本,并在多种语言任务中表现出色,如回答问题、生成摘要、文本分类等。ChatGPT-4 可以生成质量更高的文本,并尝试理解上下文,从而进行更有意义的对话。在各种大型语言模型中,它生成的文本质量相对较高。

第二,Copy.ai 是一款由 AI 驱动的文案写作工具,它可以帮助用户快速生成各种类型的文本内容,如广告文案、社交媒体帖子、电子邮件、博客文章等。用户只需输入一些基本信息或关键词,Copy.ai 的 AI 算法就会生成符合基本要求的文本内容。这对于内容创作者和营销人员来说是一个有效的辅助工具,可以大大提高文案创作的效率和质量。

第三,AdCreative.ai 是一个广告创意生成工具,专为广告行业设计。AdCreative.ai 基于机器学习算法,通过分析大量广告数据,提供高质量的广告创意建议。它能够自动生成广告文案、图像和视频创意,还可以帮助用户快速生成多种广告执行策略,并进行 A/B 测试,非常实用。

3.2.2 AI 图像生成

目前,AIGC 在图像生成方面有两种最成熟的落地使用场景:图像编辑与图像生成。图像编辑的功能具体包括去除水印、提高分辨率、修改大小、提供滤镜等。图像生成其实就是近年兴起的 AI 绘画,包括创意图像生成(随机或按照特定属性生成画作)与功能性图像生成(生成徽标、模特图、营销海报等)。

AI 绘画大致可以分为三类:借助文字描述生成图像、借助已有图像生成新图像,以及两者的结合。

AI 图像生成方面，我们选取以下工具进行教学：Dall.E2、Midjourney、Microsoft Designer。

第一，Dall.E2 是由 OpenAI 开发的一款 AI 图像生成工具，它可以根据用户提供的文本描述生成相应的图像。它不仅可以生成静态图像，还可以根据文本生成一系列图像，形成连贯的故事或动画。此外，还能与 ChatGPT 等工具结合使用，提升用户的创作效率和体验感。

第二，Midjourney 是一款搭载在 Discord 社区上的 AI 绘画工具，用户只需输入文本描述，即可快速生成相应的图片。它的特点是生成速度快，且生成的图像质量较高。值得一提的是，用户还可以选择不同画家的艺术风格，如安迪·沃荷、达·芬奇、达利和毕加索等，来生成具有特定风格的图像。此外，Midjourney 还能识别特定的镜头或摄影术语，进一步提升其图像生成的能力。

第三，Microsoft Designer 是微软推出的一款图形设计工具，它结合了 AI 技术来帮助用户进行专业的图形设计。用户可以通过简单的拖拽和编辑操作来制作海报、社交媒体图像、徽标等。Microsoft Designer 的 AI 功能可以根据用户提供的内容和风格建议来自动生成设计建议，使设计过程更加高效和简便。

3.2.3 AI 音频生成

AI 音频生成是指利用 AI 技术生成音频内容。这一领域涉及多种技术，其中深度学习和神经网络是关键组成部分。常用的 AI 音频生成技术和应用有：文本转语音、音乐生成、声音合成和模仿等。

文本转语音技术能够将文本转换为自然流畅的人工合成语音。这涉及深度学习模型，如 WaveNet 和 Tacotron。该技术使得计算机系统能够生成与人声相似度高的合成语音，广泛应用于视频配音、语音助手、自动导航和有声读物等领域。

AI 音乐生成技术利用神经网络来创造原创音乐。这包括从头开始生成全新的音轨，或者基于输入的音乐样本进行风格迁移。Magenta Studio 等项目在这方面进行了研究。

有一些 AI 系统可以模仿特定说话者的声音，甚至是模仿某个说话者说特定内容的声音。这在娱乐、广告和其他声音设计领域有着潜在的应用。

AI 音频生成方面，我们选取以下工具进行教学：gTTS、讯飞智作、Adobe Podcast、Krisp。

第一，gTTS 是 Google 开发的文本转语音服务，支持多种语言输入，可以进行高质量的语音输出。它易于被集成到各种应用程序中，是音视频制作者的常用选择之一。

第二，讯飞智作是利用人工智能技术，提供一站式音视频内容生成服务的平台。用户只需通过简单输入文稿或录音，选定虚拟主播，即可快速完成音视频的输出，解决了传统音视频制作的过程中找主播难、生产效率低、制作成本高等问题。此外，它还提供了高效的合成配音服务，用户输入配音文字后，文字可以立刻转化为声音，且音色多样，效率高，价格低，随时随地都能进行配音。

第三，Adobe Podcast 是 Adobe 公司推出的一款针对播客和音频内容创作者的工具。它提供了从录制、编辑到发布和分享整个音频制作流程的解决方案。Adobe Podcast 提供了丰富的音频编辑和制作功能，满足了播客和音频内容创作者的需求，可以与其他 Adobe 产品无缝对接，如 Adobe Audition 等。

第四，Krisp 是一款专业的音频降噪工具，能够有效降噪，提高音频质量，旨在为用户提供清晰、无噪声的音频体验。它可以应用于视频制作、视频会议、在线学习、游戏等多种场景。Krisp 简单易用，用户只需简单地设置即可用其进行降噪处理，且支持 Windows、macOS、iOS 等多系统应用。

3.2.4　AI 视频生成

AI 视频生成是指利用 AI 技术来生成视频内容。这个领域包括多种技术和应用，其中深度学习和计算机视觉是关键组成部分。常见的 AI 视频生成技术和应用有：视频合成和插值、人脸生成和替换、视频修复和增强、视频自动生成、动画生成、实时视频处理等。

视频合成和插值：AI 可以用于合成新的视频场景，将不同元素组合在一起，或在现有视频中插入新的对象。这可以应用于电影制作、特效创作和虚拟现实等领域。

人脸生成和替换：通过深度学习，AI 可以生成逼真的虚构人脸，甚至是模仿特定人物的脸部表情和动作。这在电影制作、视频游戏以及特效制作中有着广泛的应用。

视频修复和增强：AI 技术可用于修复低质量视频、降噪、提高清晰度，并使视频内容更加生动。这在恢复历史影像、提高监控视频质量等方面有实际应用。

视频自动生成：通过训练深度学习模型，AI 可以自动生成视频内容，包括故事情节、场景和角色。该技术被用于自动化视频制作、电商广告制作等场景。

动画生成：从静态图像或简单的线框图生成动画。这对于快速原型制作、动画影片创作等都有潜在的用途。

实时视频处理：AI技术也被用于实时视频处理，例如，实时风格转换、实时特效和实时对象识别。这在视频直播、社交媒体过滤和增强现实应用中发挥着重要作用。

AI视频生成方面，我们选取以下工具进行教学：Runway、Pika。

第一，Runway是一个强大的AI视频制作工具，它提供了绿幕抠像、视频生成等功能。用户不仅可以创建并发布预先训练好的机器学习模型，用于生成逼真的图像或视频，还可以训练自己的模型，并直接从GitHub导入新的模型。

第二，Pika是一个AI视频生成工具，可以自动将文字描述转化为生动的视频。用户只需输入文字描述，Pika labs的AI技术就能够将这些文本迅速转化为视频。这种工具的门槛很低，非常适合那些没有视频制作经验，但又希望快速创建视频内容的人。

第三，2024年2月15日，OpenAI发布的首个文本生成视频模型Sora引爆网络，它可以在单个生成的视频中创建多个镜头，模拟复杂的摄像机运镜，同时准确地保持角色和视觉风格，其生成的长达1分钟的高清、流畅视频令人们惊叹不已。相较于Runway和Pika视频生成模型，Sora在生成时长、连贯性等方面都有显著的优势。Sora目前不对普通用户开放使用，当它开放使用后，我们也将第一时间将它纳入教学使用。

3.2.5 AI视频剪辑

AI视频剪辑是指利用AI技术来自动化或辅助视频编辑过程。这包括从视频素材中选择、裁剪、排列和处理图像，以创建最终的视频产品。目前与AI视频剪辑相关的关键技术和应用有：自动剪辑和场景识别、情感分析和音乐同步、实时编辑和云编辑、智能特效和过渡、自动生成视频预览、语音识别和字幕生成、内容推荐和个性化编辑等。

自动剪辑和场景识别：AI视频剪辑系统可以通过场景识别技术自动检测视频中的不同场景，从而自动切割和组织视频。这可以提高视频剪辑的效率，尤其是提高长时间的素材的剪辑效率。

情感分析和音乐同步：一些AI视频剪辑工具可以分析视频中的情感元素，并根据情感变化调整视频剪辑。此外，它们还能与音频同步，确保视频的音乐和声音效果与画面相协调。

实时编辑和云编辑：一些平台和工具允许用户通过云端AI服务实时编辑视频。这使得多人协作更加方便，同时可以通过云端存储和处理大量数据。

语音识别和字幕生成:通过语音识别技术,AI可以将视频中的语音内容转换为文字,从而生成字幕。这有助于提高视频的可访问性,并使得用户更易于理解视频的内容。

AI视频剪辑方面,我们选取以下工具进行教学:AutoPod、剪映、OpusClip、SubMagic等。

第一,AutoPod是一款专为视频播客和视频节目编辑设计的 Adobe Premiere Pro 插件。它利用AI技术自动编辑视频播客和节目,包括多机位编辑、社交剪辑创建和跳切编辑等功能。AutoPod可以自动编辑多达10个摄像机和10个麦克风的多机位序列,并且可以自定义编辑方法并保存预设。此外,它还可以自动为社交媒体创建剪辑,并根据静音自动进行跳跃剪辑,非常适合需要快速编辑和分享视频内容的用户。

第二,剪映是一款功能全面的视频编辑工具,适用于手机端、平板电脑端、PC端。它提供了丰富的剪辑功能,包括变速、滤镜、美颜等效果,并且拥有大量音频资源。用户可以通过简单的操作快速剪辑和生成高质量的视频内容,并支持一键分享到多个社交媒体平台。

第三,OpusClip是一款AIGC视频工具,专门用于将长视频快速转换成高质量短视频。它利用先进的AI技术,能够自动识别视频内容,并生成引人注目的短视频片段。用户可以根据需要调整短视频的时长、音频、滤镜和字幕等,以满足个性化的要求。此外,OpusClip还支持将生成的短视频分享到 TikTok、YouTube Shorts 和 Reels等社交媒体平台,帮助用户提升社交媒体的影响力和知名度。

第四,SubMagic是一个自动生成字幕的编辑工具,它利用AI技术将语音转化为文字,并自动为视频添加字幕。这对于内容创作者来说非常有用,尤其是那些制作带有大量对话或讲解内容的视频的人。SubMagic可以大大提高字幕制作的效率,并确保字幕的准确性和同步性。

4.将AIGC引入传媒实践教学的体会与建议

4.1 教学体会

第一,使用者的能力上限决定内容质量上限,提升人工智能素养是制胜关键。

目前,大多数AIGC工具都是以文字生成多模态内容的方式运行,用户对任务的理解、对语言(尤其是英语)的掌握程度,对于把控模型生成所需的内容至关重要。提示词(prompt)在 AIGC 的运行过程中起着关键作用,通过它我们可以指导生成方向、控制生成风格、限定生成范围、调整创意程度、适应不同场景,从而实现创作个性化,提高生成效率,解决特定问题。毫不夸张地说,如果输入的提示词的精准度失之毫厘,就会使生成结果谬以千里。

人工智能素养是指一个个体具备的理解、运用和与人工智能技术协作的能力。它涵盖了对人工智能的基本概念的了解、对人工智能系统和算法的认知,以及在实际应用中能够合理、负责任地使用人工智能技术的能力。人工智能素养不仅是狭隘的技术技能,还包括对人工智能在社会、伦理、法律等方面产生影响的深刻理解。强化人工智能素养,才能更好地驾驭各种 AIGC 工具。

第二,AI 在定制化内容生产、整合式内容加工等方面有巨大的优势。

AI 能够自动执行内容生成过程,减少了人工干预的需求,从而提高了生产效率。它们可以在短时间内生成大量内容,适用于需要大规模产出的情境。在教学过程中,最令人印象深刻的一个例子是,学生全程利用各种 AIGC 工具进行短视频生产,在不写脚本、不进行人工配音、不拍摄、不剪辑的情况下,1 小时自动生产了 25 条、6 种语言的高质量短视频作品。

AI 能够学习大量数据中的模式和风格,生成富有创造性和多样性的内容。这有助于提供更加吸引人的、独特的内容,满足不同用户的需求。由此,AI 将大大地解放人类,使得创作者能够更专注于创意部分,而不必花费太多时间在常规的、重复性的内容生成任务上。这有助于提高创作者的创造性和创新性。

第三,传媒专业不仅不能放弃基础知识的学习和基本技能的练习,更要加强知识和技能的学习。

传媒行业是 AI 技术应用最为广泛的领域之一。学好传媒基础知识有助于人们理解 AI 在内容生成、编辑、推荐等方面的应用场景,从而更好地应对行业变革。

学好传媒基础知识可以帮助从业者更好地应用 AI 技术。了解媒体的语言风格、受众需求、内容创作规律等方面的知识,有助于更精准地引导 AI 生成的内容,提高生成效果。

传媒专业培养了学生的创意思维和人文关怀精神,这是 AIGC 所缺乏的。学习传媒的基础知识能够帮助从业者在利用 AIGC 工具生成内容时保持创意,关注人文因素,使生成的内容更加丰富、有深度。

传媒行业涉及众多伦理和法律问题,而 AIGC 工具的使用可能引发一系列伦理争议。具备传媒领域基础知识可以使从业者更好地应对相关的伦理和法律挑战,以确保内容的合法合规。

AIGC的出现虽然改变了传媒行业的一些工作流程,但传媒的基础知识和基本技能仍然是从业者成功的基石,可以帮助从业者在数字化和智能化的时代更好地应对挑战,创造有价值的内容。

第四,AI时代对于用户数字素养、批判性思维等综合能力的要求更高。

大多数体验过AIGC的人对它生成的内容都有这样的印象:AIGC生成的内容粗看还可以,细看往往就啼笑皆非,甚至有人称其为"一本正经地胡说八道"。很多漏洞百出的假新闻、充满常识性错误的答案、违法和"政治不正确"的论调都在网上流传。对此,OpenAI公司也提醒人们在使用ChatGPT-4时要"非常小心地查证",称该产品的局限性会带来重大的内容安全挑战。

任何新生事物都有粗陋和不完善的一面,训练数据有偏差、训练模型的漏洞、缺乏事实核查、模型过于复杂、生成目标有偏向、输入提示的引导、缺乏上下文理解等情况都可能导致AIGC的工具生成虚假信息。在现实社会中,我们同样面临这些问题,我们不能简单粗暴地把所有问题的原因归咎于技术。我们要在事实核查、逻辑推理、强化学习上下功夫,提高自己鉴别与反思的能力,避免虚假信息的传播。

4.2 教学建议

AIGC毕竟是新生事物,教授各种工具的使用方法、提升学生的人工智能素养需要一些综合的方法,结合对上课过程的观察、课后对学生的调查以及之后对教学的反思与总结,我们认为,在AIGC教学中要把握以下重点内容。

第一,使用示例和案例研究:展示各种AIGC工具的使用示例和真实案例研究,这可以激发学生兴趣,同时让学生看到这些工具在实际应用中的效果和潜在用途。

第二,理解基本概念:教学开始时,无论学生是否有理工科背景,都要想方设法地让他们理解AIGC的基本概念,如机器学习、深度学习、计算机视觉、生成对抗网络、自然语言处理等。这有助于建立学生对技术原理的理解,为后续的合理使用打下基础。

第三,实际操作和项目演示:提供实际的操作教学演示,然后让学生亲自使用AIGC工具。这可以包括使用在线平台、API,或者搭建自己的模型。设计一些小项目,让学生应用所学知识。实际操作是加深理解的有效方式。

第四,互动式学习:利用互动式学习方法,例如,小组讨论、实验室课程、课程微信群等,鼓励学生提出问题、分享他们的经验、观点和发现。这有助于形成一个学习社区,学生间相互启发、促进交流,及时解决问题。

第五,关注伦理和社会影响:强调 AIGC 工具使用中的伦理问题和社会影响。让学生认识到在使用这些工具时需要谨慎处理潜在的问题,如隐私、公平、伦理等。

第六,不断更新课程内容:由于 AIGC 领域的快速发展,保持课程内容的更新是至关重要的。如最新的研究成果、技术进展和实际应用案例,使学生能够跟上行业的发展脚步。

第七,提供资源和支持:提供学生所需的学习资源,包括教程、参考资料等。同时,尽力建立一个支持系统,让学生可以及时寻求教师的帮助,并且方便与其他学生进行交流互动。

通过这些方法,我们可以更全面地教授各种传媒类 AIGC 工具的使用方法,培养学生对 AI 技术的深刻认识和实际操作能力,更好地面对 AI 技术带来的冲击,还能够让他们充分利用 AI 技术为学习和工作带来更加高效和智能的帮助。

〔王昊,副教授,上海交通大学媒体与传播学院新闻与传播系教学主任〕

新文科背景下交叉团队的协同教学模式创新
——以"虚拟数字人"实训为例

◎ 王建磊　张文文

摘要：本文描述了深圳大学传播学院通过交叉团队组建、实训平台建设为数字文化产业培育人才的实践。在"虚拟数字人"实践教学的培养下学生既具备一定的计算机开发能力,又具备音视频生产与制作技能以及新媒体营销方面的理论与经验,这契合了国家提出的新文科人才的定位。

关键词：新文科；交叉团队；协同教学；虚拟数字人

1.引言

2020年11月3日,教育部新文科建设工作组主办的新文科建设工作会议举行,会议上发布了《新文科建设宣言》,由此拉开了中国高校"构建世界水平、中国特色的文科人才培养体系,推动文科教育创新发展"的序幕。新文科是回应时代发展、科技变革和国家战略的形势和需求,要求突破传统文科的思维模式,以继承与创新、交叉与融合、协同与共享为主要途径的文科建设新理念。[①] 为此,教育管理部门和教育实践人员在新文科建设的思路上达成了共识,他们认为要突破文科人才培养的学科专业思维,采取跨学科融合、实践问题导向的模式培养综合性人才。[②] 可见,新文科教育的发展路径需要从以下两方面来推动实现：一是通过重构教学团队、课程体系来适应科学技术和社会发展新需求,真正回应时代转型发展的新问题；二是直接面向新兴技术发展或新兴实践领域,反向探索全新的文科人才培养方式,既有价值理性又有工具理性。无论是哪种路径,其共通性在于要依托"人"的力量,在开展教学实践的过程中,体现知

---

①② 李灿,王思砚.新文科理念下文科实验教学的发展转向[J].实验室科学,2022,25(3):144-147,151.

识融合的综合性创新和教学方法的实践性创新。本案例结合"深圳大学—腾讯科技有限公司数字人制作与虚拟直播实验室"的实训教学案例,探讨交叉教学团队如何在人才培养上展开深度协同与多维互动。

2.新文科背景下的教学转向

新文科建设需要涵盖多个学科知识的融合、渗透和拓展,除了当前诸多高校正在探索的文史哲融通、政经哲融合等文科内部专业之间的整合外,我们需要在更大范围内进行文理交叉、文医交叉、文工交叉等跨学科门类的交叉融合。在新文科内涵驱动下的人才培养方式改革,逐渐发生了以下两个转向。

2.1 文科理论教学深度融合实验教学

文科教育直指人的观念、精神、情感和价值的塑造,以及对各种社会现象及其发展规律的探索。相较于科学教育的"求真"过程,文科教育则侧重"求善""求美"的过程,这就决定了文科教育在人文素养培育上的倾向性。在时代发展形势和新兴科技变革的推动下,传统的文科教育导向也必然会发生改变,如从以往注重沟通表达能力、环境适应能力、团队协作能力、社会交往能力、决策协调能力、心理承受能力等,转向强调运用专业知识解决复杂问题的能力,以及运用各种应对方法和分析工具的技能等。这就要求文科教学要从传统的理论教育转向应用教育,从课堂空间转向实战空间,此类变化推动文科实验教学的重要性日益凸显。文科实验教学契合了新文科理念对复合型人才培养的要求,是助推新文科建设的有效途径。当前,文科实验教学以平台建设为先导、以实训实练为主要内容、以作品输出为主要成果,不但激发了学生学习文科的兴趣,挖掘了其潜力,而且对实验教学老师提出了更高要求,鞭策其不断学习。在新文科理念的指导下,我们需要综合时代形势、科技变革与中国立场三个维度的内涵与要求,在交叉融合、协同发展、问题导向和实践指导下加快发展,使文科实验教学成为推动新文科建设的重要力量。

2.2 文科师资团队大力吸纳理工背景人才

新文科建设背景下的跨学科、综合型人才培养目标及课程建设离不开拥有多元学科交叉背景的师资团队。当前,新文科学科师资团队建设有跨机构合作、跨学院合作、学院自建和聘任业界导师四种模式,如北京大学新闻传播学院与医学机构共建健康传播硕士点；上海交通大学、中南大学等高校，整合发挥理工学科高地优势，搭建跨学院师资平台；华中科技大学新闻与信息传播学院的师资团队由新闻传播学、管理学、艺术学、计算机科学、人工智能等不同学科背景的教师组成；美国加州大学伯克利分校的伯克利新媒体中心（BCNM）聘请多个专业领域的行业导师为学生授课，开设人机交互、数据科学、虚拟现实技术等课程，注重校内外专兼职教师结合，以避免产教脱节。从根本上来说，跨学科人才培养模式需要灵活调动多种力量和资源，建立动态、稳定的跨学科师资团队。同时，多元学科的思维碰撞打破了学科区隔框架，将理学、工学的新兴前沿科技交叉融合，形成了更为开放、创新、融合的教育理念。

3.虚拟数字人的实训设计思路

人文学科和自然学科的交叉融合是以融合培养、协同共享为目的的。一方面，人文学科与自然学科相互需要，如商务管理类专业需要利用现代信息技术，物流管理类专业需要物流信息集成技术的支撑，城市管理类专业需要GIS技术的辅助，公共管理类专业需要仿真技术做决策模拟，这种相互需要会驱动协同教学的发生。另一方面，随着学科发展和社会结构变化，一些交叉地带自然形成，反过来要求文科、理科自发进行融合渗透——虚拟数字人的出现就属于后者。

虚拟数字人是元宇宙概念及新兴数字产业背景下的新事物，也是传播学、数字媒体、计算机等学科的交叉领域。当下的虚拟数字人指的是由计算机图形学、语音合成技术、深度学习、类脑科学、生物科技、计算科学等聚合而成的智能化虚拟形象。在业界，以洛天依、柳夜熙、星瞳、AYAYI等"破圈IP"为代表。在学界，清华大学数字人华智冰、上海音乐学院数字人Luya也为众人所知，如图1所示。虚拟数字人及其所呈现的媒体艺术形象，引领了人工智能时代的审美风格和艺术表演风潮。

从视觉艺术设计到后台技术算法，虚拟数字人可以说融合了最前沿的虚幻引擎"Blend"和系列AI技术，成为真正意义上的交叉领域。正因如此，虚拟数字人作为实验室实训项目，在设计上既展现文科所能发挥的艺术设计空间，又体现以计算机为代表的理工科的底层技术优势。项目实训在思路上首先需要厘清的是：实验内容的构成及构成各部分之间的关系如何，如图2所示。

第一，虚拟数字人作为新型"信息中介"，体现出知识丰富、亲和友好、互动性强等特征，是"补偿式""人性化"媒介演进逻辑下的新形态，也被视为未来人们进入元宇宙的入口。同时，以洛天依、柳夜熙、星瞳为代表的数字人在赢得市场用户认可的同时，

图 1　左为洛天依,右上为华智冰,右下为 Luya

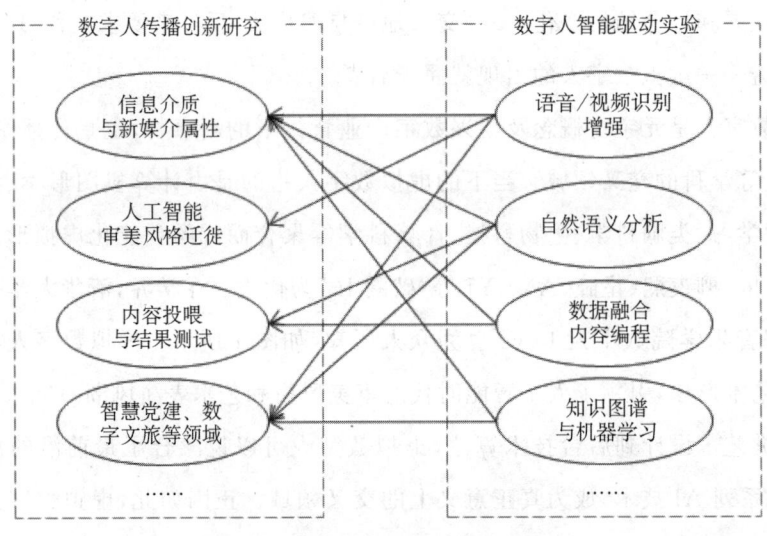

图 2　实训项目理念设计框架图

也开始塑造人工智能时代的审美风格,开辟出影像符号审美的新领域。更重要的是,通过知识投喂的训练,虚拟数字人可以不断地自我成长,它们在经过长期的机器学习后,可以为智慧党建、数字文旅、乡村振兴等场景提供针对性、专业性服务。以上传播学视域下的研究议题,有待采纳新的(社会学、管理学)理论,结合市场变动和用户需求转变进一步推向深入。

第二，从纯技术操作层面来看，虚拟数字人的智能化驱动框架包括自然语言处理、语音、视觉能力等 AI 技术，通过人工投喂的方式，将大量知识、信息、文本、视频等通过编程的方式植入虚拟数字人。数字人经过复杂的信息过滤后得出判断或结论，经过合成 TTS 得到语音，再通过语音驱动技术合成视觉效果。虚拟数字人逐渐达到"看得见""听得懂""会说话"的程度，在长期的机器学习和自然语言处理、语音识别、视觉合成三大技术的综合运用过程中，逐步实现自动化、实时化和智能化，推动人工智能的升级，最终达到虚拟数字人的"人格化"。

第三，虚拟数字人实验所拓展的科研空间包括两个方面。第一，虚拟数字人作为生产力的新媒介研究：正是因为虚拟数字人拥有自然语言处理、音视频识别等能力，才使得它能够自我驱动和提供某种服务。不断优化的算法和平台算力推动虚拟数字人变为一种真正的生产力，此方面的学理阐释必须回到计算机/人工智能技术的层面。第二，虚拟数字人的算法与模型研究：虚拟数字人提供服务的精准性、友好性来自知识图谱的合理构建、不断的知识投喂、机器学习算法模型的调适、情绪表现模型的设计等。课题将真实应用场景引入计算实验中，在输出优质学术成果的同时，试图为行业提供可落地的解决方案。

可见，本实训项目的设计理念包括以下方面。一是将实操与理论深度结合，将实验与科研深度融合，在产出实践型产品的同时，还能输出科研论文。二是充分体现交叉学科特色，在项目实操上，既要有艺术成分的外在体现，又要有技术的深度加持。同时，在论文生产上，对于虚拟数字人、虚拟现实、虚实相融等概念的理解，除了精神反思之外，更应回到原生技术层面，采取传播学、计算机学学科交叉的方式对其予以融合阐释。

综上，该实训项目就是以计算机学科的技术实践、运算实验为基础，以传播学的描述分析、文化思辨为路径，推动研究的方法创新与成果创新，相关研究内容与实训内容呈现出高度交叉性、支撑性和关联性。

4.交叉团队的协同教学模式

在前期的调研中，我们发现年轻人很关注虚拟艺人、虚拟主播，比如很多大学生都知道 B 站的星瞳、抖音的柳夜熙，同时对于虚拟数字人的相关知识学习表现出极高的兴趣与期待——这种期待变为压力转移到教师身上，要求老师不仅要精通学科专业领域的知识,还要了解和掌握相关交叉学科的知识。然而,个人掌握和积累知识的广度毕竟是有限的,在这种情况下,学生的综合性需求与教师知识的有限性之间产生了矛盾——组建交叉学科教师团队,能极大缓解这一矛盾。在本实训项目中,由校内、校外老师组合的交叉教学团队,不只是简单地将人员聚合在一起,还通过"课题合作、两界互补、机制保障、平台支撑"等实现了深度协同与多维互动。

4.1 国家课题共创

本项目的教学团队是跨3个学院组建的文理交叉团队,团队由3位教授、3位副教授以及2位助理教授构成。其中,一位教授拥有国家社科基金重大项目,两位教授拥有国家自然科学基金面上项目,3位副教授和2位助理教授均拥有国家社科基金项目。

教学团队并不是随机组成的,也并非单纯以有无课题作为标准,而是以教师研究旨趣作为核心依据。经统计,各老师的课题研究方向基本上围绕"大数据、算法、区块链、虚拟现实、影像文化"等议题。由此,以虚拟数字人作为研究对象,团队中教师的课题都可以找到合适的切入角度。如计算机学科的教授可利用增强学习技术,赋予虚拟数字人自我成长性,使其能通过自主学习达到分类别领域的知识边界;文科的教授主要面向智慧党建、数字文旅等行业领域构建能自动完善的多模态知识图谱系统,实现科学、准确的信息传达,实现从"信息和信息之间建立结构"到"知识和知识之间建立结构"的突破。

不仅如此,团队通过课题深度协同,在以虚拟人为主要范畴的前提下达成了诸多共识,致力在以下四个方面形成共创性研究成果。

第一,基于自然语言处理、知识图谱、音视频识别、技术——文化哲学对虚拟数字人展开多模态研究。

第二,构建虚拟数字人智能算法体系,包含数据融合、算法设计、机器学习模型构建;在丰富虚拟数字人智慧性的同时,探索情绪表现模型,增强虚拟数字人的情感服务能力,使之接近真正的智能化、人格化主体。

第三,构建面向行业领域的适配框架,例如,基于虚拟IP的品牌传播应用框架、基于虚拟数字角色的智慧党建应用框架、基于虚拟全景的智慧文旅应用框架。

第四,综合科学实验设计、学术批判性想象力实践、算法效能评测等因素与指标,构建"虚拟数字人和元宇宙"的理论体系。

以上研究成果将以团队的名义在学术期刊、媒体上刊发。

4.2 学界业界互补

校内导师的合作有助于学生拓宽知识面与开阔学术视野,激发学生的创造力与创新性。与此同时,如果能够进一步跳出学界范围,充分利用优质的市场资源,对于人才培养的应用能力提升将大有裨益。

在协同教学上,本项目团队积极发挥深圳城市的近地优势,与腾讯内容生态部(星瞳的负责机构)团队密切联络,展开在校企员工交流、课程共建、科学研究、人才培养等方面的战略合作,双方签署校企合作协议,共同致力于虚拟数字人课程研发、教材研发与内容合作等方面的工作。交叉团队充分借助合作契机,积极利用腾讯庞大的基础资源和优势条件,组织师生赴腾讯内容生态部门交流学习,开阔学生视野。为了让学生对数字人尽快建立认知,该项目安排报名的同学到实验场地观摩,逐步接受 Unreal Engine5 等软件的技术难度。在腾讯师资团队的带领下,学生形成对数字人生产流程的基本认知,并掌握相关技能。除此之外,腾讯方还助力项目组学生从学习到实习、就业的身份转换。

4.3 顶层设计保障

2021 年 12 月,深圳大学颁布《深圳大学教师双聘管理办法(试行)》,该办法为响应支持交叉学科建设精神而出台,文件中为教师实现校内双聘提供了申请流程的指引,并为已组建的跨学科团队提供制度保障,包括跨学科团队教师的薪酬发放方式、绩效激励方式、实验平台建设以及相关课题立项的倾斜支持等。在文件精神的支持下,本项目团队教师展开共同授课实践,推动自有学科和"虚拟数字人"的交叉融合,在新兴交叉学科方向开展创新性研究,培育新的学科增长点。

4.4 平台建设支撑

合作课题、业界联合、机制创新等元素构成本交叉团队的基础条件,这些条件要发挥协同作用,还需要实现整体串联和有效驱动。团队以实验室立项项目作为突破口,2021 年获批教育部"全媒体产教融合项目";与腾讯联合挂牌"虚拟数字人研发基地"以及广东省本科高校教学质量与教学改革工程项目:虚拟数字人创新传播实验室。其中,深圳大学—腾讯科技有限公司数字人制作与虚拟直播实验室是广东省教育厅批复成立的首批 19 个校企联合实验室之一。该实验室从以下诸多方面展开平台搭建,包括:360 度人脸/全身扫描系统、数字人制作素材库、数字人制作摄影机跟踪系统、微型摄像头面捕头盔套装、面部捕捉系统、专用动作捕捉套装(光学＋惯性)、常规动作捕捉系统、数字人渲染合成及播控系统、专用高性能服务器、返送显示屏(含支架)、4K 摄像系统、全景摄像系统、专用灯光及音箱系统、数字人制作系统教学资源、数字人渲染合成系统教学资源、高性能工作站(2 台)、高性能运算服务器集群等。基于此,实验空间及全套虚拟人生产设备为数字人制作技术与数字人 IP 运营提供了无限可能。

5.交叉团队的教学设计与效果

5.1 纵向责任,横向配合

该项目采用纵向责任传递、横向配合的管理格局,形成主体责任清晰、分层系统有序的教学设计模式。本交叉团队在教学方法上采用"模块＋案例"教学模式,把数字人的制作与应用、运营分成三大模块,而后采取分步推进式教学方法,将知识传授和能力培养融为一体。在课堂实验教学中,教师逐项演示示范,学生分小组观摩操练。在每个模块内部,分解成诸多案例,比如数字人表情管理、演唱/舞蹈才艺展示、数字人情景剧策划、数字人电商应用、数字人播报、数字人宣发的文案创作等。项目以模块形成连贯清晰的教学逻辑,以案例讲解实操加速学生对相关知识和技能的理解和掌握。

在教学手段上,团队采取目标/任务驱动制教学,即在每一周设定好周计划,根据课程教学要求,按照教学计划统一安排,安排好"基础实验""研究实验"和"创新实验"的内容,通过数字人上线的目标达成情况倒推实验课程内容,比如某一周的具体任务是在 B 站发布一段数字人星瞳的舞蹈视频。在实验课上,通过分组,由几组学生按照分工分别完成"真人穿戴与动作排练"的基础实验、代码调适与同步直播的研究实验、根据音乐段落为星瞳设计不同舞蹈动作的创新实验,最后形成完整的作品。

在课程考核上,以校方的学分机制和腾讯方考核形成闭环保障。在校方层面,数字人体系的课程总学分为 14 分。每门课程按照 A、B、C、D、E、F 评定成绩,其中 F 为不及格,当两门课程为 E 时同样判为不及格。成绩等级依据由任课老师认真制定。在课程或项目结束时,学生须按时、完整地提交专业实验报告、实验日志和工作照片等规定的材料;在腾讯方层面,团队需要对学生给出综合评定,也就是说学生必须通过校方和腾讯方的双重考核才算完成学习,获得学分。纵向责任横向配合的教学设计框架如图 3 所示。

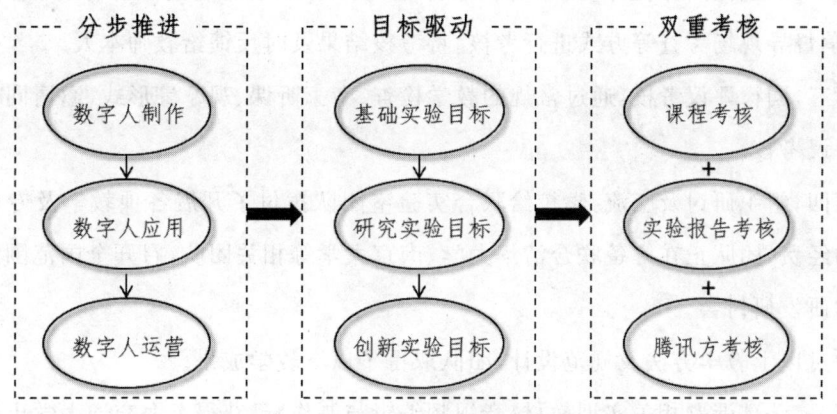

图3 纵向责任横向配合的教学设计框架

5.2 问题导向,协同运行

问题式学习是一种以学生为中心,基于问题、基于探究、基于团队合作的反复性学习过程。问题探讨贯穿整个教学过程,可以激发学生的学习与探究的兴趣,并激活学生与此主题相关的已有知识与相关经验,帮助学生发现重要的概念以及它们之间的相互联系。[①] 该模式下的教学强调学生的专业问题分析能力锻炼,着重培养学生独立自主学习的能力,使学生通过参与问题分析从而构建自身的知识体系。问题导向下的文科实验教学体系来源于社会发展实践,教学团队应结合多学科交叉融合的要求,在实验设计中通过整合相同、相近的应用型实验项目,开发设计出跨学科的研究型创新型实验项目。比如"如何使虚拟数字人的发丝飘动得更加自然""如何进一步缩短从语音传递到驱动唇形的反应延迟时间"等,计算机、媒体艺术相关专业学生从这样的问题出发,混合组成实验小组开展知识融合与合作训练。这样既可以交叉融合多学科知识,相互启发思路和借鉴,又可以相互协作,开展团队合作训练,实现创新型、复合型人才培养与资源整合的目标。同时,还应将实验室的功能目标与综合实验教学目标对接,形成信息渠道通畅、资源要素协同合作的协同运行机制。

此外,交叉团队还在教学质量的保障举措上,制定了规范化的流程体系。

第一,教学审核:开课前,组织专家团队审核开课计划、实验教学大纲、教学进度;开课过程中,邀请国家、省级名师听课指导,并对考核目标、阶段任务、学生辅导等情况予以教学评估。

---

① 连莲.国外问题式学习教学模式述评[J].福建师范大学学报(哲学社会科学版),2013(4):126-133.

第二,学生匿名课程评价:所有教学课程均采取学生匿名网上评分、问卷抽查评估、教学督导现场考查等方式进行考核,将考核结果及时反馈给教师本人。

第三,同行评议考核:通过常规的教学检查、专家听课、观摩等形式,邀请同行专家进行评议考核。

第四,组织研讨及交流:学校给联合实验室团队拨付了开展各项教学及专业实践活动的经费,团队正在筹备联合清华大学、南京大学等相关团队,召开全国范围的数字人教学研发研讨会。

通过以上教学方法及规范设计,团队取得了以下教学成果。

第一,一部课题相关实训教材《音视频编辑与制作》已获得上海交通大学出版社立项,在2023年6月正式出版。

第二,交叉团队联合打造的星瞳IP,已经在B站正式上线,现有粉丝75.2万。其中团队学生策划的作品《打开一分钟,抖腿一整天》获得303.7万播放量。星瞳与其他虚拟人不同的是,她拥有持续的学习能力,能够不断"学习"文本、视觉、图像、视频等格式的信息,随着时间的推移,她就像人类一样不断学习,其能力会不断融入自己的模型中,从而变得越来越智能化。"星瞳"的形象设计和人设逐步趋于完善、稳定,并且IP在短短时间内成功出圈,这进一步印证了数字人方向的市场正确。下一步,"星瞳"将被应用在虚拟教学、直播带货、智能家居等领域。

第三,实验室已独立产出一个数字学生的形象,作为深圳大学独有版权的数字人IP,目前命名为"小深",定位为深圳大学第一个数字学生,争取通过成熟的运营在B站上形成出圈态势。同时,围绕该数字人的音频、视频的智能化探索,团队也布局了相关的科研议题。

6.结语

本项目通过交叉团队组建、实训平台建设为前沿及新兴的数字文化产业培育了一批专业人才。交叉团队不但联合了校内导师,而且组建了校企联合队伍。在有效的机制和方法设计下,团队发挥交叉学科思维,依托生产实践、投喂训育、机器学习等实验,展开学术设计与生产,研究内容有扎实的支撑。教学团队面向特定行业、特定场景展开实验设计,使产品输出有市场效应,使学术成果有落地性。从合作育人的角度来说,交叉团队下一步致力于以数字人的研发与传播为切入点,将计算机编程、平面设计、影音制作、文案及市场营销等内容融入,形成体系完整、学分充分、具有就业优势的新兴微专业。

  交叉团队教学工作的整体推进和成效的取得,与深圳大学历来提倡跨学科融合和注重学术创新的导向紧密相关,与学校超前的顶层设计和实际的交叉教学激励举措密不可分。可以说,高校作为国家创新体系中的重要主体,是进行学科交叉与科技创新的中坚力量。学科交叉型高校科研创新团队是为了适应当前的科技创新环境而建构的一种新型科研组织模式,对其进行深入研究对优化配置高校科研资源、进一步提升高校的科研水平及创新能力具有极其重要的意义。

  〔王建磊,副教授,深圳大学传播学院教师;张文文,讲师,深圳大学传播学院教师〕

基于 PBL 模式的大视听实践教学研究与探索

◎ 李佳龙

摘要：传统传媒实践教学围绕专业工作流程以先理论后实践的顺序进行，这种教学模式在行业业态转型、快速发展阶段容易产生滞后性。我们通过引入项目制学习为学生设置校内、校外阶梯难度的命题，使学生在一段时间或一个项目周期内完成有目标、有结果的实践，最终实现其多维实践创新能力的提升。本文通过教学案例，阐述项目导向教学法（project-based learning，PBL）项目的评估、运营以及优化，最终实现项目实训团队的目标管理、组织协同、效能提升。

关键词：大视听；PBL；实践教学

1. 引言

近年来，媒体信息新技术、新应用使得传统视听行业加速融合，呈现"视听+"的大视听业态。一方面，大视听对文旅、演艺、教育、医疗、大健康等行业进行赋能与重构；另一方面，新业态也形成了更为强势的马太效应，逐渐构建起新的大视听产业链。在大视听行业高速发展、扩张的时代背景下，大视听创新人才短缺依旧是大视听发展过程中最显性的矛盾。

当全国各地热火朝天地举办行业交流会、产教融合研讨会时，往往也包含了对上游环节的期许。但现实情况不那么乐观，因为大视听行业需求与高校大视听人才培养总有时间差，这是由专业培养方案的修订周期所决定的。以短视频、直播电商业态为例，2017—2021 年，短视频平台已经完成了业态萌芽到超头部主播涌现的转变。假设某高校在 2017 年根据行业现状进行了培养方案的优化，那么行业的下一次周期变局会再次拉开教学与现实的差距，行业变化与培养方案全面修订之间有一条需要跨越的鸿沟。

这条鸿沟又给大视听人才短缺问题带来了截然不同的答案。面对主管部门的评估、考核，高校会拿出细则一一对应。如专业培育、课程建设、师资建设、科研成果等。然而，面对大视听行业的需求，大部分高校很难作答。从人才掐尖的角度看，企业更愿意在双一流高校进行内推、校招。因此，办学水平排在中腰部以后的高校有可能连与企业建立联系都无法做到，更别谈针对企业、社会需求制定人才培养了。2022年，教育部提出访企拓岗促就业专项行动。① 这表明，在国家层面，主管部门更希望高校第一责任人实地调研用人单位的需求。

早在1982年，就曾有教研组首次提出"真题真做"的概念，用生产和科研中的实际课题对学生进行能力培养。② "真题真做"的理念便是结合企业需求进行科学化人才培养的方法论。"真题真做"具备PBL的雏形，但主要集中在毕业设计环节。"真题真做"的难点在于，若毕业设计达不到行业的基本需求，那么"真题真做"将无法验证，只能叫"真题模拟"。因此，在此基础上，产教融合模式被提出了。产教融合将"真题真做"的理念从毕设环节倒推至培养环节，逐渐形成产业学院、产教融合班建设热潮——通过引入行业导师、教材、项目实训为学生提供与行业接轨的实践环境。但产教融合依旧会遇到一些现实困难，例如在没有大视听产业的地方，行业生态不完善；具备产教融合能力，还能够进行相关投入的企业不多，甚至没有。即使相关企业愿意与高校进行产教融合，也会因为业态缺失、各项投入过大，最终无法形成运营闭环，导致产教融合难以为继。因此，产教融合是一个高举高打的模式，需要一定的前提条件。若校企融合的政策、模式、方法、程度等环节都不可控，产教融合则无从谈起。

另外，以AIGC为代表的新技术加快了行业变革，甚至将行业的生产模式、流程进行颠覆性创新。在此背景下，技术标准、硬件设备、课程迭代的速度很快。重资产建设、长周期建设很容易在变革中被淘汰。预算较为紧张的高校无法承担这样的建设风险，只能望洋兴叹。

综上所述，围绕PBL模式设计一个"评估＋运营＋迭代"的发展路径或许能够满足一部分学校同行业发展接轨的需求。本文以作者所在单位湖南工业大学文学与新闻传播学院（下称"文新学院"）传媒创新实验室PBL项目团队为例，阐述这个模式从

---

① 教育部启动实施全国高校书记校长访企拓岗促就业专项行动[EB/OL].(2022-03-25)[2024-04-15].https://www.gov.cn/xinwen/2022-03/25/content_5681322.htm.
② 天津纺织工学院机械制造教研室七七届毕业设计领导小组.用生产和科研中的实际课题进行毕业设计的体会：在毕业设计中对学生进行智能培养的尝试[J].教学研究,1982(1):16-19.

构思到执行的教学实践与探索。

2. PBL 项目适用性评估

PBL 项目适用性是指选定的项目与教学目标和课程要求相匹配,同时兼顾学生的兴趣和职业发展意向。文新学院下设汉语言语言文学、新闻学、广告学、戏剧与影视文学、播音与主持艺术 5 个本科专业,其中广告学专业被认定为国家一流本科专业。文新学院在广告学方面基础条件较好、积累资源较多,相关成果产出较多。因此,PBL 项目可以从广告行业中遴选项目。

2.1 项目发掘遵循借力思维

PBL 项目发掘有把握产业发展趋势、结合地方特色、寻求校友资源三个路径。首先,通过研判大视听产业的发展趋势,智能广告、智能传播在大视听产业中应用广泛,项目与专业的匹配度高。主流视听平台在长沙也设有分公司,具备产教融合的条件。其次,湖南广电有着几十年的发展基础,形成了完整的视听产业生态。随着马栏山视频文创产业园的开发建设,高新技术型的视听产业链也在逐渐布局,有利于本地生源就业。最后,湖南工业大学的校友资源多集中在工业领域,校友捐助的资金可以成为启动教学教改项目的经费。这些企业的数字化宣传部门也在逐渐建立,届时也能够吸纳学生就业。

确定以上三个方向后,文新学院赶赴企业进行调研。从人才需求倒推学生培养,最终确定生活服务作为第一批 PBL 项目的方向。与直播电商竞价排名不同,生活服务项目对兴趣内容进行营销,是近年来各大视频平台响应国家回归实体经营开展的业务类型。生活服务聚焦本地消费业态,采取"线上下单+线下消费"的模式。平台根据品牌门店地址的周边范围进行视听内容精准营销,在"人货场"模型中,这属于货带人的状态。只要供应链优质,能保证理想的产投比,生活服务项目的门槛就相对较低。另外,生活服务项目在标准化生产流程中,依旧遵循品牌研究、客群定位、广告策划、大视听内容营销、商品转化的流程。这个生产流程可以覆盖学院各专业实训,可以进行跨专业实训协作。

截至 2023 年 12 月 31 日,生活服务 PBL 项目连续运营超过 8 个月。参与项目的教师根据教学实战经验形成了一套智能广告营销微课。该课程被产教融合单位用于字节跳动浪潮计划,面向生活服务餐饮、酒旅商家进行专业培训。参与项目的学生形成了多个团队：有的独立参与株洲方特的节点营销活动，如株洲方特抖音矩阵号暑假、中秋、国庆、万圣节的营销活动；有的将实训成果作为数字文旅案例参加"挑战杯"中国大学生创业计划竞赛之中；还有的同学在大三通过面试得到网易、东方甄选、特斯拉等企业实习岗，在公司承担新媒体编导、品牌运营等工作。

从抖音、快手等平台对生活服务的定义来看，生活服务项目除了餐饮、酒旅，还涵盖其他与日常生活息息相关的行业，在推广地方特色旅游、国家地理标志农产品区域传播方面有很大的优势。2023年生活服务也逐渐成为行业和地方融媒新的广告收入增长点，这为产教融合走出校门提供了新的机遇。

2.2 项目团队采取晋级培育

产教融合项目体量与执行团队的承载能力有密切关系，项目评估基于项目的难度与团队的能力进行衡量。尖端、前沿的项目的确很有吸引力，也意味着各方面的投入巨大。以智能广告应用为例，当前大视听行业对投流运营人员的需求旺盛。投流指利用智能广告营销工具进行客群分析，制定智能广告投放策略的过程，策略包含数据模型、介入时机、资金投入等方面的决策。策略最终会影响广告投入产出比的高低，如北京大学新闻与传播学院陈刚教授主持的"巨量引擎＆北京大学智慧营销实战教学"项目，是由企业提供资金支持学生进行投流的实训项目。这个项目自2015年启动，于2020年开展实践教学，截至2023年已有8年之久。这样的模式、投入与周期，大部分高校很难借鉴。

另外，教师作为PBL的管理与教学主体，其能力、精力也影响着项目的长久运营能力。教师首先会面临与教学、科研截然不同的工作方式。企业项目通常具有目标明确、流程清晰等特点，对时间节点、绩效、结果的交付要求比较高。若项目团队与企业做不到协同运营，项目只会无疾而终。其次，教师还会面临教学、科研外精力分配的问题。团队人数越多，组织架构、运营管理的强度就越大。学生的遴选、培养，人员流动，心理问题等对教师来说也是不小的挑战。最后，教师还面临成果评价、产出问题。产教融合的最大受益者是企业和学生。如果教师在这个过程中没有政策和多维评价的支持，其积极性也会受挫。

将产教融合项目拆分成初级项目、高级项目能够解决落地难和运营难的痛点。初级项目是合作企业内部命题，以磨合团队、内训为目的，无交付或者轻交付。初级项目与企业内训一同进行，共享企业师资、共同开发课程，完成校内团队的搭建与能力的提升。初级项目完成后，"首席导师＋核心成员"的架构形成，团队模型打磨完毕。高级项目是企业对外承接的商业项目，以企业为主、团队为辅共同完成。PBL项目团队作为企业团队的补充，对企业起到降本增效的效果，反哺企业投入。高级项目完成后，校内团队已经完成了不同难度的项目交付，具备复制条件。在后续的项目合作中，亦能独自运营，真正实现"真题真做"。

2.3 项目成果遵循双向转化原则

在发掘项目、搭建项目团队之后，项目适用性评估则需要考虑项目成果的双向转化。PBL项目起到教学推动、硬件建设和就业提质的作用，对企业起到了降本增效、培育教学品牌的作用。

在文新学院PBL团队项目运营期间，系列行业微课陆续形成。微课每集时长3分钟，以解决一个应用问题或知识点为目标。相较传统的32课时的专业课程，微课在学习、传播方面有较大优势。微课在不干扰正常教学的前提下，能够有效地弥补传统课程内容更新慢、授课周期过长的不足，为后续申报混合式教学课程、社会实践课程打下基础。同时微课也利于在企业、行业传播对企业起到员工内训的作用。企业降低了新员工的培训成本、提高了员工的平均专业水平，可以将原来的员工内训成本、招人成本折算成横向课题经费投入学校PBL团队的建设中。此时，项目组将经费用于项目成员的学术交流、行业见习，形成了成员个性化学习方案与职业生涯的规划。结余的经费，除给学生发放其参与运营的劳务费外，还可以持续投入后续的硬件设备建设过程中，最终形成产教融的良性发展。项目成员通过积累实训经验，在就业市场上提升了就业竞争力，客观上教学单位也实现了定制化人才培养的目的。

PBL项目的成功落地也为更多的校企合作提供了借鉴经验。生活服务校内项目团队参照产教融合单位湖南博皓数字品牌运营管理有限公司与株洲融媒体中心"直播株洲"的合作而成立，涉及了平台运营商、主流媒体、高校三方协同。在市场端，平台服务商提供运营服务以获得按销售额付费（CPS）佣金收入，地方广电融媒体中心提供技术服务以获得广告收入。在教育端，PBL项目组向服务商和广电融媒体输送具有专业水准的人才，输出体系化培训课程。企业为项目组提供行业资源，广电融媒体提供场地、专业资源，来保证学生的实训效果。该模式在后续的推广过程中，逐渐受其他地区及高校青睐，形成了三方协同，共同服务行业、服务社会的互赢局面。

3. PBL团队组织架构与运营管理

高校涉及考试、放假等特殊时间节点与时间段，是PBL项目运营最大的挑战。许多项目会因考试或假期而中断,造成人员流失、项目终止。另外,在高校的工作细分中,有的教师擅长授课,有的教师擅长科研,亦有两者兼顾的教师。教师在团队中的分工也决定了项目能否顺利运营。还有学生的遴选、换届,也是项目运营不可忽视的因素。团队组织架构是否科学,是否具备抗压力、抗风险的能力,决定了项目能否持续运营。

3.1 团队绩效替代个人绩效

PBL项目涉及教学、科研,是一个多维且复杂的实践教学活动。若每一位老师都面临教学、科研等的考核,那么这些老师会分身乏术而无法进行创新性活动。若将这些老师看成一个小型的教研团队,在保证基本考核的前提下使其各司其职发挥所长,那么在项目运营的过程中,教师会获得更大的自由度,学生也能保证应有的实践学习质量。

文新学院传媒创新实验室PBL项目组教师团队采取"各施其长、综合考量"模式,在组建教师团队时优先考虑具有责任心、分享欲且能力互补的教师。教师集体学习行业规则、研究行业动态,在工作上根据所长进行细分。教学型教师主要进行微课教学,积累教学、教改经验,为科研、实践型教师分担教学培训压力。科研型教师主要优先产出科研成果,承担科研先锋职能,为团队积累前期科研成果,当科研项目在研时,协助其他教师进行课题申报、科研成果转化等工作。实践教学型教师主要负责团队学科竞赛活动,用"以赛促学"的方式加强团队的专业应用能力,提高团队项目交付能力。通过细分教师职责,形成教师团队的激励机制。在PBL横向课题经费到账后,按劳分配,针对相关成果进行奖金激励。在学校、学院层面,项目教师团队产生的各项成果也能满足传统的工作绩效考核,学院只需要出台团队考核政策,对团队工作总量进行考核。

另外,考虑到专任教师在学生工作方面经验、精力不足的情况,文新学院传媒创新实验室PBL项目团队还引入了"专任教师+辅导员"的组合。通过辅导员帮助学生解决其遇到的各项问题,例如学生的招新、日常考勤、课后生活、心理状况,以及实训请假、假期住宿、人身安全等问题。为了解决辅导员因项目运营额外产生工作的情况,专任教师在其职称评审、绩效需求的思政课程、思政比赛中为其助力。如"读懂中国"思政比赛,专任教师在写作、播音、视频等赛道中组织项目组同学参与,优先让辅导员教师作为第一导师参赛。同时,在横向课题经费中,项目组也会列支科研劳务对其发放。

"各施其长、综合考量"模式弥补了单兵作战的劣势,使教师之间形成了协作默契。

参与项目的学生也会因教师的言传身教,形成团队默契。如此一来,文新学院传媒创新实验室 PBL 项目团队具备从 10 人团队拓展到 30 人的规模。

3.2 师生制与师徒制相结合

在团队运营过程中,既需要规则约束又需要精神传承。文新学院 PBL 项目设计了师生之间的师生制管理、学生之间的师徒制管理。项目团队第一责任人是教师,教师在项目中起到决策、管理作用。为了避免情绪化行为,规则有效约束了教师与学生的行为。在学校纪委制度、实验室管理制度、项目合同的框架下,教师对教学负责、对项目结果负责,学生对过程负责。学生之间的师徒制,则体现在学生之间亦师亦友的关系上,用榜样的力量建立良好学风与项目推进心态。当学生走向社会,师徒制也能形成紧密的校友圈,助力学弟学妹走向社会。

文新学院 PBL 项目团队人员组织架构为"萌新组—成长组—核心组"。

萌新组成员指 PBL 项目成立之后,面向全校公开招募的项目成员。在海选成员之后,教师需要对这些萌新进行一段时间的培训与考核。此时萌新组成员需要进行为期一周的限时打卡。教师最终把关打卡任务,核心组成员把关过程管理。通过限时打卡,筛选出对专业有热爱且具有学习恒心的同学。萌新组成员限时挑战成功后,会进行成长组的晋级选拔。

成长组成员(20 人规模)指通过萌新挑战后的成员。该成员组的成员需要参与 PBL 项目见习,成为核心组成员的项目助理。成长组按照一个学期的时长进行学习与考核。核心组成员担任学习委员、阿米巴小组队长(师傅)。成长组成员一经转正,享受项目设备使用、专业微课、行业参观、学术交流、项目推进机会等资源。成长组成员在一个学期期间需要每周提交学习周报,以便教师追踪其学习进度,把握其学习方向。核心组学习委员在平时对其进行学习监督,组织教师专项授课、成长组日常自学、项目复盘。成长组设置 500—1,000 元小额奖学金,期末对学习标兵进行象征性奖励,培育共同学习、共同成长的氛围。

核心组成员(8—10 人规模)指通过 1 年项目实训的成员。成长组成员在期满之后,根据其专业水平、组织管理能力、项目执行能力晋升为核心组成员。核心组成员在心智与责任心方面更突出,具备团队管理的潜质。核心组成员在成长组成员的资源权限之上,享受学术交流、外出学习经费全额报销待遇;项目按劳分配,向核心组成员发放相关费用;核心组成员还有被内推到优质企业就业的机会。在日常运营中,核心成员是二级管理者,为教师分担项目责任,落实项目进度与末端执行。

在PBL启动初期,首要任务是打造项目样本,因此成员招募重质不重量。第一批参与项目且执行完一个完整流程的学生即可成为核心成员。有了项目样板,人员缺口成为首要问题。通过"萌新组—成长组"的选拔方式,能够有效缓解人员匮乏的局面,最终平稳过渡到完整架构。

3.3 信息化管理提高组织效能

当项目团队超过30人时,信息对齐与组织效能会成为管理痛点。用信息化优化标准作业程序是可靠的解决方式。文新学院PBL项目团队使用飞书作为团队信息化管理工具,以达到组群管理、信息权限管理、资源云存储等目的。

由于PBL进行了3级人员分类。萌新组成员通过微信群组管理,方便信息沟通,便于即时解散。成长组成员和核心组成员需加入飞书群组,根据项目进行人员分类。通过飞书群组的日历、提醒功能,最终实现项目群组责任到人、项目信息传递到人的效果。信息权限则适合发布一些与项目有关的敏感、保密信息,防止群组成员转发至群外,形成信息泄露及舆情事件。同时,信息权限管理也便于形成PBL资源壁垒,只有加入项目的成员才能得到更专业的训练,提高招新吸引力。资源云存储在内训方面有传播优势,教师利用碎片时间将微课上传至共享空间,通过设置信息权限定向发放到组群,形成知识产权保护。多维表格则使用官方提供的甘特图、新媒体运营、直播复盘等功能性模板,保持文档的实时更新,使成员不受空间和终端限制地进行项目协同。学习周报则可以实现学生的学习追溯,反馈学生的学习兴趣。教师通过跟进学习周报,把握学生的学习方向和学习节点,真正实现用兴趣驱动学生学习。

通过飞书信息化管理文新学院PBL项目团队,做到了项目执行的全流程管理,使每一个环节都有迹可循。在每一周的项目总结中,项目教师、行业导师与学生一同分析群组内的多维文档,使学生能够更好地理解项目的难点、痛点。最终制定项目快速上手白皮书,用于成长组成员的内训。学生在校内适应了信息化管理,无形之间也积累了项目工作经验,待到其走上成员工作岗位时能更快地适应新生活,顺利融入社会。

4.PBL项目的资源优化与改进

4.1 轻资产快启动提高资源使用率

公办高校在产教融合方面还会面临一些机制上的困难。这是因为公办高校若涉及财务、资产管理、后勤等部门,审批流程较为复杂,还会有违规、审计的风险,这些程序都会制约产教融合项目的落地。选择轻资产运营,项目组可以摆脱对场地、资金、资质的依赖,这通常被视为一种教改尝试。

在以往的产教融合接洽过程中,受财政拨款的周期和总量限制,文新学院很难在空间场地、资金方面得到配套支持。例如 XR 数字影棚、虚拟仿真实验室等项目,自身投入少则几十万元、多则上百万元。轻资产运营的重点在项目运营端,项目组可以就近共享合作方的资源,以人员参与的方式进行。待到项目样板成形,具备自运营能力,再考虑场地、设备的投入,也利于后续硬件迭代和实践方向的调整。

文新学院 PBL 项目团队选择将生活服务项目作为第一批项目,是因为该项目更侧重于广告运营,如广告策划、短视频/直播、数据挖掘与运营等工作。拍摄、剪辑设备和小型绿幕直播间总投入不超过 10 万元。团队运营期间,服务过株洲方特、酒拾烤肉、蜜雪冰城、CBD 居家等知名品牌。项目组参与的运营项目实现了共计 5,000 万元的销售总额,项目组承担的运营项目实现了 70 万元销售总额。教师团队最终实现 30 万元横向课题经费到账。2024 年,文新学院 PBL 项目团队筹备深耕生活服务数字文旅赛道,致力于地方文旅资源推介、非遗传播、文创种草,为乡村振兴、国家地理标志传播贡献高校力量。

4.2 项目团队的优化与改进思路

截至 2023 年 12 月,文新学院 PBL 项目团队经历过暑假、开学、放假、考试等几个时间节点的挑战,已经平稳度过万事开头难的局面。其间,教师人员的调整、项目学生的流动也为团推运营、优化提供了宝贵经验。

首先,PBL 项目团队会受到多元挑战,既会受到新教学方法、教改的挑战,又会承受行业对结果交付的压力。因此,无论是教师还是学生,参与项目执行一定要有极强的责任心与专业热情,二者缺一不可。如果不能走出舒适区,PBL 项目必然会走向失败,因此人员的遴选是持续进行的。教师团队需要确定第一责任人,其余教师可以作为体验、学习成员参与,便于没有准备好的教师调整自身状态。学生团队设置定期招新与毛遂自荐两种途径扩充人才储备,保证项目不会受学生的假期、健康、心理、进修等影响而中断。

其次,文新学院 PBL 项目团队要以结果为导向,设置阶段性目标。若目标不清晰、方向不明确,会很快陷入迷茫、内耗、混乱的局面。项目有的是以冲击销售额为目标,有的是以教学为目标,有的是以验证营销策略为目标,目标不同,路径不同,结果也不同。若不能进行阶段性调整和终局判断，团队就会丧失运营信心。暑假是旅游旺季，项目组承接了几次景区定向推广，因为文旅推广经验不足，在一段时间内毫无进展。通过分析供应链竞争力和调整人群画像营销策略，最后成功交付文旅推广项目。在进行餐饮推广项目时，再次出现未知的运营问题，其原因是之前的文旅推广导致账号人群画像产生偏差，最终项目团队不得不通过多次投流优化账号标签才回归正常运营。在后续的复盘中，项目组反思追热点带来的后果，也确定了用不同的账号做不同赛道的广告运营策略。

最后，PBL项目也会因为市场变化产生许多不确定因素，在启动项目时项目团队需考虑多个版本的发展，项目团队制定了1.0—3.0发展方向。1.0是项目模型阶段，主要摸底学院师生是否具备产教融合能力，了解项目合作产生的各项问题，尤其要避免产生合作纠纷、经济纠纷。2.0是校外校内协同阶段，有的地区有孵化器、"双创"培育政策，能够提供一定的财务、场地资源。这个阶段可以在校外孵化更大、更专业的项目团队，导入更多行业资源。企业投入建设，能够规避审计难、落地难的痛点，最终为产教融合联盟体奠定基础，形成规模效应。3.0是双创孵化阶段，有知识产权、技术壁垒的师生团队可以在这个阶段实现成果转化或者完全的市场化运营。

5.结语

虽然PBL模式已有几十年的历史，但是在当今越发强调专业应用与行业接轨的背景下，该模式仍具有很强的现实意义。在人工智能时代，许多工作都可能被AI优化或替代，专业能力、管理能力、项目执行能力将成为人才的核心竞争力。通过PBL模式，学生能学会如何设定目标、规划学习和完成执行。这是其成为合格专业人才的必经之路。高校不仅仅只有教育职能，还承担着服务社会、服务地方的职能。通过建设PBL项目，提高企业用人质量，转化高校智力成果是新时代教育兴国、人才强国的教育使命。

参考文献

[1]贾月.大视听背景下传媒类一流本科专业群建设探索[J].传媒,2023(23):81-84.

[2]李虹.PjBL理念下动画专业产教融合教学实践研究:以农产品包装中的卡通设计为例[J].上海包装,2023(2):189-191.

[3]韩婷.基于项目的学习(PjBL)对本科生工程实践能力发展的影响研究[D].武汉:华中科技大学,2021.

[4]田华,刘德宝,韩婷.新工科背景下 PjBL 课程教学的设计与实施:以天津理工大学"工程材料及其成形前沿"课程为例[J].高等工程教育研究,2021(4):59-65.

[5]PENGYUE G,NADIRA S,LYSANNE S,et al.A review of project-based learning in higher education:student outcomes and measures[J].International Journal of Educational Research,2020(102):1-13.

〔李佳龙,讲师,湖南工业大学文学与新闻传播学院实验中心主任〕

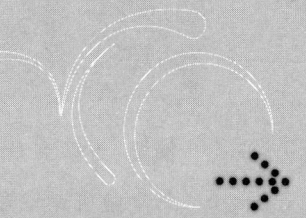

实践教学综合改革

实践聚力人才培养 项目赋能教学创新
　　——影视摄影与制作专业"一核双驱"模式建设　　　　　　　　　　杜　君
基于OBE理念的影视艺术实践课程混合式教学探索　　　　　　　　　　陈文华
地方本科院校戏剧与影视学类专业实践教学创新路径探析
　　——以西安工程大学学院为例　　　　　　　　　　　　　　姒晓霞　丛红艳
智能传播环境下民办高校的新闻实践教学探索
　　——以上海建桥学院新闻传播学院为例　　　　　　　　　　张建民　曹茶香
AIGC语境下学研产一体化动漫数字内容创新实践人才培养模式
　　　　　　　　　　　　刘　欣　朱妹丽　王青青　淮永建
基于OBE理念的传媒工作室人才培养模式的再构与实践　　　　　　路　鹏　周　利
嵌入理论视域下体育传媒教学实践"以体为本"的路径创新研究　　　　　　赵琳琳
智能时代影视专业实践教学的变革与展望　　　　　　　　　　　　　　　李　琳

实践聚力人才培养 项目赋能教学创新
——影视摄影与制作专业"一核双驱"模式建设

◎ 杜 君

摘要: 为了满足当前社会对复合型人才的需求,更好地推动高质量办学,山西传媒学院视听学院积极探索实践教学的升级与拓展路径,以国家级一流本科专业——影视摄影与制作专业为例,对以人才培养为核心,以小学期项目和"卓越实验班"为驱动的"一核双驱"的实践教学模式进行建设,并试图通过对该教学模式的探究,系统构建专业型、应用型人才培养体系,努力培养适应媒体深度融合和行业创新发展的优秀新闻与影视后备人才。

关键词: 实践教学;人才培养;影视创作

1.引言

山西传媒学院的影视摄影与制作专业于2013年4月被教育部批准开设,以1988年创办的电视摄像专业为基础,优化整合了1995年成立的电视节目制作专业。目前,影视摄影与制作专业包含影视摄影、影视制作两个方向。2019年,影视摄影与制作专业被确立为国家一流本科专业建设点。2023年,影视摄影与制作专业又被评为山西省卓越(拔尖)人才培养改革试点专业。近年来,山西传媒学院的影视摄影与制作专业在软科中国大学影视摄影与制作专业排名中位列第7,以被评为A级的综合实力在全国同类专业中名列前茅,稳居山西省首位。影视摄影与制作专业在10年砥砺征程中探索并建立起以人才培养为核心,以小学期项目和"卓越实验班"为驱动的"一核双驱"模式。

2. 以人才培养为核心，构建灵活实践教学模式

影视摄影与制作专业以提升学生的学术创新能力、综合实践能力和就业竞争力为目标，打破传统人才培养范式，推行"任务驱动、项目导向"等学做合一的灵活实践教学模式，系统构建专业型、应用型人才培养体系，努力培养适应媒体深度融合和行业创新发展的优秀新闻与影视后备人才，使学生扎根山西、服务地方经济，并满足国内全媒体发展需求、适应中国传媒事业的发展需要，能够讲好山西故事、中国故事，传播好中国声音，解决行业存在的实际问题。

2.1 创作提质减量，强化课程群实践建设

注重关联度高的实践课程之间的相承相接、互通互补。通过优化调整，影视摄影与制作专业将创作中关联度高的课程安排在同一学期形成课程群，不但有助于学生的学习理解、教师的交流沟通，而且方便联合创作。影视照明、影视声音、影视导演、特殊摄影技巧、影视调色、影视制片这六门实践性较强的课程均安排在第五学期。在这一学期当中，学生不仅可以系统地学习画面与声音的理论知识，还可以通过联合创作搭建起整体性的视听认知。在开课前及开课过程中，六门课程的教学团队会举办集体教研活动，针对授课的内容和形式等进行讨论，包括学情分析、进度安排、作业要求。前十二个教学周（共十六个教学周），不同课程的授课教师各自进行理论授课以及课程单独的小实训。后四个教学周内，由教师监制、学生分组拍摄制作，各小组完成六门课程统一要求下的作品。该学期还有两门集中安排的纯理论课程（第十周结课），在时间上充分配合联合创作的实践课。

在传统的教学中，各门课分别布置各自的实践作业，因而学生需要完成数量较多且同质化的拍摄作品。联合创作既避免了学生疲于应付的交差心态、杜绝了烂片频出的现象，又使得各个科目之间有机联动，学生团队形成默契、加强合作，为毕业创作积累实战经验。影视摄影与制作专业的毕业设计也允许学生对此次联合创作的作品进行再加工，精心加工后的短片也更能在专业赛事中获得佳绩。课程群实践对学生成长、教师教学、专业建设、学校发展都具有长远意义。

2.2 实训布局优化，促进多年级实践联动

协同安排不同年级创作中可以关联起来的课程，既可实现高年级学生对低年级学

生的传、帮、带，又可激励低年级学生继续开拓创新高年级学生已经初具规模、创造出一定成绩的实践项目。

高、低年级"互动式"启蒙。三年级第五学期的影视照明、影视声音等课程均有实训环节。在学生实训时，一年级第一学期的图片摄影创作课程中的一项实训内容就是为三年级实训的老师、学生拍摄工作照、人物照等。低年级学生用静态图片摄影作品定格了高年级学生创作动态视听影像的精彩瞬间，既加强了两个年级的互动，又让低年级学生提前了解高年级的实训内容，激发了低年级学生的专业热情，并提示其提前做好学业规划。

高、低年级"梯队式"培养。二年级第三学期的专业课排在前十二周上完，从第十三周开始，三年级第五学期的联合创作剧组正在紧锣密鼓地进行实践创作，那么二年级的学生可以到三年级的联合创作剧组中当摄影助理、灯光助理，拍摄跟组纪录片等，此举既能够解决剧组的人员需求，又通过二、三年级的梯队建设，培养了后备力量。

高、低年级"矩阵式"协作。经由"互动式"启蒙、"梯队式"培养，进阶的人才培养优势会在四年级学生的毕业创作中凸显出来。在四年级学生第八学期完成毕业创作时，正值三年级的第六学期且前两周不排课，那么三年级学生可以跟组参与拍摄四年级学生的毕业创作，此举不但解决了学生毕设剧组因小成本制作而人员配置不足的问题，而且使得三年级学生为将来自己的毕业创作积累了经验。高、低年级"矩阵式"协作，体现了传、帮、带机制的优越性，也让学生建立起专业归属感、团队责任感。

2.3 院线创投双注力，提振专业（职业）认同感

尽管学生创作者还在高校中继续学习，但他们对视听魅力的追求和探索，体现了新生力量的潜质。因而，创投基金会积极介入学生第五学期的联合创作以及第八学期的毕业创作中，从形式和内容方面提出要求，兴趣度及契合度较高的小组会有专业创投人员对接。影片制作完成后，创作团队会在创投人员的指导下，参与平遥电影节、86358电影短片交流周等电影节展。

此外，实践中创作的质量上乘的短片也会在商业院线（如华谊兄弟影城）展映。学生的主动性在从拍摄到展映的过程中被极大地激发出来，学生拍、学生展、学生看、学生评。作品经过大银幕的放映，学生会油然而生专业（职业）认同感，也更好地激发了继续学习和探索的热情。

3. 以小学期项目为驱动,凝聚培根铸魂合力

小学期是在春秋两学期制的基础上增设的一个学期,影视摄影与制作专业的小学期安排的课程为集中实践项目。在两周时间内,学生经过校内培训、项目选择、采访准备、实地拍摄、后期制作五个环节,最终完成小组合作的影像作品。在指导老师的带领下,学生们以小组为单位,深入城镇乡村,走近非遗文化,利用所学之长对当地的文旅产品与非遗项目进行影像化记录与保护。

3.1 发挥文旅特色,校地协同育人

非物质文化遗产作为载道的文化,凝结于中华传统文脉,呈现了中华传统文化的有序传承,更是民族文明成果的汇聚。山西是文化大省,拥有众多非遗项目。目前,影视摄影与制作专业同山西省多地的文旅局展开深度合作,协同育人。

在学生第二学期及第四学期结束后的小学期,由教研室主任、学科带头人带队,老教师发挥模范作用,年轻教师作为骨干指导学生拍摄山西多地的文旅、党建、乡村振兴图片与短视频,文旅党建宣传片以及非遗纪录片。以实际项目为驱动,融入课程思政,既服务了地方政府,又履行了高校的服务功能。同时,教师在与学生同吃同住、同学习同创作的过程中,也关注和考查学生的专业能力、学习热情和道德修养。小学期实践的表现,也是学生申请成为"卓越实验班"学员的重要参照指标。

2023年,在前往山西晋中太谷进行拍摄的小学期项目实践中,教师带领学生创作出42部乡镇宣传片、非遗纪录片,百余部太谷旅游系列短视频和图片摄影作品,形成对太谷区文旅资源的全方位矩阵式宣传。新华社以《山西太谷:大学生助力文旅宣传用影像守护非遗传承》为题对小学期实践项目进行专题报道,全景式多角度呈现了项目的开展过程和成果,浏览量超100万。该报道还被凤凰网视频、网易视频、新浪财经头条、芒果TV等多家媒体转载,引发了社会的关注。

3.2 立足课程优化,深耕实践教学

小学期项目是在凝缩的时间和地点集合全体师生的智慧和力量完成的一次实践教学。在小学期实践的基础上,加强课程之间的"前置—中承—后续"联系、明确"基础—核心—拓展"进阶。第二学期结束后,小学期既是对大一全学年图片创作、色彩基础、视听实训等课程的检验巩固,也是对第三学期全媒体运营、数字制作技术等课程的提前介入。第四学期结束后的小学期,既是对大二学年整体教学质量的查漏补缺,又是对第五学期影视照明、影视录音、影视制片等课程的前置。

在原有的授课体系中,各门课程之间的屏障还未完全被打通,小学期以其破壁之力优化了课程体系。此外,人才培养必须架设起从理论到实践的通路——小学期项目就是理论与实践的完美契合点。在小学期项目中,学生不仅能够得到知识、技能方面的传授,而且可以通过自身实践思考验证"所学非虚"。教师也能在指导学生的过程中,反思教学、深耕实践、改革创新、与时俱进。

4. 以"卓越实验班"为驱动,增强启智润心活力

为了将通识教育和拔尖人才培养相结合,满足学生多样化需求,山西传媒学院视听学院以校企合作、产教协同育人为着力点,以企业岗位需求为导向,以职业化岗位能力培养为特征,在2022年与北京强氧科技有限公司联合申报了山西省卓越实验班。卓越实验班不涉及教务系统和行政班级的变更,在原有培养方案的基础上增加多元化商业项目、配备行业导师,行业导师与校内导师共同培养人才。卓越实验班的学生选拔在第五学期初始进行,由专业教师推荐符合招生要求的学生进入专家面试环节,专家对其现实表现尤其是专业水准与道德修养进行全面综合评定,面试成绩优异者可进入实验班。

4.1 深化产学结合的企业提前入驻

企业是人才施展抱负和才能的前台,学校是培养人才的幕后,校企合作则是学校和企业携手共赢的最佳方式。通过优势资源共享、人才培养项目孵化,校企合作不但可以让学校顺应潮流、除旧布新、与市场同步,而且企业也可以通过学校发掘到数量可观、质量上乘、极具潜力的人才。

在卓越实验班的人才培养中,企业提前入驻是其中的重要环节,企业代表作为行业导师为学生们带来与行业衔接极其紧密的专题讲座和行业培训。为此,学院特别邀请到央视网、爱奇艺影业、华谊兄弟影业、南光影视器材公司、山西省电视台、抖音和其他相关公司的行业导师做线上讲座、线下培训,打通用人单位与学生就业的渠道,使得优秀人才未毕业即获得企业青睐,将实习、入职培训前置。

卓越实验班的培训不但包括赛事转播、直播前的相关培训,综艺节目录制相关培训,广告和宣传片制作相关培训,新闻制作相关培训,短视频(包括竖屏短剧)制作运营等专业性极强的技能培训,而且强调职业道德(操守)相关培训。影视制作入组前相关培训也在卓越实验班的授课内容中占有相当大的比重。

4.2 契合多元需求的半订单式培养

用人单位根据人才需求预订培养计划。企业根据学生专业(学业)水平、道德操守、兴趣爱好选拔与企业特色和发展相匹配的人才,进行试点培养。卓越实验班基础培训结束后,在学生就业目标与企业用人目标达成一致的情况下,学生即可在企业进行1—3个月的加强培训。学生在实际岗位进行实践,实现对拔尖人才由"圈养"到"散养"的转变。

目前,参与体育赛事(男篮及男足比赛)转播项目的学生有6人、参与综艺(《经典咏流传》《乘风破浪的姐姐》《披荆斩棘的哥哥》《向往的生活》)录制项目的学生有4人、参与企业(产品)广告宣传片(中国人寿、山西文旅、华为P60)拍摄项目的学生有4人、参与短视频制作运营项目的学生有3人、参与影视剧(《出入平安》)项目的学生有2人、参与电视新闻制作项目的学生有1人。在整个过程中,校企协同育人,共同探索教育和产业合作的新模式、新方向,以期促进实现延伸教育链、服务产业链、支撑供应链、打造人才链、提升价值链,推动形成与市场需求相适应、产业结构相匹配的产教融合实践模式。

4.3 彰显品牌效应的横向课题研究

影视摄影与制作专业既有以企业导师为主导的岗位实践,又有以校内导师为主导的各种横向课题实训。基于品牌效应,企事业单位与学院(专业)深度合作,为师生带来了施展专业才华和能力的机会。借助企业创新与实践平台优势,在双方形成可持续良性互动的基础上,探索育人新途径,提升人才培养、教学改革和科研工作的水平。学院一方面依托小学期实践项目,与相关地市签订横向课题;另一方面用联合创作、毕业创作作品的质量为基准与企业单位签订横向课题。此举更好地搭建学院与企业资源共享、交流合作的平台,实现了校企合作常态化、全面化、深度化、创新化、优质化。

事业单位横向课题以直播转播、宣传片、纪录片居多,企业单位的横向课题以竖屏短剧、短视频、微电影、商业电视广告居多。接到横向课题后,校内导师以工作室模式带领卓越实验班的学生完成,指导教师负责指导和整体把控项目的日常运行,学生负责具体的前期策划和拍摄制作,横向课题实践使学生在校期间就真正参与、合作完成了商业项目。学生既积累了经验,又为毕业"零适应"直接上岗奠定了良好的基础。

4.4 保障项目实施的学分置换机制

卓越实验班为学生量身定制了各种拓展培训及商业项目,学生难免会分身乏术,甚至会出现无法按时出勤修学相关专业课程的情况,因而学分置换机制势在必行。当完成项目的时间与普通课程的授课时间有所冲突时,学生可以申请学分置换,由提供岗位的实践单位、行业导师、校内导师出具项目实践评价并给出成绩。此成绩可以正常纳入学生学分体系,并被认可。

学分置换制度调动了学生参与项目的积极性和主动性,激发了学生提高专业实践水平、参加专业赛事的热情;同时也促进了人才分类、分层培养,使具有专业天分与职业热忱的学生脱颖而出。不过,需要明确的是,推行实施学分置换机制的总体目标是鼓励学生结合专业发展、兴趣爱好,更好地个性化发展和提升职业素养。然而,在置换学分的同时,也应把握学分认定的科学规范、合情合理,维护和尊重现有的教学秩序和教师地位,杜绝学生产生投机取巧、不务正业的想法,此外,思政类课程的学分不能以任何方式置换。学分置换机制是深化产教融合、校企合作,构建校企命运共同体的重大激励机制,同时也是构建职业教育发展模式的一项创新性制度,符合我校应用型本科建设的人才培养需求。

5. 结语

影视摄影与制作专业在建设的过程中,始终坚持以人才培养为核心,构建灵活的实践教学模式,始终铭记教育的初衷——立德树人。无论是课程群实践建设、实训布局优化,还是院线创投双注力,以学生为中心的教学理念一直贯彻在实践教学中,为学生所想、解学生所困、助学生成长。同时,以小学期项目和"卓越实验班"为双驱动,凝聚培根铸魂合力、增强启智润心活力。

小学期项目实践是人才培养的功能化,进一步深化校地、校企合作,不仅给学生的专业实践提供了多种可能、创造了多种机会,也为当地文旅机构、乡镇企业的发展和非遗项目的活化保护打开了新的思路。在小学期项目制的基础上组建的卓越实验班是实践创新人才培养的进一步强化,以半订单模式培养契合企业需求的高质量拔尖实践创新人才。此外,实践教学内容的更新倒逼了理论教学内容的与时俱进,对人才培养方案的更新起着促进作用。

〔杜君,副教授,山西传媒学院视听学院副院长〕

基于OBE理念的影视艺术实践课程混合式教学探索*

◎ 陈文华

摘要： 本文探讨了基于成果导向教育（OBE）理念的影视艺术实践课程混合式教学，旨在解决传统影视艺术教育中课程内容与实践脱节、教学资源有限、教学方法陈旧、评价标准单一等问题。基于OBE理念的混合式教学能够激发学生的学习兴趣和热情，提高教学质量，培养出更符合行业需求的创新型人才，将OBE理念融入影视艺术教育是必要的，对于提高学生的实践能力和创作能力具有重要意义。

关键词： OBE理念；影视艺术实践课程；混合式教学

1. 引言

随着全球影视产业的快速发展，影视艺术教育实践课程在培养创新型人才方面发挥着越来越重要的作用。然而，传统的影视艺术教育存在的一些问题限制了学生的实践能力和创作能力的培养，使其难以适应业界需求。

首先，课程内容与实践脱节，重理论轻实践。许多课程过于偏重理论，导致学生缺乏实际操作经验，无法将所学知识应用到实际项目中。同时，实践教学的分量不足、质量不高，学生缺乏行业实战经验。这种以教师和课堂为中心，以理论考核为主要评价标准的教学模式限制了学生的实践能力和创作能力的培养，使其难以适应业界需求。

其次，教学资源有限，行业对接不足。学校与业界的联系不够紧密，教学内容与市场需求脱节，使得学生难以适应行业的发展。影视行业对教学内容提出了更高的要

---

* 本文系淮阴师范学院课程思政教学改革与研究专项课题（项目编号：2022SZJG010）的阶段性研究成果。

求,如何跟上技术发展的步伐,更新教学内容,是影视艺术课程面临的挑战之一。

最后,教学方法陈旧、评价标准单一也是当前影视艺术教育存在的问题。部分教师采用传统的教学方法,如灌输式教学,不利于培养学生的创新能力和自主学习能力。传统的评价标准更注重学生的知识记忆,忽视了学生的实际操作能力和创新能力,导致学生理论知识丰富而实践能力不足。

为了解决这些问题,我们将 OBE 理念融入影视艺术课程教育中,对影视艺术课程的教学模式进行了深入的探索,进行混合式教学改革,取得了较好的效果。

2.OBE 理念在影视艺术教育中的应用

OBE 理念强调的是学生通过教育过程最终实现的学习结果,它以学生为本,采用逆向思维的方式进行课程体系的建设。这一理念最早由美国学者提出,旨在迎接新工业革命对高等工程教育的挑战。在此基础上,美国工程教育认证协会将其贯穿于工程教育认证标准中,OBE 理念由此成为教育改革的主流理念。

OBE 教学理念强调以学生为中心,以学生的学习成果为目标,教师需要关注学生的个性化需求和发展,了解学生的学习特点和方法,通过明确的学习目标和标准,来指导教学过程,使学生更加有效地学习和掌握知识与技能,以便更好地指导和帮助学生学习,要求教学设计、课程设置等都要围绕学生的需求和特点进行。OBE 教学理念在影视艺术教育中的应用应该把握好以下几个方面。

2.1 以学习成果为导向

OBE 教学理念强调以学习成果为导向,其教学目标和学习成果是明确的,教师需要关注学生的学习进展和成果,以便及时调整和改进教学内容与方式,强调教学设计和评估的目标是学生的能力和素质的提升,而不是简单的知识传授。在影视艺术课程教学中,首先要明确学生在影视艺术课程中应该取得的学习成果,这些学习成果应该与行业需求、学校培养目标和学生个人发展相结合,具体、可衡量和可取得。

2.2 注重持续改进

OBE 教学理念认为,教学是一个持续改进的过程,教师需要根据学生的反馈和评估结果,及时发现问题并不断调整和改进教学内容与方式,鼓励学生对自己的学习过程进行反思和总结,提高教学质量和学生的自主学习能力。在影视艺术课程教学中,学校还应加强与业界的合作与交流,了解行业动态和市场需求,将教学内容与行业需求对接。为了更好地实施 OBE 理念,教师应不断地提升自己的专业素养和实践能力,学校应为教师提供培训和交流的机会,促进教师的发展。

2.3 着力创新能力培养

OBE 教学理念注重对学生的创新能力和实践能力进行培养,教师需要提供更加丰富多样的学习资源和机会,引导学生主动探究和发现问题,培养学生的创新意识和实践能力。评估学生的学习成果不应局限于传统的测验和考试,而应该采用多种评估方法,包括作品评定、自我评价等。影视艺术教育强调实践性和创新性,教师在教学中应注重实践教学,为学生提供足够的实践机会,培养他们的实际操作能力和创新思维。教师还应鼓励学生参与各种影视艺术比赛和活动,提高他们的实践能力和增强他们的自信心。

3.混合式教学在影视艺术教育中的实施

混合式教学是一种线上和线下相结合的教学模式,它利用信息技术和互联网资源,打破时间和空间的限制,使学生可以根据自身情况和学习需求选择合适的学习方式。混合式教学的外在表现形式为采用"线上"和"线下"两种途径开展教学。线上教学不是整个教学活动的辅助,而是必备的教学活动项目;线下教学也不再是传统课堂教学活动的照搬,是基于"线上"的前期学习成果而开展的更加深入的教学活动。①

3.1 影视艺术课程群混合式教学模式构建

混合式教学强调不同学习内容、学习活动、学习策略、学习资源的混合,通过有效地混合面授教学与网络学习这两种基本的学习方式最优化教学效果。混合式教学改革没有统一的模式,但有统一的追求,那就是要充分发挥"线上"和"线下"两种教学的优势来改造我们的传统教学。② 图 1 为基于"线上"和"线下"两种教学情境的影视艺术课程混合式教学体系。

在该混合式教学体系下形成了基于新媒体平台的三种混合式学习模式:自助式学习模式、团队体验式学习模式和创新型学习模式。自助式学习模式指个人借助于线

---

①② 任艳,马永辉.混合式教学理念下大学英语师生"双师"教学模式研究[J].黑龙江高教研究,2019(12):153-156.

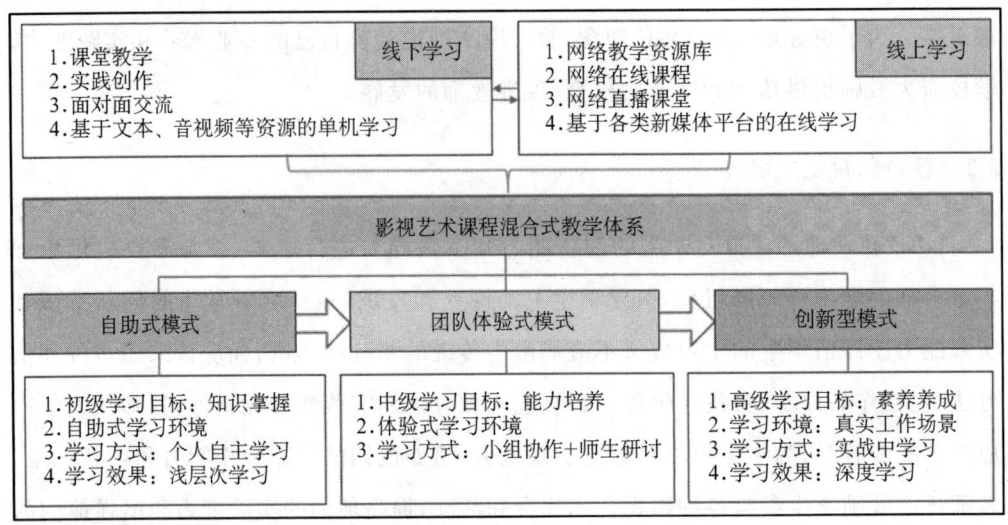

图1 基于"线上"和"线下"两种教学情境的影视艺术课程混合式教学体系

下、线上两类资源进行自主学习,以基础知识掌握为学习目标;团队体验式学习模式指教师创设相应的情境或设计模拟的项目,学生借助于线下、线上相关平台,以小组协作或研讨的形式,开展相关学习,以基本的能力培养为学习目标;创新型学习模式指借助项目开展学习,工作即学习,在实战的过程中开展深度学习,以素养的养成为学习目标。

3.2 混合式教学在影视艺术教育中的实施策略

混合式教学能够整合线上和线下的教学资源,将传统课堂与网络平台、数字资源等有机结合,提供丰富多样的学习材料和工具,将传统教学和数字化教学的优势结合起来,实现学习资源的优化和整合,有助于学生更好地理解和掌握知识。混合式教学在影视艺术课程中的实施策略主要包括以下几点。

3.2.1 个性化学习

混合式教学能够根据学生的个性化需求和学习风格进行定制化的教学计划和资源推荐,满足学生的个性化发展需求。通过线上平台,教师可以更好地了解学生的学习情况,提供个性化的指导和建议。学生可以根据自己的兴趣和能力选择适合自己的学习内容和学习方式,更好地发挥主观能动性。通过线上的预习和复习,学生可以在课前了解课程内容,提前做好准备;课后进行复习巩固,加深对知识的理解和记忆。这有助于提高学生的学习效率,同时也使得教学管理更加高效,减轻了教师的教学负担。

3.2.2 合作学习

混合式教学能够增强师生之间的互动,打破传统教学模式中时间和空间的限制、教师与学生之间的沟通障碍。学生可以通过线上平台随时向教师提问、提交作业、参与讨论等,这促进了学生的参与和表达,教师也可以在线上及时回答学生的问题、给予反馈和指导。混合式教学鼓励学生之间的合作与交流,通过线上平台,学生可以共同完成项目、讨论问题、分享经验等,促进彼此的学习和成长。影视艺术课程注重实践能力的培养,混合式教学可以通过线上平台为学生提供更多的实践机会,如虚拟项目、模拟制作等,这些实践可以与课堂上的理论知识相结合,提高学生的实践能力和创新能力。

3.2.3 混合式教学评价

混合式教学评价是混合式教学的重要组成部分,其评价方式是多种多样的。线上测试是一种常见的评价方式,通过在线答题、提交作业等方式,教师可以及时了解学生对知识点的掌握情况,以及学生在学习过程中的表现;作品评价也是一种重要的评价方式,它可以对学生的实际操作能力、创新能力和问题解决能力进行评价;自我评价也是一种有效的评价方式,它可以帮助学生更好地认识自己的学习状况,发现自己的不足,从而更好地进行自我改进。

除了以上几种评价方式外,我们还可以采用小组讨论、同行评审、客户反馈等方式进行评价。这些评价方式可以相互补充,更加全面地评价学生的学习成果。同时,通过线上平台的数据分析,教师可以更加准确地了解学生的学习情况,包括学生的学习进度、学习难点、学习偏好等,这些数据可以帮助教师更好地指导学生的学习,提高评价的准确性和可靠性。

4.基于 OBE 理念的混合式教学实践

4.1 明确学习成果

在构建混合式教学模式时,明确学生的学习成果至关重要。学习成果不仅包括知识、技能的掌握情况,教师还应关注学生情感、态度和价值观等方面的培养。针对影视艺术专业特点,教师应与学生共同制定具体、可衡量的学习成果指标,这些指标应反映行业对人才的需求,同时考虑学生的个性化发展需求。通过明确学习成果,教师可以有针对性地设计教学活动和评估方式,确保教学的有效性和目标的实现。同时,这也为学生提供了明确的学习方向,促进他们主动学习和自我发展。

4.2 整合教学资源,保持课程内容的高阶性

在影视艺术课程的建设中,保持课程内容的高阶性是至关重要的,为了实现这一目标,我们应设计具有挑战性的项目案例库,以确保课程内容能够帮助学生培养高阶思维能力。

首先,我们应坚持立德树人,注重传道授业解惑、育人育才的有机统一。在课程的设计中,充分发掘和运用所蕴含的思政元素,并将思政内容作为重要的授课内容。例如,可以设计建党百年主题影片分析、全国道德模范人物故事分镜头设计等教学环节,有机融入家国情怀、社会责任、人文精神等思政元素。这种方式能够润物细无声地引导学生将个人成长与祖国前途命运紧密相连,帮助学生树立正确的世界观、人生观和价值观。①

其次,基于 OBE 理念,教师应整合线上和线下的教学资源,为学生提供丰富的学习材料和实践机会。线上资源包括课程视频、课件等,线下资源则包括课堂讲授、实践操作、项目制作等。通过资源整合,实现线上线下的有机融合,提高教学效果。

最后,通过校企合作开展产学研项目,将企业研发成果转化为课程教学项目或案例。开发具有一定难度的课程案例库,在产教融合、校企合作的大背景下,让学生的作业变成作品,要由作品变成产品,再由产品变成商品,并再次加入案例库当中。课程案例库良性循环模式如图 2 所示。这种做法可以不断增强学生的学习兴趣,激发学生的创造力,提升课程教学目标达成度。

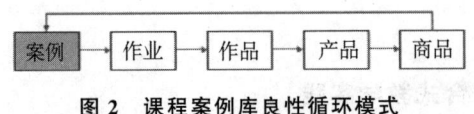

图 2 课程案例库良性循环模式

通过开展产教融合应用型课程,培养学生解决影视创作问题的综合能力和高级思维,体现高阶性。例如,建设淮安非物质文化遗产项目影视资料数据库,其中一项内容是拍摄淮安国家级非物质文化遗产项目代表性传承人,涉及作品包括传承人访谈片、

---

① 杨碧琴.经济法治思政教育融入国贸专业课程教学体系改革探索[J].湖北开放职业学院学报,2022(6):101-103.

纪录片、实践片、教学片等多种类型,这对于学生的摄像基本技能、场面调度、固定镜头、运动镜头、光线与色彩、影视声音处理等各方面的技能都有要求,需要学生在课堂教学基础上"跳一跳"才能完成创作,这一方面对老师的备课有较高要求,另一方面需要学生有产品思维。这不是仅仅完成一项作业,而是将每一部分都纳入整体作品中进行系统设计、开发。通过上述措施的实施,我们可以确保影视艺术课程的高阶性,为学生提供具有挑战度的学习内容。这不仅有助于培养学生的高阶思维能力,还能促进学生全面发展。

4.3 重构应用型影视艺术课程体系

在 OBE 理念的指导下,应用型影视艺术课程内容体系被重新构建,体现出其创新性和先进性。根据学习成果和现有教学资源,课程团队教师精心设计一系列富有活力的教学活动,不仅注重学生的主动参与和实践操作,还融入了线上预习、课堂讨论、小组合作、项目制作等多种形式。课程团队教师遵循产教融合思维,推动学生的能力培养从基础摄影摄像能力到综合应用能力再到创新创作能力逐步上升,这样的螺旋式上升模式旨在更好地促进学生的实践能力和创新思维的全面发展。

在课程内容的设计上,充分结合了影视行业的真实应用场景、应用要求、实施规范和流程,实现了知识、能力、素质的有机融合。例如,课程开发了一系列真实应用场景项目,包括退伍老兵口述史的拍摄、在线开放课程微课的拍摄、毕业 MV 的拍摄、中国好人剧情短片的拍摄、企业宣传片的拍摄等。这些项目按照行业标准与流程开展教学,确保相关知识与技能的全覆盖。

在教学方法上,课程团队实施了"工作学习一体、线上线下一体、教学评价一体"的混合式教学方法,这种全方位混合式教学有助于分层次推动不同类型混合式学习模式的开展。

4.4 制定评价策略

基于 OBE 理念,课程团队需要构建一个以学生学习成果为核心的评价策略,并采用多种评价方式进行全面评估。这些评价方式应包括线上测试、作品评价、自我评价等,以确保对学生的学习成果进行全面、客观的评价。评价内容不仅应涵盖知识、技能这两方面,还应包括态度等方面,从而更好地了解学生的学习状态和需求。

对于混合式教学在影视艺术教育中的效果评价,我们需要从多个维度进行深入探讨。首先,通过问卷调查、访谈等方式了解学生对混合式教学的满意度,评估他们对这种教学模式的接受程度。其次,分析学生在混合式教学模式下的学习成绩的进步、作品质量的提高等改变,以衡量教学目标是否实现。评估学生在混合式教学过程中自主学习能力的提升也是重要的方面,包括学习资源的获取、学习计划的制订等。同时,观察学生在项目合作、课堂讨论等环节的团队协作能力的表现也是必不可少的。关注学生在影视创作、评析等方面的创新表现,分析混合式教学对创新思维和实践能力的影响也是至关重要的。此外,评价教师在混合式教学过程中的教学能力也是必不可少的环节,包括教学设计、组织、辅导等方面。最后,分析混合式教学中教育资源的利用情况,以提高教育资源的配置效率。

通过以上多维度的效果评价,我们可以全面地探讨混合式教学在影视艺术教育中的实际效果,为影视艺术教育改革提供理论支持和实践借鉴。这不仅有助于推动影视艺术教育向更高水平、更高质量的方向发展,还可以为后续研究提供有益的启示和参考。

5.结论

在科技飞速发展的背景下,影视艺术教育正在经历一场深刻的变革,从传统的教学模式向更具创新性和适应性的教育模式转变。OBE 理念作为一种前沿的教育理念,突出了学生的中心地位,强调以成果为导向,为提升影视艺术教育的教学质量提供了强有力的理论支撑和实践指导。混合式教学在此过程中发挥了关键作用,它允许教师根据学生的个性化需求进行差异化教学,从而充分发掘每个学生的潜能。此外,混合式教学有效地扩展了教学空间,将课堂延伸至网络空间,使学生能够随时随地进行学习,进一步提高了学习效率。

〔陈文华,副教授,淮阴师范学院新闻与传播学院副院长〕

地方本科院校戏剧与影视学类专业实践教学创新路径探析*

——以西安工程大学学院为例

◎ 姒晓霞　丛红艳

摘要: 在行业科技高速发展、艺术类学科大调整的背景下,实践教学在戏剧与影视学类专业人才培养过程中的地位日益突出。本文以西安工程大学为例,阐述地方本科院校戏剧与影视学类专业实践教学的创新依据、路径与成效。高校面向行业发展需求树立切实可行的人才培养目标,立足本校特色与优势,积极开展跨界融合的专业课程、实践平台及政产学研一体化建设,将实践教学与"三全育人""大思政"理念充分结合,才能完成"立德树人"的根本任务,不断推动地方本科院校戏剧与影视学类专业向前发展。

关键词: 地方院校;戏剧与影视;新文科;实践教学

1.引言

当前,新一轮科技革命和产业革命为戏剧影视行业带来了新的机遇和挑战,也对高校戏剧与影视学类专业的发展提出了新的命题和要求。能否紧跟行业的发展变化进行相应的调整与改革,从而培养满足行业需求的专业人才,在某种程度上说已经成为衡量戏剧与影视学类专业办学质量水平,甚至是决定专业生存的决定性因素。其中,实践教学是与行业技术直接相关,决定戏剧与影视学类专业人才培养质量的重要指标。《普通高等学校本科专业类教学质量国家标准》规定戏剧与影视学专业实践教

---

* 本文系 2023 年度陕西省教师教育改革与教师发展研究项目"数字时代高校艺术类教师专业群构建能力提升研究"(项目编号:SJS2023YB049)的阶段性成果。

学类课程学分不少于总学分的 25%①,因此,实践教学对戏剧与影视学类专业人才培养的作用举足轻重,抓好实践教学对高校相关专业的建设发展至关重要。

从学科逻辑上看,戏剧与影视学类专业实践教学的重要性被提升到了一个全新的高度。"十三五"期间,国家全面推进高等教育教学改革,遴选了 300 多所高校向应用型本科高校转型,鼓励产教融合、校企合作、协同育人,提升实践教学质量从而培养高水平应用人才已经是许多高校的共识。2022 年 9 月,国务院学位委员会和教育部联合发布了《研究生教育学科专业目录(2022 年)》。新版目录充分体现了学术型与应用型两类人才的培养同等重要。其中"艺术学"学科门类的变化最大,除了艺术学 1 个一级学科,还设置了包括戏剧与影视在内的 6 个专业学位类别,并将其提升至博士培养层次,强化艺术类研究生的应用能力和职业属性的大局已定,相关本科专业提升学生的实践技能培养水平则更是刻不容缓。

目前,在开设有戏剧与影视学类专业的全国普通本科院校中,地方本科院校占大多数,且不同程度地存在着办学特色不鲜明、行业资源有限、专业建设资金不足等共性问题。那么,地方院校应该如何排除困难将实践教学抓出成效,以适应社会和行业发展对高校人才培养的要求?这同样成为地方院校戏剧与影视学类专业面临的共性问题。西安工程大学新媒体艺术学院现设有动画、广播电视编导、播音与主持艺术、戏剧影视美术设计 4 个戏剧与影视学类的本科专业,在校生有 1,300 余名。学院一直高度重视培养学生的专业实践技能,多年来通过各种路径加强实践教学,取得了积极的教学成效,相关专业为行业输送了数以千计的毕业生,得到用人单位及社会的良好评价。

2.实践教学创新路径的选择依据

路径的选择从来不应是盲目的,我们对戏剧与影视学类专业实践教学创新路径的探索,以结合行业现状、满足实际人才需要为目的,同时从教育规律出发,秉承科学的教育理念,明确专业自身的人才培养目标定位,才能做到有的放矢、水到渠成。

2.1 "以学生为中心"的教育理念

相比以往以教师为中心的教育方式,以学生为中心的教育理念注重培养学生的学习主动性、创造力和批判性思维能力,将学生的兴趣、需求和发展放在教育教学

---

① 教育部高等学校教学指导委员会.普通高等学校本科专业类教学质量国家标准[M].北京:高等教育出版社,2018:922.

过程中的核心位置,关注学生的个性差异,通过设计有趣味性和挑战性的学习任务,激发学生的好奇心和求知欲,提供尽可能多的沟通和实践机会,鼓励学生主动学习、积极参与、努力探究,培养学生的创新思维和应用所学知识解决实际问题的综合能力。

从"老师教"向"学生学"转变,是学院开展一系列实践教学改革的出发点。实践教学环节本质上就倾向于"以学生为中心",即以学生动手实践为主,以教师协助指导为辅。但以往的实践教学主要是传统实证性的实践,即将所学理论知识在实践环节进行模拟、再现、重复,缺乏创造性、创新性的实践,且由于学校教学滞后于行业发展,与行业前沿技术和需求相结合的实践训练相对更少,这就很不利于培养学生学习的积极性和主动性,学生能力培养的效果也不理想。因此,学院在一开始设立动画、播音与主持艺术等专业的时候,就聘请行业高级从业者作为专业带头人,在实践教学内容、教学环节设计、实验室建设、实践评价考核等方面充分将学校教学与行业实际需求相结合,注重实践教学的时效性、趣味性和挑战性,积极引导学生将理论与实践进行创造性的结合,强化对学生实践技能的培养。多年以来形成了重实践、重实效的专业教学理念与传统,学生普遍具备良好的实践动手能力,为培养面向行业的高级应用型人才奠定了坚实的基础。

2.2 新文科建设的内涵要求

新文科是在全球新一轮科技革命背景下人文社会科学发展的新趋势,最早由美国希拉姆学院率先提出,意指为培养和发展学生跨文化和多样性技能、正念技术、系统/设计思维等"21世纪技能和思维方式"而对学校文科教育进行的一系列技术性革新。我国新文科建设的提出与其有相通之处,但又有很大的差异,具有深刻的国家发展、社会进步和民族复兴背景。① 习近平总书记在 2016 年 5 月 17 日的哲学社会科学工作座谈会上指出:"一个没有发达的自然科学的国家不可能走在世界前列,一个没有繁荣的哲学社会科学的国家也不可能走在世界前列。"2018 年教育部在产学合作协同育人项目对接会上提出全面推进"新工科、新医科、新农科、新文科"建设。从内涵上来讲,我国高校的新文科建设的目标是"要推动哲学社会科学与新科技革命交叉融合,培养新时代的哲学社会科学家,创造光耀时代、光耀世界的中华文化"。

戏剧与影视属于艺术门类,其文本具有人文社科属性,但其生产过程又高度依赖

---

① 刘振天,俞兆达.新文科建设:新时代中国高等教育的"新文化运动"[J].厦门大学学报(哲学社会科学版),2022(3):117-128.

于技术手段,因此,从学科本质上来讲,它与理工科具有交叉融合性。同时,中华优秀传统文化是戏剧与影视作品取之不尽用之不竭的创作源泉,这是戏剧与影视学类专业在贯彻"新文科"建设过程中具备的先天基础优势。技术的日新月异要求戏剧与影视类专业要不断地跟进前沿技术,对标行业发展树立人才培养目标,开展教育教学改革,从而不断推进专业创新发展。

2015年以来,西安工程大学新媒体艺术学院(以下简称"学院")抓住时代赋予的机遇,立足学院所有本科专业与数字文创产业领域的高度契合性,提出"为国家数字内容行业培养艺术类人才"的目标定位,厚植陕西丰富的历史文化、地域文化和红色文化资源,以数字赋能为手段面向所有本科专业深入开展教育教学改革,加强课程思政建设,推动学生树立文化自信与学科自信。培养艺术类学生面向数字内容行业需求的知识技能、综合素养及创新创业能力,形成具有自身特色的复合型艺术类人才培养模式,全面提升人才培养质量。

2.3 立足本校定位与优势形成办学特色

西安工程大学的办学历史可追溯到1912年创办的北京高等工业专门学校机织科,是我国西部地区唯一的以纺织服装为特色,以工为主,工、理、文、管、经、法、艺术等多学科协调发展的高校。长期以来,学院坚持将艺术与工程相结合,将戏剧与影视学类专业发展与学校服装、设计等传统优势学科密切结合,在专业实践教学内容、实践教学形式、实践课程建设等方面积极尝试和突破,如戏剧影视美术设计专业积极参与中国古代服饰的设计复原实践,开发古代服饰虚拟仿真实验课程;广播电视编导、播音与主持艺术专业与服饰类企业合作开展短视频、直播等实践教学,各个专业逐渐形成自身的办学特色。

此外,由于学院的几个专业同属于戏剧与影视学类专业,专业技术基础紧密相关,且都能服务于数字文化创意产业领域,因此,学院一直在积极探索对应数字文创产业链群的专业集群建设,同时对标产业链的上游、中游、下游需求,制定各专业人才培养方案、设置课程体系、优化资源配置,特别是在实践教学环节最大限度地整合校内外资源,形成专业联动与合作(如毕业设计展演),从而形成专业发展的集群效应,扩大社会影响力,在形成自身特色的同时提升专业办学竞争力以及毕业生的行业竞争力。

3. 实践教学的具体创新路径

戏剧与影视学类专业的实践教学包括理论课程的课内实践部分,以及采用集中或分散方式进行的实践教学环节。在实际教学中,学院主要通过以下几个方面的路径进行创新探索。

3.1 以高水平课程建设为抓手提升实践教学质量

3.1.1 建设虚拟仿真实验课程,获批国家级一流课程

学院积极投入建设虚拟仿真实验课程,加大理论课程的虚拟实验教学力度,丰富数字化教学资源,为学生的学习提供高效的工具。学院建有"影视布光三维虚拟仿真实验系统",可用于各专业的"摄影摄像艺术""视听语言""影视编辑"等课程的实验教学。戏剧影视美术设计专业的"中国服装史·唐代人物艺术设定虚拟仿真实验"获批国家虚拟仿真实验教学一流本科课程,并发布于国家虚拟仿真实验教学课程共享平台,可广泛应用于高校的"中国服装史""影视服装设计""角色设计""配饰设计"等相关课程的实验教学。

3.1.2 建设社会实践类课程,获批省级一流课程

学院注重实践教学的产教融合,以及与地方文化资源的充分结合,不断丰富、更新实践内容,提升实践挑战度,学生的参与积极性高,反馈良好,相关课程如"创作实践""认知实践"获批陕西省一流社会实践本科课程。广播电视编导专业在"创作实践"教学环节积极引入服饰类企业资源开展校企合作,改变传统的教学模式,由企业设定服饰类电商广告影像拍摄、产品直播等相关实践目标任务,行业导师与学校导师共同指导学生完成实践,培养学生面向新媒体内容生产的相关实操性专业技能,将企业评价纳入学生成绩考核,优秀实践成果可直接实现行业转化,且校企双方在课程结束后持续深入开展产学研合作,专业人才培养适应社会需求以及服务社会的能力大大提升。该课程模式已经在学院内推广,辐射效果良好。动画专业的"认知实践"课程将实践内容与陕西多处历史文化和红色文化资源相结合,学生将对中华文化的感知和理解融入专业创作,创作了许多优秀的手绘、漫画、动画作品,不仅在各类专业竞赛中获得了多个奖项,不少作品也被当地相关部门采纳用于地方宣传,产生了良好的社会反响。

3.1.3 建设线上课程,获批各类省级课程

学院正在建设"动画长安""中国服装史"等线上课程,部分线上课程因为将戏剧与

影视学类专业教学内容与陕西地方历史文化相结合,被评为陕西省特色线上课程。这些课程中的大量实践内容就是从陕西地方历史文化取材创作相关动画作品,设计复原中国古代历代服饰,使学生在学习专业知识技能的同时,更加深入地了解中华优秀传统文化,增强民族自信和文化自信。"数字文化艺术创新创业"作为专创融合类课程,获批陕西高校创新创业教育在线开放课程,进一步推进了专业实践教学与学生创新创业的融合。

3.2 建设多元化实践平台,为学生创造实践条件

3.2.1 建设高质量专业实验教学平台

学院多年来加大投入力度,先后建有数字高清演播室、声频录制综合实验室、拉片实验室、影视后期制作室、影片观摩室、影视表演室等18个专业实验室,并于2017年和2019年先后获批陕西省影视传媒艺术实验教学示范中心和陕西省戏剧影视美术(中国古代服装)虚拟仿真实验教学中心。高质量的专业实验教学平台为学生进行实践学习提供了有力保障。

3.2.2 孵化专业教师工作室,成立企业

依托学校大学产业科技园,学院积极鼓励专业教师建设工作室,目前各专业共计有10余名教师开办了工作室,已成功孵化了4家正规经营企业,这些平台为学生提供了更多与行业接轨的实践机会。近年来,教师工作室带领学生参与了许多高水平行业项目,如"十四运"吉祥物设计、电影《哪吒之魔童降世》后期特效制作、韩城明清建筑壁画虚拟博物馆建设、奥迪汽车广告策划等,学生得到了专业实践技能和职业素养的综合训练与培养的机会。

3.2.3 坚持产教融合建设校外实践教学基地

学院积极拓展校外数字文创类产业实践教学基地,在多个实践教学环节中引入行业工作情境、任务要求,请从业经验丰富的老师针对实践内容为学生进行知识和技能的讲解,让学生进行沉浸式工作体验并完成实践目标。校内外导师共同对学生实践进行指导,学生综合实践能力得以快速提升。目前学院在多家省内外数字文创企业建立了实践教学基地。同时,学院还在陕西广电融媒体集团以及宝鸡、渭南、延安、铜川等多个地市级融媒体中心建立了实践基地。

3.3 推动政产学研一体化,全面带动实践教学

3.3.1 与地方政府共谋实践教学人才培养

我国高等教育的宗旨是培养社会主义事业的建设者和接班人,重中之重是培养党和国家需要的人才。学院关注地方发展的需要和政府的利好政策与平台,在戏剧与影视学类专业的实践教学过程中积极地与地方政府合作,设计符合专业特点与地方需求的实践内容,政府提供地方资源与实践条件,学院通过实践教学将学生创作的音视频数字化内容服务于地方经济和文化发展,在培养学生实践能力的同时也培育了学生的家国情怀和社会主义核心价值观。在各专业此前开展的实践教学中,学院曾先后与韩城市委宣传部、安康市非遗中心、岚皋电商产业园等合作完成了各专业不同环节的实践教学,产生了良好的反响,也为今后进一步拓展双方合作奠定了良好的基础。

3.3.2 与数字产业平台合作,取得实践教学成效

学院在实践教学的过程中,以音视频的方式生产了大量原创作品。为了不使这些作品创作完成之后就被束之高阁、价值流失,学院各专业积极与各类数字产业平台合作,通过上传学生实践创作的作品,将互联网传播效果纳入学生的成绩考核,不仅端正了学生对自身创作的态度和提高了质量要求,也丰富了互联网平台文化生产内容,扩大了专业办学的影响力。近年来,学院播音与主持艺术专业的"录音基础"课的结课广播剧作品集"声剧汇"两次进入了喜马拉雅排行榜新品榜前100名,"广播节目编导""导演理论与实践"等课程的结课创作——反映乡村振兴等的主题作品均上传至喜马拉雅及抖音平台,最大限度地激发了学生学习的积极性和创造性,提高了课程实践教学水平。学院还与西影频道、西部网等平台合作,将广播电视编导、动画专业学生创作的优秀剧情片、纪录片、动画及短视频作品在平台上进行展映,展示学院专业实践教学和人才培养成果,获得了良好的社会评价。

3.3.3 以教师科研反哺和推动专业实践教学

近年来,学院教师在国家社科基金、教育部人文社科基金、陕西省社科基金等高水平项目研究中取得了一系列积极突破,相关项目的主题多为对陕西历史文化、地域文化和红色文化的研究与传承,横向科研则涉及主旋律广播剧、文物修复与数字化传播、汉服设计制作、电商直播及短视频制作、广告创意设计等不同领域的内容。教师们通过科研项目有力地反哺各专业实践教学,带动了实践教学内容的不断改革

与创新,在进行人才培养、科学研究的同时,也积极发挥着高校服务社会和传承文化的重要作用。

3.4 推行"三全育人",促进实践教学与思政育人全面融合

2017年2月,中共中央、国务院印发了《关于加强和改进新形势下高校思想政治工作的意见》,提出了坚持全员、全过程、全方位育人(简称"三全育人")的要求。西安工程大学在全校开展"三全育人导师团"相关工作。学院通过导师团队伍的建设,在落实"三全育人"的过程中,将实践教学的内涵和外延积极拓展,实现了课内与课外、理论与实践、教学与育人的全面融合。

3.4.1 三全育人导师团队提供多元化实践指导

学院在各专业成立"三全育人导师团"时,既注重导师的专业性,又加大了交叉专业导师、辅导员、行业导师、优秀校友等多元化导师的比重。学生在进行专业理论学习及实践训练的过程中,这些不同专业背景和职业经历的导师在不同方面,以不同的方式对其进行指导,能够给学生提供多样的思路和建议,同时辅以对学生有关职业规范、社会道德、团结协作以及奉献服务意识的引导和培养,使学生能获得面向行业和社会的必备技能与综合素养。由此,实践教学也不再仅仅是传统概念里从属于专业教学的组成部分,而是被赋予了更加丰富、综合化的育人理念,从而实现专业教育与思政育人的有效融合。

3.4.2 上好"大思政实践课",全面拓展学生素养与能力

学院还注重在"三全育人导师团"的指导下,立足专业实践教学,通过校园内外各种文化活动全面拓展学生的素养与能力,上好"大思政实践课",完成"立德树人"的根本任务。学院"华服社"学生社团戏剧影视美术设计和播音与主持艺术专业学生组成,多年来将汉服设计、制作、展演集于一体,一直活跃在校内外各种文化舞台上,曾参与"西安年·最中国"等多项陕西地方文化活动,还曾受邀赴法国、巴基斯坦等国演出,积极传播中华优秀传统服饰文化,取得了良好的社会反响。师生在各类暑期社会实践活动中也积极发挥专业优势服务社会,由播音与主持艺术、广播电视编导专业学生组成的"四海同音"推普脱贫攻坚实践团,响应党中央"脱贫先扶智,扶智先同语"的号召,深入北川,运用自身的专业技能积极推广普通话,受到教育部语言文字应用管理司和团中央青年发展部的表扬,被授予"优秀团队"称号。由各专业学生组成的团队积极地在陕西省安康市紫阳县展开实地推普调研、下乡支教、电商直播、宣传非遗等活动,充分

彰显了当代大学生的使命感与责任感。学院还组织学生先后参与"丝绸之路国际电影节"、"十四运"开幕式表演及正式比赛、中国—中亚峰会等多项重大活动的志愿服务，从而培养了学生的奉献意识、文化自信和家国情怀。

4. 实践教学创新成效

学院注重实践教学的改革与创新，在专业建设、人才培养、教学成果等各方面取得了积极成效。

4.1 获批省级一流专业建设点，提升整体办学实力

实践教学质量的不断提升有力地支撑了学院的本科专业建设，动画专业、广播电视编导专业先后获批陕西省一流本科专业建设点。近5年来，学院多门课程获批省级一流本科课程及国家级一流本科课程；教师教育教学能力显著提升，多人在陕西省课堂教学创新大赛中获得佳绩；获批多项省级教改及教学研究项目；学院教师发表教研论文20余篇，出版教材12部；获得"纺织之光"中国纺织工业联合会教育教学成果奖8项。学院戏剧与影视学类专业的整体办学实力大大提升。

4.2 创新人才培养模式，取得突出成果

学院以数字内容行业需求为导向，对标数字内容行业生产需求进行复合型高级应用人才培养，提出并实施了"一三四六"艺术类人才培养模式，为学生多元化发展提供了可行路径。"一三四六"即围绕数字内容生产这"一个轴心"，从知识模块、能力、素养"三个维度"，通过各专业理论与实践相结合、第一课堂与第二课堂相结合、线下教学与线上教学相结合、教学成果转化与社会应用相结合等"四个结合"，着重培养学生的"六力"，包括学习应用能力、技术应用能力、组织管理能力、协调沟通能力、行为认知能力、社会引领能力。该模式顺应新文科交叉融合的发展趋势，适应时代对人才培养的需求，数字赋能艺术类专业教学，使专业教育和行业发展能够更好地结合，极大地提升了毕业生的社会适应力与行业竞争力。在此基础上，"基于数字内容产业需求的艺术类人才培养模式创新与实践"荣获2021年"纺织之光"中国纺织工业联合会教育教学成果奖特等奖。

4.3 各专业在实践教学育人方面取得丰硕成果

4.3.1 学生面向数字内容行业的就业情况良好

学院在确定了"为国家数字内容行业培养艺术类人才"的目标定位后,从各专业的理论教学到实践环节都进行了较大调整,注重培养学生面向数字内容生产行业的知识技能。近年来,各专业在相关领域就业的毕业生逐年增加,就业单位涵盖了湖南卫视、字节跳动、新浪等。用人单位反馈,学院毕业生工作作风踏实努力,实践技能与综合素质过硬。

4.3.2 学生在各项专业赛事中成绩优异

实践教学多以学生原创作品为产出成果,注重将各专业课内外实践创作与各类学科竞赛高度融合。近年来,学生获得了"互联网+"大学生创新创业大赛省级金奖,在全国软件和信息技术专业人才大赛、数字艺术设计大赛、大学生广告艺术大赛等各类学科竞赛获得奖项400余项,获批创新创业训练计划项目83项。此外,学生创作的多部作品入围国内外专业比赛并获奖,有力地验证了实践教学创新改革的成效。

4.3.3 以实践教学成果为媒介有力推动国际文化交流

学院积极创造与国内外高校及企业进行对话交流的机会,传播中华文化,促进文明交流互鉴,取得了较大的社会影响力和美誉度。学院曾先后3次主办"国际青年导演交流会",活动被纳入第五届丝绸之路国际电影节的系列活动中。学院还与巴基斯坦、日本的高校及影视行业专家持续开展多维度、多层次、多频次的文化艺术交流,不断提升国际影响力与合作吸引力。

5.结语

这些年来,学院顺应数字经济时代影视传媒行业的发展趋势,树立与时俱进的人才培养目标,贯彻落实新文科建设要求,结合本校传统学科的优势积极创新戏剧与影视学类专业实践教学的多元化路径,最终取得的实践教学成果实现了多渠道的传播、转化与应用,逐渐形成自身的办学特色,具有积极的经验借鉴意义。

〔蚁晓霞,副教授,西安工程大学新媒体艺术学院副院长;丛红艳,教授,西安工程大学新媒体艺术学院副院长〕

智能传播环境下民办高校的新闻实践教学探索
——以上海建桥学院新闻传播学院为例

◎ 张建民　曹荼香

摘要：随着高等教育"四新"建设和 AIGC、大模型等人工智能技术在新闻实践教学中的广泛应用，人工智能正在重新界定新媒行业，新闻学专业教学面临着新的机遇和挑战。上海建桥学院新闻传播学院着眼时代之变，在新闻人才的培养上与时俱进，立足专业特性和办学特点，开启了智能传播背景下的新闻实践教学培养应用型人才的发展探索。

关键词：智能传播；项目化；学科竞赛

1.引言

党的二十大报告指出："推动战略性新兴产业融合集群发展，构建新一代信息技术、人工智能、生物技术、新能源、新材料、高端装备、绿色环保等一批新的增长引擎。"人工智能已经成为国家新兴产业发展的重要着力点。习近平总书记指出，"要探索将人工智能运用在新闻采集、生产、分发、接收、反馈中，全面提高舆论引导能力"[①]。当前，从 ChatGPT 到百模大战，人工智能技术迭代发展势头迅猛。其中，AIGC 在媒体行业及新闻实践教学中的融合应用也不断推进，把 2017 年全国多所高校新闻学院开始建设的"智能＋新闻（传媒）"实验室进一步推向了新闻实践教学应用的前沿地带，而处于变局中的民办高校新闻教育专业，如何既做到积极应对智能传播时代的新闻传播业态之变，又能满足新闻高等教育的实践教学生态之变所产生的需求，确实是一个巨大的挑战。本文以上海建桥学院新闻传播学院的新闻智能传播教育实践为例，分别从

---

① 习近平.加快推动媒体融合发展 构建全媒体传播格局[J].求是,2019(6):4-8.

实践教学理念、学生能力培养和实践平台等维度探讨AIGC传播环境下，民办新闻传播院校实践教学体系变革的发展探索。

2.智能传播环境下新闻实践教学理念的变化

传统新闻教育的核心目标是培养学生的新闻业务能力。智能传播环境下，"AI＋媒体"的媒体融合智媒技术将成为未来媒体行业发展的主流趋势，特别是随着AIGC技术的不断突破，AIGC正引领着传媒产业业态的变革，推动着传媒行业在"信息采集、内容创作、内容生产、内容传播、内容消费"产业链各环节的深度创新和发展。借助"大数据＋大算力＋强算法"，构建AI大模型，通过复制、学习和训练现有的内容，利用算法和数据分析生成新的内容，重塑了内容生产流程和生产模式；通过AI写作、AI剪辑、AI配音、数字人以及聊天机器人等多种模态产品重构了媒介形态；语音识别以及图像和视频分析技术助力内容筛查和审核，AIGC大幅提高了内容生产的效率，数据成为人工智能感知现实世界的媒介，算法模型从赋能内容传播进化到了直接内容生产。AIGC对于新闻从业人员来说，最大的功能就是提高了新闻生产效率，减轻了从业人员的劳动负担，降低了新闻生产门槛。

AIGC的最新变化表明，在智能传播背景下，新闻生产方式的智能化与自动化，对于新闻传播教育而言，相关专业学生的知识获取也将变得比过去容易，特别是对于专业技术知识的获取而言，AIGC可能做到一键就解决问题。传媒行业的变化决定了其人才需求的变化，从全媒体到全媒化，再到AI技术融入新闻媒体，智能传播被应用于新闻传播的全部流程，进而影响新闻传播教育的整体性转向，传统新闻传播教育面临新形势下的必然变革："是叠加智能技术运用，培养能熟练运用智能技术来进行新闻内容生产与传播的人才？还是文理科融合、拥抱智能技术，培养能开发智能新闻传播技术的人才？"[①]智能传播环境下新闻业的变化给新闻教育带来了很多挑战，新闻教育培养跨学科复合型人才已经是大势所趋。面对挑战，普通新闻高校由于学校家底厚、资源多、实力强，转向较快，各学校都结合自己学科体系完备的优势进行学科交叉，从课程体系上引入理工科等其他领域的知识，在知识结构上提升新闻专业人才竞争力，顺应新媒体环境下对新闻人才的新要求。民办新闻院校与普通新闻高校相比，往往存在资金匮乏、资源短缺、师资力量薄弱等不利条件，特别是在实践教学需要对实验室建设进行较大投入方面，硬件设施不完善是当前民办新闻院校新闻实践教学的一大瓶颈。

---

① 杨娟.论人工智能时代的新闻传播教育改革[J].新闻前哨,2023(22):19-20.

根据教育部2018年发布的《关于提高高校新闻传播人才培养能力实施卓越新闻传播人才教育培养计划2.0的意见》，新闻传播专业教学应以培养坚持马克思主义新闻观，具有家国情怀、国际视野的高素质全媒化复合型专家型新闻传播后备人才为基本目标。新闻传播人才的培养必须加强专业实践教育，围绕专业实践课程展开技术应用和实践创新训练。民办新闻院校与普通新闻高校在新闻人才培养的要求上是一致的。

上海建桥学院作为上海最大的民办高校，位于中国（上海）自由贸易试验区临港新片区。新闻传播学院目前有包括新闻学、广告学2个上海市一流专业建设点在内的8个专业，在校生有3,000多人。不同于普通高校的学术技能型人才培养，学院在办学理念上始终坚持"错位发展"，另辟办学蹊径，侧重培养学生的知识应用能力，坚持"毕业即就业，上岗即上手，发展可持续"，始终把实践教学摆在学院工作的重要位置，构建了"实验课程教学＋校内实践平台＋产教融合创新＋各种竞赛引领"的"四位一体"实践教学体系。学院坚持"以人为本""学生为本""本科为本"等教育理念，持续在实践教学上加大资金投入，通过购买软硬件，对已有的新媒体实验室进行升级改造，建设了"生成式人工智能（AIGC）媒体内容生产传播实验室"，搭建起了基础的智能传播实验环境，为学生提供充分的智能传播学习和演练平台，实现了智能传播实践教学场景应用化，让学生提前适应行业变化。

同时，学院根据智能传播环境下的新闻业的全新变革倒推学生应当具备的能力和知识素养，适当调整专业培养目标，进而带动教师在教学内容、教学方法以及教学模式上的创新。学院在保留原有新闻传播类课程的基础上，与信息技术学院联合，加快建构跨学科的教学体系，开展"人工智能＋新闻传播"相关课程，使新闻传播专业的学生加快学习人工智能新闻采编的基础知识、应用场景和基本技术，掌握机器学习和自然语言处理的相关技能，为将来就业打下坚实的专业基础。

3.智能传播环境下新闻实践教学改革的对策

目前新闻教育适逢智能传播带来的技术挑战，需要进一步适应新环境、新需求。新闻教育的效果，最终取决于人才培养与社会需求之间的契合度。[①] 从全球视野看，新闻实践教学模式有三种：美国模式、英国模式和日本模式。美国模式侧重校内基础理论和新闻实践培养；英国模式则是由国家和业界主导新闻实践培训；日本模式侧重

---

① 安平.应对传播之变：智能传播时代的中国新闻教育改革[J].教育传媒研究，2023(6)：27-30.

通过媒体内部培训,由用人单位完成对新闻人的技能传授。这三种模式都重视新闻实践技能的培养。① 其中,美国密苏里大学的"做中学"实践教学模式最为著名,它创设具备真实情境的实习场,由师生一起组建实践共同体,由经验丰富的教师指导学生的"参与式学习"。这一实践教学模式是最适合民办高校新闻实践教学借鉴学习的。

地方民办高校新闻实践教学的困境在于教师资源短缺,实验室资源和建设经费不足,导致实践教学流于表面,学生缺乏真实的实践氛围感。学院地处上海临港自贸区,距市区较远,考虑到学生的交通和食宿问题,建设校外实践教学基地效果不佳,与知名新闻院校相比缺乏优质社会资源的扶持和帮助。在此情况下,学院始终以应用型人才培养为核心,深化产教融合,以产教融合项目为主导,可以有效解决困扰地方民办高校新闻实践教学的"做中学"问题。

根据国务院办公厅印发的《关于深化产教融合的若干意见》,深化产教融合需要逐步提高行业企业参与办学程度,健全多元化办学体制,全面推行校企协同育人。与普通高校相比,上海建桥学院新闻传播学院依托学校与临港自贸区共建产业大学,始终把产教融合作为推动学院深化实践教学的重要路径和特色,与企业签订适合学生参与的实践化项目,要求所有专业在学生的集中实践课和专业实习课中以项目化教学为主导,以此为中心构建智能传播环境下新闻实践教育体系的核心机制。

项目化教学包含内容、活动、情境和结果四个主要元素,项目化教学的优势在于结合企业的技术实训项目和融合实训项目,以真实的实践项目工作任务为驱动,围绕智能传播环境下的技术应用,把相对独立的各类新闻课程知识融会贯通。在项目化教学中,课堂讲授是"道",实操训练是"术",将二者有机结合起来可以实现"两条腿走路"。项目化教学强调学生的自主性和合作性,通过实际的项目和解决问题来促进实践教学,既培养了学生的新闻采、写、编、评、摄、制等专业基础能力,融合新闻内容生产与传播能力,新媒体运营等核心能力,又使得学生学以致用、学有所获,在项目实战中检验了实践教学成果,这些成果既可以客观地反映学生的专业知识掌握与运用情况,又可以成为实践项目教学成绩认定和效果测评的依据。

在项目化教学过程中,学院始终把"双师双能型"教师作为师资队伍的建设重点,各专业"双师双能型"教师占比达到专职专任教师的85%以上,通过"双师双能型"教师项目化教学,把新闻实践课程建设作为实践教学的核心,同时将新闻媒体行业标准融入育人环节,把智能传播环境下的行业技术标准、科技手段和传播规律转化为人才

---

① 叶刚.智媒时代新闻专业实践教学系统的特征[J].青年记者,2019(3):97-98.

培养目标，并落实到具体的教学计划和教学实践中，通过项目化教学较好地破解了民办高校新闻实践教学学用分离的困境。新闻学专业和广告学专业的学生在与东方卫视共建的"融媒体实验室项目"中以及众多广告公司的实际设计项目中都得到了充分锻炼。

4.新闻实践教学适应智能传播环境的有效途径：竞赛引领

随着 AIGC 工具的广泛应用，传媒行业对从业者的能力要求不减反增，在与以 ChatGPT 为主的 AI 人机对话中，对提问与决策能力的要求被空前提高。AIGC 工具的应用需要新闻教育培养学生的跨学科综合能力。学生能力的差异是民办高校比普通高校弱的地方，学生的综合能力、人才培养的质量评估是民办高校新闻专业人才培养中的痛点所在，从 OBE 教学理念出发，解决这一问题的有效途径就是学科竞赛。

OBE 教学理念的内涵是"以学生为中心，成果导向，持续改进"。新闻传播类专业学科竞赛既是高校培养双创人才的重要渠道，又与传媒行业前沿紧密接轨，学院以学科竞赛为引领，发挥赛教融合优势，"以赛促学，以赛促改，以赛促教"，鼓励教师指导学生积极参加相关学科竞赛。在参加学科竞赛过程中，学生自主发现问题、解决问题，教师起到引导和辅助作用，把教学的主体真正地从教师转变为学生，充分体现了"以学生为中心"的特点。学生以专业的视角观察社会，寻找合适的参赛选题，将课堂所学知识与社会实际相结合，自身的专业能力和综合能力得到有效训练。学科竞赛培养了学生的创新意识、创新思维、创新精神和创新能力。在参加学科竞赛过程中，想要指导学生在竞赛中取得优异成绩，教师也要不断提升自身素质。教师自身专业素养、参赛经验、对比赛的了解程度与指导方式合理性都将影响学生在竞赛中的知识汲取。教师对学生的学科竞赛成果进行复盘，可以及时调整相关实践教学内容，以能力为根本，反向设计实践教学的目标，达到持续改进教学、有效反哺实践教学的目的。同时，在这一过程中，由人工智能引发的技术变革，倒逼教师要不断地加强技术学习和自我培训，提高自己的教学能力。在参加学科竞赛过程中，由于以成果为导向，注重过程性评价，对于学院来说就是着重评价教育教学和人才培养的质量。在 OBE 教学理念下，学科竞赛是一把标尺，一方面它让学院不断加强产教融合的深度，不断加强项目化实践情境教学的深度，积极建设生成式智能传播实验平台，让学生尽早适应行业环境；另一方面，以学科竞赛为引领的新闻实践教学有助于以行业为标杆提升地方民办院校新闻类专业的实践教学质量和学生技能水平，不但有益于推动学生产出优秀的学科竞赛作品，而且有助于提升整体的人才培养质量。

近年来,学院要求各专业积极参加各类高层次学科竞赛并给予政策保障和经费支持。各专业都设有专职负责学科竞赛的教师,分项目组织竞赛指导小组,学生全员参与,赛后组织复盘,交流竞赛经验。据不完全统计,3年来学生参与人数达9,000多人次,共获得国家和省部级学科竞赛各级奖项420多项,学生的综合能力和人才的培养质量得到有效提升。连续5年,学院毕业生的就业率都在98%以上,名列上海市高校毕业生就业率的前列。

5.结语

AIGC等信息技术正在重塑信息内容生产、重构内容生产流程,推动传媒业由"专业化生产内容"升级至"人工智能生成内容",[①]带来了整个行业的范式变革。针对AI技术带来的新机遇和挑战,我们在理念上要深刻认识到新闻实践教学已经发生重大变革,在实践中要找到新闻实践教学中的困境和痛点,找到新闻实践教学中解决问题的对策和有效途径。新闻传播实践教学需要回到传媒行业本身去审视,在变化中寻找不变,发现新闻实践教学本身的根本价值和存在意义。上海建桥学院新闻传播学院以自身发展条件为基本定位,紧跟时代之变,以"四位一体"的实践教学体系为发展基础,另辟蹊径,"错位发展",深化产教融合,以项目化实践教学为主导,以学科竞赛为引领,不断提高智能传播环境下的新闻人才培养质量。

〔张建民,副教授,上海建桥学院新闻传播学院副院长;曹茶香,副教授,上海建桥学院新闻传播学院教师〕

---

① 赵子忠,郭小容,卢海波,等.深度融合:AIGC引领媒体智能化转型[J].广播电视网络,2023(11):9-18.

AIGC 语境下学研产一体化动漫数字内容创新实践人才培养模式

◎ 刘 欣 朱姝丽 王青青 淮永建

摘要：吉林动画学院数媒类人才培养，遵循人才培养规律，尊重学生发展意向，构建 AIGC 语境下学研产一体化的动漫数字内容创新实践人才培养模式。本文阐述了"专业、职业、就业、创业"相融合的学研产一体化的实践教学体系和创新创业体系。

关键词：AIGC；学研产一体化；产教融合；项目制实践

1.引言

新一轮科技革命和产业变革正在深刻重构全球创新版图和重塑全球经济结构。在这一过程中，人工智能、大数据、区块链、元宇宙、虚拟现实等技术的快速发展对数字内容行业和设计教育产生了深远的影响。AIGC 技术是一种借助人工智能和计算机图形学等技术，通过智能算法和机器学习等方法自动生成内容的技术。在数字内容艺术领域，AIGC 技术可以快速生成创意和设计，自动生成符合要求的图像、动画、特效等，让数字内容作品更具创造力和想象力。

吉林动画学院围绕"学研产一体化"的办学定位和"精准人才培养"战略，全面培养了大批专业素质高、实践能力强的应用型人才。在数字内容创新实践人才培养中将产业公司一线项目引入课堂，为学生提供参与真实产业项目的实践机会，使同学们能够全面了解行业先进的工业化流程体系，激发学生参与实践创作的兴趣，推动校企双方在产教融合、协同育人方面进一步形成合力，培养了学生提出问题、分析问题和解决问题的能力，从而提升学生的自身素质、团队合作意识及社会责任感，实现专业技能与职业素养的"零距离"链接。

2. AIGC 语境下的动漫数字内容创新实践教学现状

2.1 动漫数字内容实践教学现状

2.1.1 课时安排少,课程内容陈旧

目前,一些国内高校在设计动漫数字内容实践课程时,设置的课时较少。然而,动漫数字内容创作专业的学生,除了需要掌握基本的理论知识外,其实践能力也至关重要。由于缺乏实验室和实践平台,一些高校无法为学生提供实践教育的机会。与此同时,动漫数字内容课程的理论知识更新速度较快,学生需要与时俱进,与外界的新事物进行广泛接触。然而,很多高校在实践课堂上并没有引入与产业发展相匹配的课程,仅仅是进行模拟训练或实训练习,导致高校难以准确把握市场的发展状况和需求,人才培养与市场需求之间存在较大差距。

吉林动画学院打造多种产业项目参与方式和激励机制,鼓励学生进行产业项目实践。依托产业公司对学生释放项目资源、开放实习岗位,引导学生以"创新创业合伙人""创业团队""个人实习实训生"三种方式直接参与产业项目生产创作,通过企业对学生实施产教融合式管理,培养学生的综合素质,提高学生的实践业务能力。

2.1.2 实践教学管理机制不完善

很多高校在实践教学的过程中,缺乏指导性文件和统一的管理标准,导致实践教学的设计和实施上存在差异。高校存在着管理责任不明确、监督不到位的情况,缺乏有效的管理和协调机制。目前的实践教学常常缺乏有效的评价和反馈机制,教师无法及时了解学生在实践中的表现和问题,无法向学生提供及时的指导和支持。这使得实践教学的效果无法得到及时改进,限制了学生在实践中的成长和发展。

吉林动画学院先后出台《产业实践教学创新学分认定流程》等管理制度,建立了完整的学生实践管理机制。学院积极落实学生项目实践绩效工资等激励机制,激发学生的积极性,提高学生的参与度。同时,按照学生的实践情况,撰写人才培养问题反馈报告,通过实践项目情况检验学生专业能力,提升学生的专业素养和综合素质,促进学生的个性发展。

2.2 AIGC 技术在动漫数字内容实践教学中的应用现状

AIGC 技术在计算机图形处理、数字虚拟拍摄、CG 特效制作等多个领域已经有了

很多应用。2023年在斩获奥斯卡7项大奖的《瞬息全宇宙》中导演将数字虚拟拍摄技术与AIGC技术相结合，在影片中呈现了"时空转换"的美妙视觉效果。AIGC技术使得动漫数字内容制作不再是传统的数字内容制作，而是重塑影视艺术的生产方式。Runway公司出品的AIGC视频工具Gen-2解决了纯文字生成视频的问题，用户可以将天马行空的幻想、离奇荒诞的梦境等通过AIGC呈现出来。吉林动画学院开设"多模态信息技术与交互展示"课程，学生利用AI辅助绘画工具进行场景设计，以此满足学生的多样化、个性化发展需求。清华大学美术学院张茫茫在课程"信息设计（1）"中，让学生通过AIGC工具进行"幸运场景"概念设计，并且将学生通过AIGC设计的成果进行展示，观察不同的学生之间设计的差异性，丰富了课程结构。① 在广州美术学院开设的"创造的前沿——AIGC数字艺术设计"课程中，学生根据设定的主题，利用AIGC工具进行图案、IP形象等设计，提升了自身的鉴别审美能力和创新思维能力。

综上所述，通过AIGC技术在动漫数字内容实践教学中的应用，可以更加注重培养学生的创新能力。运用AIGC技术实现创意生成、辅助创作和智能化处理鼓励学生勇于尝试、不断创新，帮助他们在动漫数字内容创作领域展现出独特的视角和创作风格。这将为学生今后的职业发展打下坚实基础，并促进动漫数字内容创作领域的创新与进步。

3. AIGC语境下动漫数字内容实践人才培养模式构建

AIGC语境下的动漫数字内容实践人才模式以强化实践技能、激发创新思维、培养跨学科思维、提升未来适应性为目标，以培养学生基本创作技能和自主研学为抓手，构建"学研产一体化"的"多维度、模块化、联合式"实践人才培养模式，如图1所示。

在实践教学的内容上，该模式以AIGC技术为核心，涵盖了文本创作、图片与视频创作、策略生成、跨模态生成等多个内容维度。每个维度都有其特定的实践教学内容和要求，以满足不同层次的学生和不同应用技术的实践教学需要。在实践教学的方法上，注重与产业、科研的紧密合作。通过产教协同、科教协同以及专创协同3个协同模块，学校与企业、科研机构等建立了紧密的合作关系，共同开展实践教学活动。这种合作方式不仅为学生提供了更多实践机会和资源，也促进了学校与产业、科研的相互促进和发展。在实践教学的实施上，该模式充分利用了学校产教融合基地、省级科研平台、创

---

① 基于AIGC的设计探索《信息设计（1）》课程成果展示[EB/OL].(2023-05-26)[2024-04-15].https://www.ad.tsinghua.edu.cn/info/1061/29743.htm.

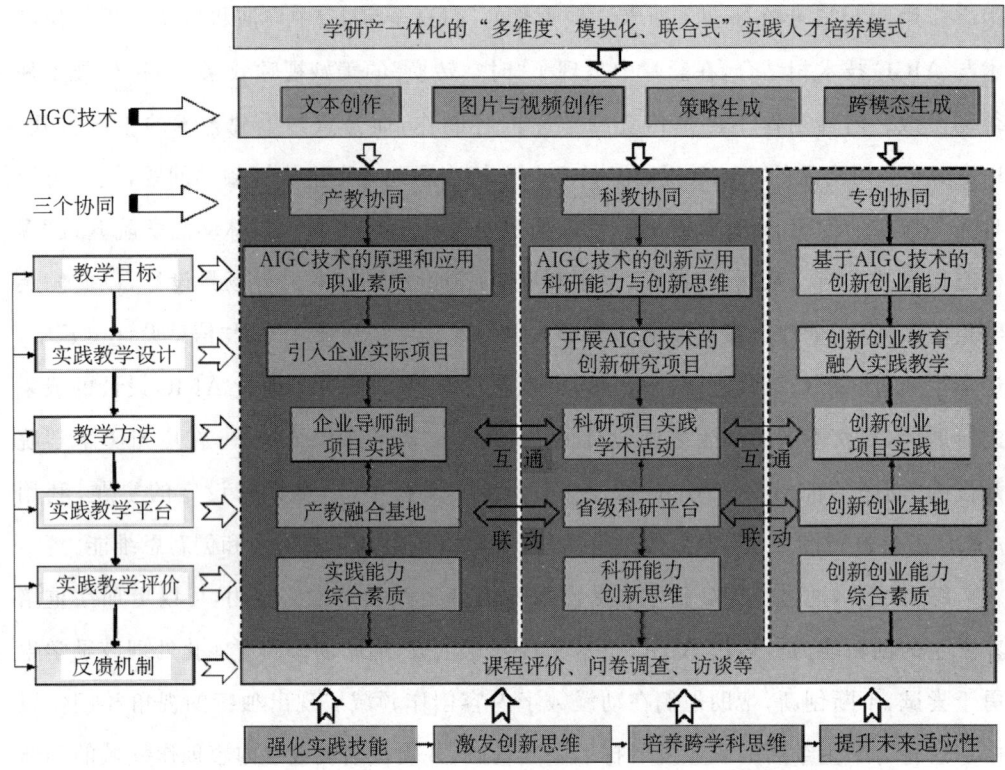

图 1 "学研产一体化"的"多维度、模块化、联合式"实践人才培养模式

新创业基地等资源,进行实践教学联动。这种联动方式使得实践教学可以在不同的空间进行,如教室、实验室、工作室等,为学生提供了更加丰富、多样的实践学习环境。

3.1 实践教学内容和方法设计

在 AIGC 语境下,动漫数字内容实践教学需要紧密结合 AIGC 技术的特性和发展趋势,相关实践教学内容分 4 部分进行,如图 2 所示。

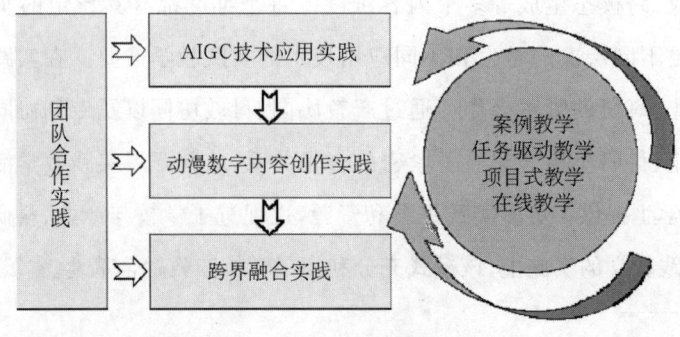

图 2 实践教学内容设置

3.1.1 AIGC 应用实践

首先,任课教师进行 AIGC 技术原理教学,具体介绍 AIGC 技术的核心原理和基础,包括机器学习、深度学习等相关技术。通过理论教学,让学生理解 AIGC 技术的基本原理和应用领域。其次,进行 AIGC 工具使用培训。针对动漫数字创作内容,教师向学生介绍并教授使用各种 AIGC 工具,如生成对抗网络、智能绘画工具等。通过实践操作,学生熟悉并掌握这些工具的使用方法。最后,AIGC 应用案例分析:收集并分析 AIGC 技术在动漫数字内容创作领域的实际应用案例,包括成功的作品、创新的方法和技术。通过案例教学,让学生了解 AIGC 技术的实际应用技巧和方法,激发他们的创新思维。

3.1.2 动漫数字内容创作实践

动漫数字内容创作实践主要由动漫数字内容创作流程教学与不同数字动漫形式的实践创作两部分构成。其中,动漫数字内容创作流程教学详细介绍了动漫数字内容创作的流程和方法,包括创意、设计、制作等环节。通过实践教学,学生了解并掌握动漫数字内容创作的核心技能和流程。不同数字动漫形式的实践创作指的是如动画制作、游戏设计、交互设计等实践创作和项目制作。这种教学方式通过实际操作,提高学生的创意和设计能力,培养他们的实践能力。

3.1.3 跨界融合实践

跨界融合实践主要进行 AIGC 技术和动漫数字内容的融合教学、跨领域合作与创作教学。其中,AIGC 技术与动漫数字内容创作的融合教学探讨如何将 AIGC 技术与动漫数字内容创作进行融合,创造出新的艺术形式和表现手法。通过实践教学,学生了解并尝试跨界融合的应用和实践。跨领域合作与创作教学鼓励学生与其他领域进行合作,如在计算机科学、生物学等跨学科领域,进行跨界融合实践。通过实践教学,开阔学生的视野和提升学生的创新能力,培养他们的跨学科合作能力。

3.1.4 团队合作实践

团队合作实践有助于培养学生的综合素质和能力,为他们未来的职业发展打下坚实的基础。主要包括团队项目实践、沟通与协作技巧培训两部分。

在 AIGC 语境下,动漫数字内容创作实践教学方法主要包括案例教学、任务驱动教学、项目式教学和在线教学。这些方法旨在培养学生的实践能力和创新思维,以使其适应不断发展的技术环境。通过案例教学,学生可以深入理解 AIGC 技术在动漫数字内容创作中的应用和效果。任务驱动教学提升学生在实际应用中的实践能力,项目式教学在学生体验真实学习的过程中助其培养高阶思维能力和责任感,在线教学在弥补课堂教学的不足的同时满足学生的个性化学习需求。这些方法有助于培养学生的自主学习能力和团队协作精神。

3.2 产教融合实践平台建设

在建设 AIGC 动漫数字内容实践教学平台时,吉林动画学院始终坚持学校"学研产一体化"的人才培养模式。依托于学校的省级科研平台、国家级创新创业学院以及与企业的紧密合作,吉林动画学院将技术链、产业链与人才链对接融通,将职业素质和创新思维的培养深度融入实践教学。通过产教协同、科教协同以及专创协同三个关键模块,将数字内容创新实践人才的培养与行业需求紧密结合,与先进科学技术有效融合,并与创新创业教育紧密整合。

AIGC 语境下的动漫数字内容实践人才培养平台是学生从专业到职业、从职业到创业的全方位实践平台(如图 3 所示)。以产业高端项目引领实践教学改革,基于产业资源、企业生产、科研课题生成实践教学资源。从产业高端项目中提炼科学问题,以科学问题重组实践项目,以实践项目创新工作室任务。最终,使得实践教学内容紧跟市场变化与产业需求。反过来,以工作室实践教学成果为引擎,丰富实践经验与技术案例,并为技术研发不断提供创新灵感,使得核心技术不断突破和创新,进而为产业高端项目提供坚实的支撑。这种良性循环使得实践教学与产业需求紧密相连,实现了专业

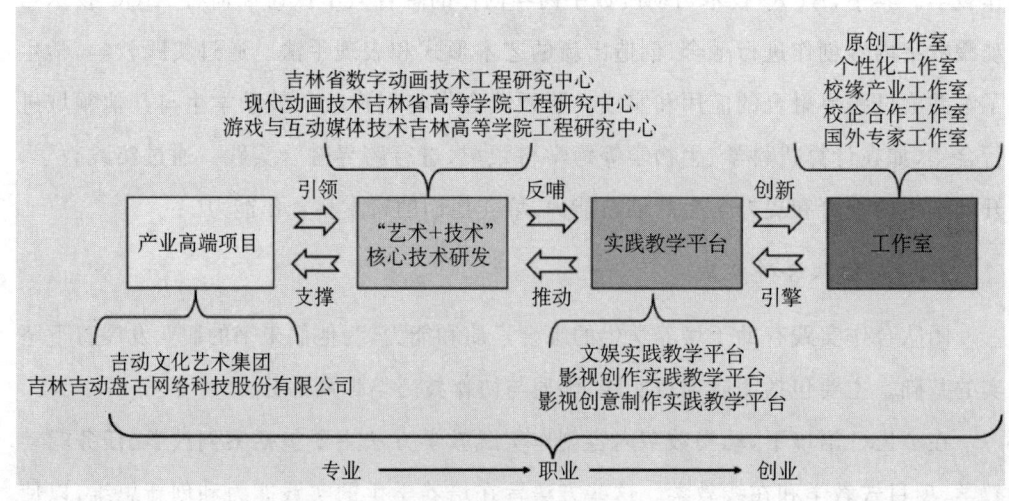

图 3 实践教学平台

技能职业素养的"零距离"链接,为动漫数字内容创作专业的学生提供了更加贴近行业需求、更加具有前瞻性和创新性的实践教学体验。

动画宇宙 App 是由吉动盘古网络科技股份有限公司打造的一款动漫创作类应用软件,它以创新的方式将创意与技术相结合,基于数字技术为用户提供了一个以用户为导向的动漫创意和短视频内容设计制作分享平台。为了支持这款产品的研发,吉林省数字动画技术工程研究中心对动画宇宙项目进行了深入的技术攻关。在攻关过程中,双师型教师们总结并提炼出一套具有实践价值的教学内容。这些内容覆盖了基于 AI 技术的从创意到动画视频的全流程制作,为教学提供了强有力的支撑。同时,吉林省数字动画技术工程研究中心与实践教学平台进行紧密合作,双方共同构建了 AIGC 实训专题,使学生们能够接触到最新的 AIGC 技术和工具。在实践教学过程中,双师型教师们结合自身在动画制作领域的丰富经验,为学生们提供了生动的讲解和实例演示。以动画宇宙项目为例,在教师的指导下,学生们运用所学的 AI 技术,根据作品需求成功地创造出了不同风格的动画场景。

3.3 实践教学评价和反馈机制建立

动漫数字内容创新实践人才培养坚持"学生中心、产出导向、持续改进"的育人导向,实践教学评价坚持能力本位,更加关注学生在整个教学过程中的表现。考核目标从单一的知识掌握转向综合能力提升,评价重点从个人考核转向团队评价,这种调整不会降低评价的重要性,而是通过强调团队合作和对综合能力的评价,更准确地反映学生在实践教学中的整体表现。

为了实现这一目标,学校推行多元评价主体方案,通过包括教师、学生、行业专家等,来评估学生的学习成果和能力发展。通过采用形成性评价方法,学校鼓励教师对学生进行持续的反馈与指导,帮助学生在学习的过程中不断地改进和提升。同时,过程性评价重视学生在课程学习和实践活动中的参与度、合作能力和创新思维等方面,更加全面地评价其综合素养和能力的发展。以吉林动画学院开设的"多模态信息技术与交互展示"课程为例,这门课的考核评价方案如图 4 所示,包括知识掌握、项目实践、项目成果和综合素质等方面,使得评价不仅仅限于检测学生的知识掌握程度,更注重学生在实践学习、项目作业、团队合作等方面的综合评价,以全面评估学生的学习成果和能力水平。

AIGC 语境下动漫数字内容创新实践人才教学培养模式能够有效地培养学生利用新技术提出问题、分析问题和解决问题的能力,并促进其创新思维的发展。通过将

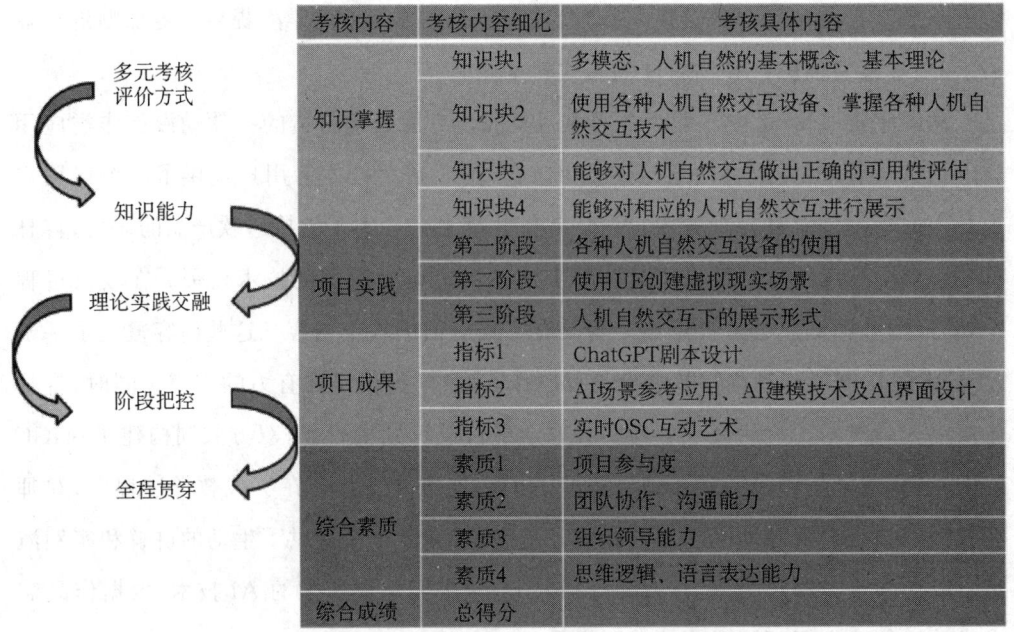

图4 "多模态信息技术与交互展示"课程考核评价方案

学生以职业人的角色融入课堂教学,专注于培养其职业素质,以项目式教学的方式,将培养职业素质作为重要目标融入教学过程中。这样能够提升学生的自身素质、团队合作能力和社会责任感,对实现学生的专业技能与职业素养的紧密结合与无缝对接具有很好的推进作用。

4. 结语

在构建实践人才培养模式时,吉林动画学院将学生的个性发展需求作为核心,以培养学生的问题解决能力、创新思维和职业素养为目标。应用项目式教学、团队协作、跨学科融合与综合评价等元素构建了具体的实践人才模式框架。研究结果表明,AIGC技术在实践教学中的应用可以有效推动学生的个性发展,提升他们的团队合作能力和创新思维水平。通过项目式教学的引入,学生能够基于真实场景进行实践,从而更好地融入职业角色并提升相关职业素养。同时,在跨学科融合的模式下,学生能够综合运用不同领域的知识和技能,进一步提升自身的综合能力。

〔刘欣,教授,吉林动画学院董事长;朱妹丽、王青青、淮永建,吉林动画学院虚拟现实与电影技术学院教师〕

基于OBE理念的传媒工作室人才培养模式的再构与实践*

◎ 路 鹏 周 利

摘要：工作室教学是培养传媒人才的一种有效方式，随着新文科建设工作的深入推进，教学单位将OBE理念融入传媒类工作室学生的实践培养，对传统的工作室模式进行再构，以社会实际需求的目标、以成果为导向，逆向重构实践体系，并进行持续改进。近年来这种教学模式取得了一定的成效，进一步提高了传媒人才培养质量，满足了传媒各领域的实际需求。

关键词：OBE理念；工作室教学；培养模式；实践教学；持续改进

1.引 言

2019年3月，东北电力大学统一部署全校所有专业按照工程专业认证进行建设，所有非工科专业引入OBE理念进行教学改革。因此，东北电力大学艺术学院结合实际情况和专业特点制定了《艺术学院专业认证工作实施方案》，广播电视编导专业作为首批校级试点专业进行建设。2020年11月，教育部发布《新文科建设宣言》，对新文科建设作出全面部署。[1] 2022年教育部的工作要点也将进一步深化高校文科专业教学改革作为主要工作之一。而艺术是新文科的重要组成部分，全面构筑"新艺科"必须紧跟时代潮流，将创新教育融入应用型人才培养中。

长期以来，工作室教学模式是艺术院校普遍采用的人才培养方式。工作室模式起

---

* 本文系吉林省新文科研究与改革实践项目"'新文科'背景下艺术学人才创新性培养模式研究与实践"（项目编号：202130）、东北电力大学教学研究课题"依托省级科研平台培养设计学研究生创新能力的路径研究"（项目编号：YJG202315）的阶段性研究成果。

[1] 周星.新文科建设背景下传媒艺术理论建构的特色与意义[J].现代传播（中国传媒大学学报），2021(7):109-112.

源于1919年德国包豪斯设计学院实施的"工作坊"教学模式[①],该模式基于"做中学"的教育思想,培养学生的实践能力,将专业培养与职业需求无缝对接。工作室采用以实践为导向的教学模式[②],其突出的特点是为学生提供了与行业接轨、理论与实践相结合的学习环境,体现出来的实践性在国内外都取得了显著成效,有利于培养学生的专业技能与职业素养[③],符合传媒学科专业的特色,对实践人才培养非常有效。

通过工作室模式,教师转变传统的课堂教学形式,利用项目拉动教学和反哺教学,将专业内容融合于实践教学中。[④] 工作室的价值在于推动艺术学类各专业中人才实践能力培养的改革,提升人才的综合素质,使其培养的人才适应社会发展的需要。

2.传媒工作室人才培养改革前的状况

多年以来,工作室模式在艺术人才的实践能力提高、创新素质提升等方面发挥了重要作用。然而,随着社会的进步与行业的发展,该模式也显现出亟须改进的问题,主要包括以下三个方面。

第一,实践培养目标与行业需求存在一定差距。工作室制定的实践目标不够明确,与行业需求存在一定的差距。导致实践任务和内容对人才实践培养目标和要求的支撑不足,滞后于艺术各领域发展实际和对人才的真实需求。

第二,实践教学评价体系仍不够完善。工作室中普遍将指导教师作为唯一的总结性评价主体,主观评价学生的实践成果水平,缺乏必要的过程性评价和达成度分析,导致对学生的实践效果评估不够充分。

第三,没有建立行之有效的持续改进机制。针对实践培养要求、任务内容、学生管理、评价机制、成果考核等方面存在的不足,工作室缺乏较为系统的反馈及持续改进机制,导致其对各方面的改进进程比较缓慢,影响了其对学生实践能力的培养。

3.OBE人才培养模式

成果导向教育(OBE)理念是1981年由美国教育家威廉·斯派迪等人提出的,又被称为目标导向的教育,目前已经形成完整的教育理论体系。该理念重视学生学习目

---

① 刘君."互联网+"背景下校企共建师生工作室研究[J].实验技术与管理,2018(9):186-189,205.
② 邓娇娇,郭园园,吴绍艳.OBE模式的工作坊教学实践与探索[J].实验室研究与探索,2018(11):242-246,251.
③ 刘君,王学伟,梁静.人工智能时代"教研赛训"工作室人才培养模式的实践[J].实验室研究与探索,2020(7):258-263,269.
④ 张逸.基于OBE理念的高校设计专业工作室人才培养路径研究[J].设计,2020(22):105-107.

标的达成,注重对学生的知识、能力与素质的综合培养,强调围绕学生的培养要求来组织教学,按照成果目标并通过合理的课程设计实现教学质量的提升。[①] 目前,OBE理念在美国、澳大利亚和英国等国家进行了推广,并在工程教育中得到了广泛的认可。[②] 与传统的教育理念不同,OBE理念围绕明确的培养目标、合适的评价方法和持续改进机制展开。

2016年,在中国加入《华盛顿协议》之后,OBE在工程教育认证中得到了广泛应用[③],符合我国对于高素质应用型人才培养的要求与趋势。该理念通过以学生为中心、以目标为导向来培养学生的实践与创新能力。

新时代,我们应针对工作室人才培养模式进行再构,提高实践教学的人才培养质量,针对工作室教学中存在的不足进行改进,基于OBE理念将行业实际需求转化为艺术工作室中学生具体的培养目标,指导实践培养要求的制定,并通过逆向设计实践任务的设置、构建形成性评价和持续改进机制,将工作室培养模式与OBE理念有机融合,对传统的工作室模式进行再构,形成更加科学的传媒人才实践培养体系。

3.1 OBE理念下工作室实践体系的再构

发挥工作室培养学生实践能力的长处,从需求目标的制定、培养目标的细化、以学生为中心、以成果为导向和持续改进等方面对传统传媒工作室的人才培养进行再构。下面我们从再构思路和模式构建过程进行详细介绍。

3.1.1 再构思路

基于OBE理念的传媒工作室人才培养模式的再构,首先要转变传统传媒人才培养的思路,以社会和行业需求为基础,关注学生的行业实践能力要求——具有独立承担比较复杂的创作工作的实践能力,具有良好的团队合作素养,能够较高质量地完成成果总结报告及阐述。以此目标为导向,工作室进行实践任务设计,对任务过程和学习产出成果进行形成性评价,并依形成性评价体系进行持续改进,构建基于OBE理念的工作室人才实践培养体系,如图1所示。

---

① 刘强.基于OBE理念的"软件工程"课程重塑[J].中国大学教学,2018(10):25-31.
② 顾涵,房勇.基于工程教育专业认证标准和OBE理念对毕业设计环节的创新探索与实践[J].实验技术与管理,2020(11):209-212.
③ 谭嫄嫄,汪沙娜,曹向楠,等.基于OBE理念的产品设计专业工作室制混合式教学模式[J].教育现代化,2020(36):67-71.

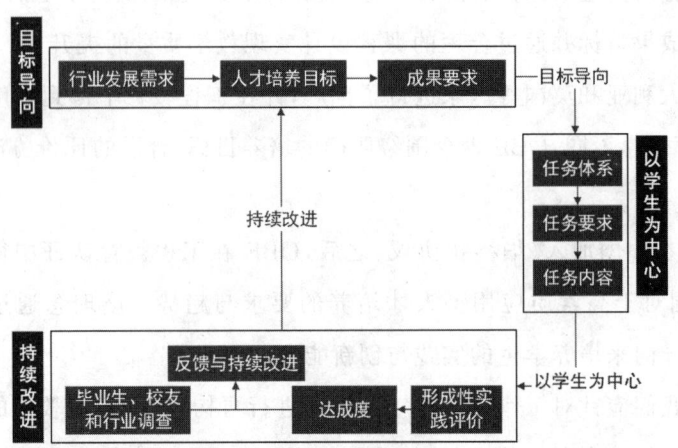

图 1 基于 OBE 理念的工作室人才实践培养体系

结合学生的成才需求和目标,艺术学院通过改建、新建方式形成了相对稳定的 10 个工作室,如表 1 所示。结合各专业特点和行业需求,整合校内外资源,建设符合 OBE 理念的艺术工作室,实现以成果为导向的人才培养新模式。

表 1 改建和新建工作室基本情况

序号	名称	受益学生(人/年)	成立时间(年)
1	艺苑出品创意工作坊	35—45	2019
2	影视编导工作室	20—30	2019
3	艺米传媒工作室	40—50	2019
4	数字原创工作室	30—35	2019
5	渲染工作室	20—30	2019
6	纪录片创作工作室	35—40	2016
7	传媒创新创意工作室	15—25	2016
8	虚拟漫游工作室	30—35	2015
9	睿思影视创意创作工作室	50—60	2013
10	逐梦杂志社	10—15	2013

3.1.2 模式构建过程

3.1.2.1 基于 OBE 理念,确定实践培养目标

传媒类专业培养的是适应社会发展需求的具有良好应用能力和综合素质的人才,

各工作室实践目标的设置要明确反映对学生各项能力的支撑。结合各专业特点以及行业需求,将学生培养目标设置为知识目标、能力目标和素质目标。

第一,知识目标:坚实的艺术专业理论知识;掌握广泛的社会知识。

第二,能力目标:较强的表达及交流能力;突出的实践创新能力;较强的发现、分析和解决行业问题的能力;良好的团队合作能力。

第三,素质目标:富有高度的行业责任感;良好的身心素质;具备一定的抗压能力与较高的文化素养。

围绕以上3方面人才培养目标,确定6项共计13条培养要求及指标点,如表2所示。按照细化的指标点,以完成各项目标为导向构建新的工作室实践模式。

表 2 培养要求及指标点

培养要求	培养要求指标点
1.专业素养:能够合理运用专业领域知识和技术,创作具有较高水平的作品	指标点 1.1:掌握系统的基础知识和专业知识
	指标点 1.2:能够掌握必备的策划能力和制作技术
	指标点 1.3:能够了解本专业当前的动态以及预测未来一定阶段的发展趋势
2.创新实践:具有创新精神,具备一定的创业及适应社会发展的能力	指标点 2.1:具备较强的实践和创新能力
	指标点 2.2:满足市场需求,提升个人、团队能力
3.思维辨析:具有良好的逻辑思维,能够辨析和评价领域问题与现象	指标点 3.1:具有逻辑思维能力和批判性思维
	指标点 3.2:能够发现、分析、提出问题,能够辨析、评价相关领域的现象和问题
4.团队合作:锤炼团队协作意识,能够在团队活动中发挥积极作用	指标点 4.1:能够合理确定团队成员的分工,明晰自身在团队中的定位
	指标点 4.2:具有较强的沟通能力,以及适应环境和一定的管理能力
5.职业素养:具备良好的表达与沟通能力	指标点 5.1:能够通过多种形式与师生、行业进行合理的沟通与交流
	指标点 5.2:能够自觉遵守法律法规,认真履行职业操守
6.学习意识:拥有终身学习意识,不断提升自我,适应社会发展	指标点 6.1:拥有终身学习的意识,能够进行合理规划与自我管理
	指标点 6.2:能够不断提升自我,以适应行业的发展

3.1.2.2 以目标为导向,逆向设计工作室实践任务

以培养要求为主线,使学生的创新能力和综合素质在完整的实践过程中实现迭代式的提升。针对专业素养、创新实践、思维辨析等不同的培养要求,将实践任务划分为6类。如图2所示。

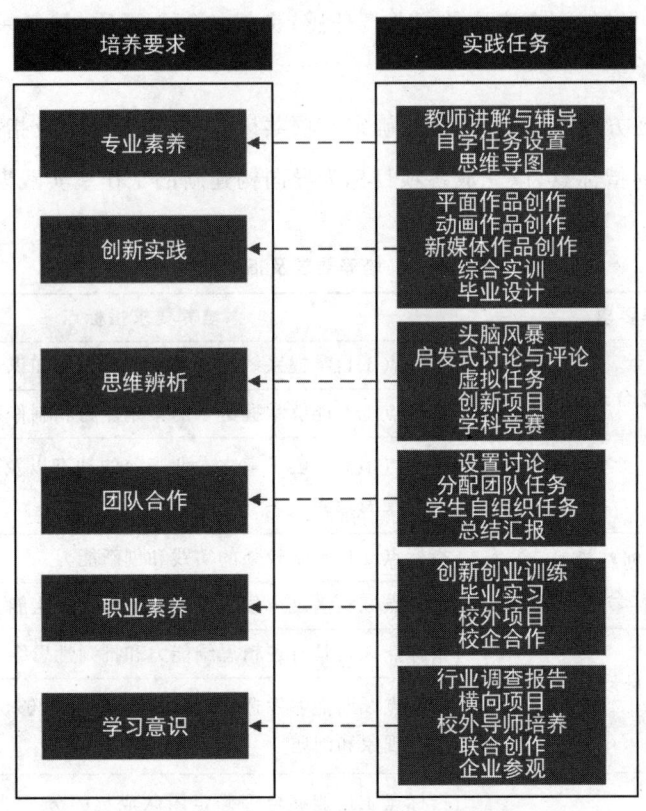

图2 工作室培养要求及实践任务设置

每一个实践任务都经过构思、设计与实施。通过不同的任务实现不同的培养效果,循序渐进地培养学生的各项能力,最终实现培养目标。

3.2 以学生为中心,建立形成性评价体系

工作室的实践任务是学生综合能力和素质提升的必要环节,根据确定的培养目标以及多层次实践培养方式,建立多元化的形成性评价体系。

进行"多元化"评价。学生的实践成果是通过教师指导、学生个人和团队合作所取得的,因此,应采用三者相结合的形式进行多元化评价。指导教师根据学生的学习情

况、讨论表现、实践报告、团队贡献、成果汇报进行形成性评价；学生基于过程性的任务日志、实践报告、自评报告等开展自我评价。此外，学生需通过其在团队中的个人表现、组内分工、成果取得、总结汇报、对比分析等进行互评。

进行"达成性"评价。在确定要求和任务后，工作室通过学生个人完成的任务成果等来评价学习目标的实现程度，即达成度。依据不同的学生、团队确定不同的目标和要求，对学生进行个性化培养。"达成性"的学习成果评价机制提升了培养要求的科学性，提高了任务设置的合理性以及学生学习的自主性。

3.3　基于学习产出，进行持续改进

推进学生学习产出的反馈与持续改进。持续改进的方面包括结合行业需求调整学生培养目标、培养要求及指标、学生个人和团队目标、成果评价方式、实践任务等方面，实现以学生为中心的传媒工作室人才培养，切实提高学生的实践水平。如图3所示。

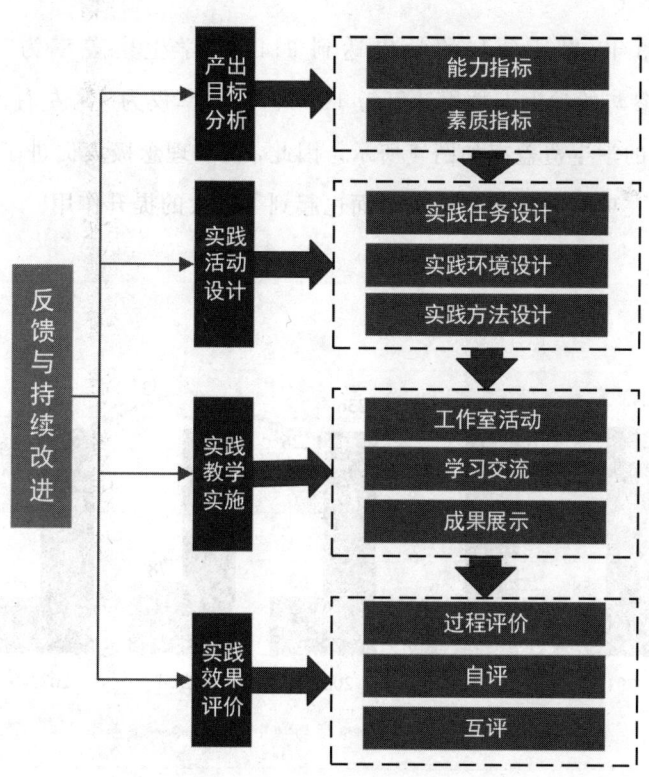

图3　工作室的反馈与持续改进

4.实施效果与成效

2019年至今,艺术学院以培养创新传媒人才为中心,基于OBE理念对传统工作室的人才培养模式得以再构,经过3年的实践,在学生的实践能力、指导教师水平等方面取得了良好的实施效果:2022届毕业生王思博考入北京电影学院、2023届毕业生温馨被保送至华南理工大学、2024届毕业生詹雨萌被保送至上海交通大学等。

4.1 学生实践能力显著提升

4.1.1 "大创"项目立项和学生覆盖率显著提高

2019—2023年,传媒各工作室获批73项大学生创业创新训练计划项目(其中国家级23项,省级50项),累计200余名优秀学生参与项目进行创新创业训练;而2012年至2018年总计获批57项"大创"项目(其中国家级18项,省级39项),远低于教学模式改革后的水平。

2019—2023年,累计参与的学生达到314人,学生覆盖率为24%左右。而2012—2018年参与的学生人数累计仅为117人,覆盖率仅为6%左右,参与学生人数显著提高,具体的学生覆盖率如图4所示。因此,OBE理念极大促进了指导教师和学生的参与程度,在项目的数量和质量方面也起到了较大的提升作用。

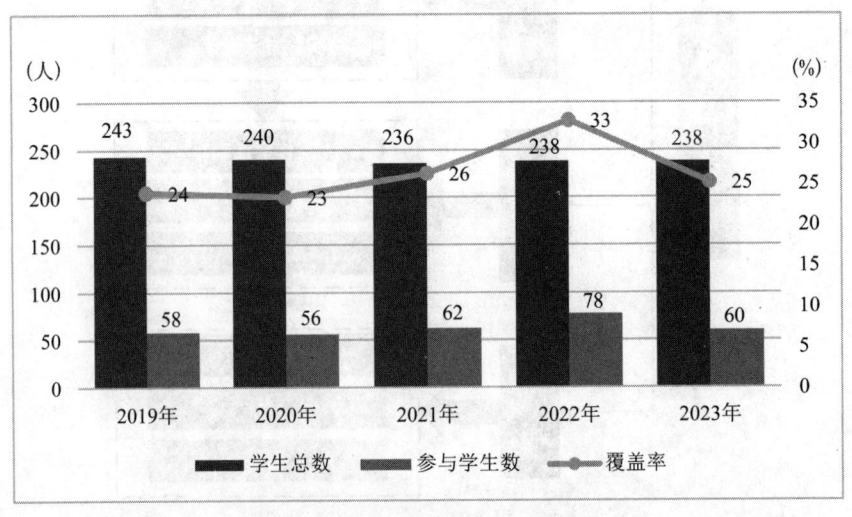

图4 工作室"大创"项目覆盖学生情况

4.1.2 学生实践成果更加丰硕

作为实现学生培养要求的重要内容之一,工作室老师鼓励学生个人或者团队积极参加国内外高水平竞赛,以及艺术行业认可度较高的学科大赛,2019—2023 年学生获奖 281 项,发表高水平论文 52 篇,获批实用新型等专利 23 件。取得成果的学生人数占各工作室学生总数的 50% 以上。

培养模式经过再构之后,工作室为优秀学生提供了更好的实践培养环境。培养要求更加明确,形成性评价机制更加合理,进一步激发了师生与行业交流合作的积极性,对学生的定位也更加清晰,对传媒人才的专业能力的培养更加科学。

4.2 实践教师队伍的专业水平不断提升

实施 OBE 理念之后,学院制定了《工作室横向科研课题管理办法》《课外培养工作量分配办法》《学科竞赛管理办法》《大学生创新创业项目管理办法》等一系列针对工作室教学的规章制度,进一步规范管理,更好地激发师生的兴趣,提升师生的参与度。

2019—2023 年,工作室教师团队针对 OBE 理念、实践培养模式、校企合作、混合式教学、学生创新能力培养等方面积极开展教学改革,获得了一定支持,获批包括吉林省首批"新文科"研究与实践项目等教改项目 40 项(其中省级项目 17 项,校级课题 23 项),出版教材 6 部。此外,在科研方面,获批各类科研项目 80 余项,其中企业委培的横向项目 50 余项,累积到款 300 余万元。教学改革对于人才培养和专业发展起到了积极作用,得到了学生和业内的广泛认可。

围绕工作室建设,艺术学院定期有针对性地组织线上线下培训,以及带领骨干教师前往吉林大学、东南大学、浙江传媒学院、苏州大学、吉林艺术学院等院校进行实地调研与交流学习,就工作室管理、环境建设、人才培养等内容进行交流讨论,积极拓展合作途径,不断提升指导教师的水平。另外,选派优秀教师挂职到校外实践基地进行实践岗位锻炼,聘请优秀创业者、行业导师、校友进行有针对性的培训,对学生实践进行联合指导和培养,形成校内外的良性互动。除此之外,艺术学院近年来也积极利用线上培训和会议,组织师生聆听专业报告和培训,与学界和业界的专家进行交流,开阔视野。

进一步学习 OBE 理念下的工作室人才培养经验,教师投入工作室再构中,对传媒人才培养的目标定位、实践教学体系、教学模式等的认识更加清晰。

5. 进一步推进 OBE 理念下工作室模式思考

第一，建设开放式管理模式，合理制定培养目标。进一步完善工作室运行机制，通过各类校内外项目，提高实践水平。加强工作室开放程度，注重学科交叉，进行模式创新。围绕社会行业对传媒人才的实际需求，制定合理的实践培养目标，并以此进行实践任务的设置和模式的改革。

第二，推进培养要求改进，合理设计任务内容。基于各项培养目标，对培养要求和指标点的划分进行不断的调整，围绕学生的实践、综合创作、团队协作、创新等合理设置实践任务，进一步推进工作室教学方式的改革，有针对性地安排实践任务，促进学生能力的全面提升。

第三，改革实践成果评价方式，突出达成度要求。进一步改革学生成果的评价方式，围绕制定的培养要求指标以及取得的成果，重视过程性评价的运用，综合考核学生在工作室各种任务中全过程的表现，并进行合理的达成度计算与分析，充分利用达成度指导后续的持续改进工作。

第四，以项目为引领，满足行业的人才需求。加大对工作室的支持和保障力度，鼓励教师带领学生加深与行业的联系，围绕行业的真实需求，完成各种项目任务，真正提升学生的各项能力。同时，注重专业和学科之间的交叉，在工作室团队和项目上打破学科壁垒，切实满足行业发展需要。

6. 结语

基于 OBE 理念对工作室人才培养模式进行再构，实现了以目标为导向、形成性评价、持续改进的新型工作室实践教学与人才培养模式，按照培养要求指标逆向设计实践任务和内容，构建多层次递进式的人才培养模式，有利于创新应用型传媒人才的培养，具有可操作性和实效性。实践结果表明，将 OBE 理念融入工作室的人才培养，促进了实践教学体系的完善，使学生获得体现实践能力与素质的学习成果，学院可以为社会培养更好的应用型传媒专业人才。

〔路鹏，教授，东北电力大学艺术学院副院长，艺术类实验教学示范中心主任；周利，东北电力大学艺术学院硕士研究生〕

嵌入理论视域下体育传媒教学实践"以体为本"的路径创新研究

◎ 赵琳琳

摘要： 在融媒体时代背景下，数据密集型的体育内容领域对人才培养提出新的要求，兼顾专业知识的广度与深度成为应对行业挑战的关键。本文旨在引入嵌入性理论视角，通过文化嵌入、认知嵌入和关系嵌入厘清体育传媒教学实践"以体为本"的特征，并从重视文化场域、构建全效认知体系和共建实践共同体三个层面构建体育传媒的实践方法和路径，提高体育传媒实践教学的质量和效果。

关键词： 嵌入性理论；传媒实践教学

1.引言

在融媒体背景下，传播技术飞速迭代，唯一不变的是对传媒人兼具广度和深度的知识储备要求。近年来，学者多关注创新型、应用型、复合型专业人才的培养等问题，科技与人才培养的融合成为热点，但围绕专业院校新闻传播专业学生实践方法的研究还比较少。

2015年，国务院印发的《统筹推进世界一流大学和一流学科建设总体方案》指出，"引导和支持高等学校优化学科结构，凝练学科发展方向，突出学科建设重点，创新学科组织模式，打造更多学科高峰，带动学校发挥优势、办出特色"[①]。教育部和中宣部于2018年发布了《卓越新闻人才教育培养计划2.0》，与此前的1.0版本相比，该计划提出培养全媒化复合型专家型新闻传播人才和更为系统具体的实施举措。2023年，教育部会同发展改革委等印发《普通高等教育学科专业设置调整优化改革方案》，该方

---

① 国务院关于印发统筹推进世界一流大学和一流学科建设总体方案的通知[EB/OL].(2015-11-05)[2024-04-15]. https://www.gov.cn/zhengce/content/2015-11/05/content_10269.htm? url_type=39.

案提出"服务国家发展""突出优势特色""强化协同联动"三大原则,要求"做优特色学科专业,实现分类发展、特色发展"①。体育传媒实践回归"以体为本"。"体"即为对于"体育"这个本体的理解和认知。体育的本质属性是"身体活动性"和"教育性"。"增强体质""促进健康""培养全面发展的人"等正是体育本质属性的现实反映。② 它们并非孤立存在的,而是与社会的政治、经济、文化等多个子系统联系密切。本文引入新经济社会学中的嵌入性理论,从文化嵌入、认知嵌入、关系嵌入等角度,对于体育传媒实践中"体"这一本质进行诠释,探索"以体为本"的传媒实践模式。

2.嵌入性理论对高校体育传媒教学实践路径创新的启示

2.1 嵌入性理论的概念

嵌入性理论是新经济社会学的核心理论。人们普遍认为,嵌入性理论自波兰尼发端,而其分析模式的发展则从格兰诺维特开始。③ 制度经济学家波兰尼在1944年的成名作《大转型:我们时代的政治与经济起源》中首次提出"嵌入性"概念,并将此概念用于经济理论分析。他认为:"经济行为是嵌入在社会关系中的,经济行为的动机是由各种非经济因素造成的。"④1985年,格兰诺维特在《经济行动与社会结构:镶嵌问题》一文中提出了他的嵌入性理论,即人类经济活动与社会背景拥有密切联系,强调个体行为的能动性。他将嵌入性从一个制度经济学概念转变为社会学概念,把经济体系运作过程中社会体系的影响,演变为强调经济行为在社会关系网络中的嵌入性,侧重于组织经济行为与社会体系各方面的多边联系。⑤ 这种转变让该理论成为一种流行的阐释视角,并逐渐从新经济社会学溢出,成为阐释国家与社会协同从事社会治理活动的重要概念工具。⑥ 目前,嵌入性理论则更多地强调了经济行为与社会体系间联系的复杂性。

随着对嵌入性理论研究的逐步深入,不同学者根据研究主题的需要对嵌入性进行了分类,形成了较为典型并在后续研究中被大量引用的几种分析框架:格兰诺维特的

---

① 教育部等五部门关于印发《普通高等教育学科专业设置调整优化改革方案》的通知[EB/OL].(2023-02-21)[2024-04-15].https://www.gov.cn/zhengce/zhengceku/2023-04/04/content_5750018.htm.
② 周爱光.体育本质的逻辑学思考[J].武汉体育学院学报,1999(2):19-21.
③ 张慧.嵌入性理论:发展脉络、理论迁移与研究路径[J].社会科学动态,2022(7):14-25.
④ 波兰尼.大转型:我们时代的政治与经济起源[M].冯钢,刘阳,译.杭州:浙江人民出版社,2007:232.
⑤ 杨玉波,李备友,李守伟.嵌入性理论研究综述:基于普遍联系的视角[J].山东社会科学,2014(3):172-176.
⑥ 张慧.嵌入性理论:发展脉络、理论迁移与研究路径[J].社会科学动态,2022(7):14-25.

关系嵌入性和结构嵌入性框架;佐金和迪马乔的结构嵌入性、认知嵌入性、文化嵌入性和政治嵌入性框架。①

2.2 嵌入性指导体育传媒实践的可行性分析

体育传媒实践即体育场景中的传媒实践教学,包括赛事转播、赛事报道、赛事解说、体育内容制作与运营等。体育传媒实践不是简单场景下的社会实践,其始终处在复杂的社会网络之中,与精神文明建设、体育产业、国家形象建构以及健康中国建设等社会子系统紧密相连。在链接过程中,嵌入的客体与体育传媒实践活动这一主体之间形成了相互交融的状态。嵌入性理论侧重于对嵌入客体的价值阐发,这种价值并不仅仅是经济价值或者使用价值,还包括文化价值、认知价值和关系价值等。这种价值阐发是对客体意义的发掘和呈现,即如何通过客体的嵌入,提高传媒实践教学的质量。可见,嵌入性理论的研究机制和嵌入关系对于教学实践路径的探索具有重要现实意义。

本文结合体育传媒实践的特点,围绕嵌入性理论的相关性、解释力等,以文化嵌入、认知嵌入和关系嵌入为切入点,对体育传媒实践的本质进行初步诠释。

2.2.1 文化嵌入

文化嵌入是指行为主体在进行经济活动时受传统价值观、信仰的制约。② 国家不同,特别是文化不同,组织进行合作选择的倾向也不同。从目前有关集群研究所得的结论来看,区域商业文化传统对内部企业进行商业活动、区域内经济活动主体间的合作具有非常显著的影响。③ 文化嵌入强调文化因素对个体或组织的影响。国际奥委会第138次全会正式通过了将"更团结"加入奥林匹克格言的决议,在强调人类运动特性——速度、高度和强度之外,大大扩展、涵盖了奥林匹克运动的更高精神追求——"团结精神"。对于每个运动员来说,他们的一举一动不仅代表个人,更是国家形象的重要组成部分,在这种精神的鼓舞下,经常会出现"放弃成绩、帮助他人""19个'一人代表团',19位孤胆英雄"的经典故事。

文化嵌入除对个人和组织产生影响之外,对社会文化的形成也起到了重要的引导作用。体育文化建设是当代中国文化建设和发展的重要组成部分,是促进精神文明建

---

① 兰建平,苗文斌.嵌入性理论研究综述[J].技术经济,2019(1):104-108.
② ZUKIN S,DIMAGGIO P.Structures of capital:the social organization of economy[M].Cambridge:Cambridge University Press,1990:15.
③ 兰建平,苗文斌.嵌入性理论研究综述[J].技术经济,2019(1):104-108.

设,繁荣发展先进文化的重要内容与手段。在实现中华民族伟大复兴的历史进程中,体育文化不仅是提高全民族身体素质、促进人的全面发展的有效手段与途径,而且为经济社会的全面协调发展提供了强大的精神动力。①

体育传媒工作者是体育文化传播的践行者、引领者,其教学实践的目标必然嵌入宏观的社会道德、共同价值观之中,这样才能更好地引导学生理解体育文化传播的价值和信仰,形塑学生的共识,生成内在的精神动力,培育社会主义核心价值观,并最终影响传媒实践的行动策略,转换为内在的行为动机。

2.2.2 认知嵌入

认知嵌入与传媒实践之间存在密切的关系,在很大程度上直接决定了实践教学的成效。认知嵌入是指经济活动主体在进行行为选择时受周边环境和原有思维意识的引导或限制,企业组织长期以来形成的默会的群体认知对企业的战略选择、执行和日常运营具有影响。②认知嵌入的基本逻辑在于,个体行为或决策会受到原有意识结构的限制和影响。它关注的是个体或组织如何理解和处理信息,以及如何基于这些认知进行决策和行动。认知嵌入在体育传媒的相关实践过程中,包含巨大的信息筛选工作,既包括对于整个体育事件的背景、历史的掌握,也包括对于事件中运动员、裁判员、教练员等相关主体的全面信息掌握,还包括对于具体技战术、判罚、伤病、装备更新等等基础信息的研判。如果媒体在报道中倾向于采用熟悉的框架和语言,将影响观众对赛事结果的认知和理解,可能导致观众形成一定的态度和行为,进而影响体育事件的走向。因此,在体育传媒教学中,教师需要采取有效措施来加强学生对体育的全面认知,以培养出具备高度专业素养的传媒人才。

2.2.3 关系嵌入

作为嵌入性理论的经典分析框架,关系嵌入是指单个行为主体的经济行为嵌入在与他人互动所形成的关系网络之中,当下人际关系网络中的某些因素,如各种规则性期望、对相互赞同的渴求、互惠性原则,都会对行为主体的经济决策与行为产生重要的影响。与此同时,行为主体所在的网络又是与其他社会网络相联系的,并构成了整个社会的网络结构。③

随着社会网络的发展,关系嵌入性成为一种重要的社会现象,它在组织获取信息

---

① 易剑东.体育文化学[M].北京:北京体育大学出版社,2006:28.
② 兰建平,苗文斌.嵌入性理论研究综述[J].技术经济,2019(1):104-108.
③ GRANOVETTER M,SWEDBERG R.The sociology of economic life[M].Boulder:Westview,1992:20.

和资源方面发挥了关键作用。麦尚文在《"关系"编织与传媒聚合发展——社会嵌入视野中的传媒产业本质诠释》一文中认为,"嵌入性"引入了非经济的制度和社会因素,拓宽了关于传媒产业的社会分析视角,包括基于"关系嵌入"的传媒与公众的关系联结。①

关系嵌入性的研究视角集中于传媒产业与传媒实践之间基于互惠预期而发生的双向关系。体育传媒实践处于多元的"关系洞"中,嵌入性可以帮助传媒认知所处的生态位,并充分发掘和利用关系在传媒生产力中的功能与角色,进而为传媒实践的路径探索提供新的分析视角。

3.嵌入视域中体育传媒实践创新路径建构

3.1 重视文化场域

3.1.1 赛事解说"人文化"

体育赛事转播作为数据密集型的领域,是普及运动知识、项目文化和弘扬体育精神的重要场域。张颂教授认为,人文关怀是有声语言创作的血脉。因此在赛事解说的过程中,解说者应该依靠叙述故事的形式传递体育精神,化用诗意表达的手法创造审美意境,借以正向传播的视角完成舆论引导,肯定勇往直前的运动底色,渲染情景交融的艺术共鸣,树立文明和谐的社会风尚,提升体育主持的影响力与号召力。② 在北京冬奥会花样滑冰决赛中羽生结弦挑战"阿克赛尔四周跳"失败后,央视赛事解说员如此解说:"天意终究难参,假若登顶成憾,与君共添青史几传,成败也当笑看!"这段解说体现了羽生结弦无惧挑战、笑看成败的形象。解说员从情感共鸣的角度,传递拼搏精神等价值导向,引导观众形成正确的价值观和道德观。在冬奥会上,有解说员这样描述谷爱凌:"号码牌被风吹起,背后的金龙在阳光下熠熠生辉。18岁的谷爱凌站在最高领奖台上,她用实际行动告诉全世界,自信的中国人是最美的。"这段解说词既掀起了人们对体育精神之于青年成长之意义的热议,又赋予了Z世代群体一种全新的时代观照、身份认同与社会期待。

---

① 麦尚文."关系"编织与传媒聚合发展:社会嵌入视野中的传媒产业本质诠释[J].国际新闻界,2010(1):51-54.
② 王秋硕,赵丹,马泽祥.北京冬奥会解说的价值凝炼与亮点述评:兼论融媒时代体育节目主持的守正创新[J].当代电视,2022(8):51-54.

3.1.2 故事叙述"符号化"

"符号代表或表征我们的各种概念、观念和感情,以使别人用与我们表现它们时大致相同的路数来'读出'、译解或阐释其意义。"[①]讲故事在某种意义上就是使"各种概念、观念和情感在一个可被转达和阐释的符号形式中具体化"[②]。文化嵌入的理念认为,任何一项运动都不是独立存在的,而是植根于一定的文化土壤中,因此,文化土壤的符号化表达是体育传媒实践的重要抓手。北京体育大学5G高新视频体育融合创新应用国家广电总局实验室(以下简称实验室)带领学生围绕杭州亚运会创作了人物纪录片《亚运榜YOUNG》。为表现太极运动"轻中有柔""柔中带刚"的特点,导演专门为杭州亚运会武术项目女子太极拳太极剑全能金牌获得者童心设计了一组对着镜子练习的动作镜头,同时辅以艺术性字幕包装和传统音乐,凸显鲜明的文化性特征。通过人物缓慢、流畅的动作,纪录片展现出平和、内敛的力量,这是中华哲学中"以柔克刚""无为而治"思想的体现,激起受众对太极形体美和内在美的向往,有效提升受众的文化自信。

3.2 构建全效认知体系

英国著名的物理化学家、哲学家迈克尔·波兰尼在其著作《个人知识:迈向后批判哲学》中指出,人类的知识有两种:一种是"可言传知识",即以书面文字、图表和数学公式加以表述的知识;另一种是"不可言传知识",也被称为"缄默知识",是未被描述的知识,如我们在做某事的行动中所拥有的知识。[③] 这两种知识可以重构体育传媒专业知识的纵深体系。

3.2.1 显性知识系统化

奥运会是竞技难度和体育知识含金量最高的舞台。2020年东京奥运会共涉及33个大项、339个小项;2022年北京冬季奥运会共设7个大项、15个分项、109个小项。这要求体育传媒工作者具备系统、全面的体育项目训练方法的知识储备。以实验室在北京冬奥会期间制作的视频节目《齐广璞5.0最高难度夺冠》为例,该节目在短短2分钟的采访中详细呈现了空中技巧运动员从年幼时练习体操到青少年时期练习一周台、两周台,再到青年时期苦练三周台及多套高难动作的艰苦过程。这不仅仅是赛事报

---

① 霍尔.表征:文化表象与意指实践[M].徐亮,陆兴华,译.北京:商务印书馆,2003:5.
② 霍尔.表征:文化表象与意指实践[M].徐亮,陆兴华,译.北京:商务印书馆,2003:10.
③ 波兰尼.个人知识:迈向后批判哲学[M].许泽民,译.贵阳:贵州人民出版社,2000:27.

道,更通过对运动员艰苦付出的深入挖掘,展现了中国优势项目的代代传承和科学的训练体系。28多万点赞、1,000多万播放量体现了传媒实践过程中将显性知识融入传播内容,满足了观众对更深层次认知需求的精准洞察。北京体育大学新闻与传播学院为确保学生在校期间体育知识的系统化学习,专门为本科生开设了体育特色类课程,如"冬季奥林匹克运动""竞技体育概论""大型体育赛事史""运动心理学"等,并引入裁判考试类课程,如"足球竞赛规则入门""篮球规则与裁判方法""排球竞赛规则与裁判法""乒乓球竞赛规则入门""羽毛球竞赛规则与裁判法""网球竞赛规则""田径竞赛规则与裁判方法""武术散打竞赛规则和裁判法"等,每年多名学生获得多项国家级裁判证书。

3.2.2 缄默知识具象化

日本管理学者野中郁次郎认为,个体可以通过图像、文字以及情感交流等方式帮助自身将隐性知识明晰化。换句话说,要将缄默性的体育知识和经验借助特定载体具象化表现出来后,才能转化为显性的教学知识,进一步转化为实践性知识或公共知识。例如,在竞技体育中,心理因素成为一只看不见的手,经常让比赛发生大逆转或者闯出黑马。美国著名射击运动员埃蒙斯因心理原因两次梦碎奥运会,这个现象被媒体称为埃蒙斯中的"奥运魔咒"或埃蒙斯"第十枪现象"。学者田麦久将具有相似竞技特征及训练要求的运动项目放在一起进行比较研究,创建了"项群训练理论",分为体能主导类、技能主导类和技心能主导类等几个大类。其中,射击、射箭均属于受心率、呼吸、注意力等影响的技心能主导类项目。实验室在带领学生完成国家射击队、射箭队等项目的赛事转播时,专门增加一个拍摄运动员比赛心率数据的机位,学生在解说和制作短视频的过程中,通过对现场嘉宾的提问和追问来补充相关经验和决策依据,让隐性知识显性化。因此,在传媒实践教学方面,教师还要考虑缄默知识的可视化媒介载体,提高传媒实践教学的效果。

3.3 共建实践共同体

3.3.1 与媒体的关系性嵌入

与主流媒体建立实践联盟,不仅有助于巩固媒体关系,更可为传媒实践提供强大的资源支撑。这种联盟确保了学生能在多维互动中实现理论与实践的统一,为体育传媒实践的创新发展注入持续动力。通过资源共享和信息交流,联盟可以进一步促进双方的优势互补和共同成长。在2022年杭州亚运会期间,实验室带领学生在新华社音视频部人工智能工作室的指导下,首次用 AIGC 尝试了多个运动项目的海报设计和短视频制作,通过与主流媒体建立紧密关系,更准确地把握市场需求和行业趋势。

3.3.2 与社会关系的嵌入

在传媒组织之间、传媒与其他社会组织之间乃至整个社会网络结构中进行关系建构,是最具延伸性的关系类型。以实验室在 2023 年带领学生完成国际雪联单板自由式滑雪和花样滑冰大奖赛的媒体服务工作为例,学生在整个过程中与整个赛事组织系统——裁判、运动员、现场演示导演甚至制冰师、售票方建立关联,将社会关系延伸到了组织层面和社会层面,更好地理解并融入体育传媒行业的社会结构。回收的有效调查问卷显示,47.06%的学生认为团队协作能力得到提升,88.24%的学生认为沟通与表达能力得到提升,77.22%的学生提出希望增加新闻报道策划与组织的训练,这些能力的提升正是社会性嵌入的显著绩效。

4.结语

在体育传媒实践教学中,"以体为本"的理念应成为核心。为了更好地构建实践教学模式,教师需要从体育文化的角度加强价值引导,整合知识认知体系,紧密联系与体育传媒实践相关的社会网络,帮助学生形成内在的统一性、稳定的文化素养、清晰的角色认知,并建立互动关系良好和具有创新性的内容形式。通过这种方式,我们可以有效提升体育传媒实践的效果和影响力,从而推动体育产业的高质量发展。

〔赵琳琳,主任编辑,北京体育大学体育赛事制作与转播实验室主任〕

智能时代影视专业实践教学的变革与展望

◎ 李 琳

摘要：本文从影视行业现状出发，通过人工智能技术在行业中的应用，研究影视行业未来人才发展趋势，人工智能技术对高校教育带来的影响，尤其是师生角色的变迁。在此基础上，本文从人才培养目标、实践教学内容、实践教学模式、实践教学评价四个方面探讨人工智能技术对影视专业实践教学的影响及其未来的发展趋势。

关键词：人工智能；影视行业；实践教学

1.引言

近年来，AIGC 的功能不断升级完善，2016 年 9 月，20 世纪福克斯电影公司与 IBM 合作，运用沃森超级机器人为惊悚片《摩根》制作了有史以来第一个"认知电影预告片"。之后，人工智能技术在影视行业的应用不断拓展。2024 年 2 月 16 日，OpenAI 发布了文生视频模型 Sora。2024 年 2 月 26 日，首部以我国自主 AIGC 技术支撑制作的系列动画片《千秋诗颂》在 CCTV-1 开播。这些案例无不表明人工智能技术在影视行业已经实现了较为成熟的落地应用，它对影视行业未来的发展将产生重大的影响，而行业的变化必然倒逼高校教育进行变革，尤其是影视专业的实践教育必须跟上时代发展的脚步，以培养匹配智能时代影视行业的人才。

2.人工智能技术对教育的影响

目前，人工智能技术的普及对影视行业从业人员的影响日益显著。

2.1 影视从业人员呈现多元化样态

未来传统影视制作方式可能被高效、自动化的技术所取代。OpenAI 新发布的文生视频模型 Sora 可生成具有一定叙事性、长达 60 秒的视频,其生成的视频包含多个镜头,镜头中涉及多个角色并带有特定类型的运动,包含细节准确的复杂场景,视频中的多个镜头里的角色和视觉风格保持高度一致。同时,Sora 还能够生成具有动态相机运镜效果的视频。虽然使用 Sora 生成的视频还有一定的瑕疵,但其场景和人物已经逼近真实的创作效果,利用 Sora 以及其他类似文生视频工具进行短视频创作甚至长片创作在不远的未来将成为现实。在动画领域,使用文生视频技术制作的系列动画片《千秋诗颂》和用传统技术制作的动画片已经很难区分。2023 年 12 月,世界首部人工智能技术参与影视制作全流程的动画电影《愚公移山》开机,基本确立了人工智能技术时代下的影视动画全新工艺标准。

在可见的未来,从拍摄、剪辑到特效制作,越来越多的工作可以通过智能化工具来完成。这不仅提高了制作效率,降低了制作成本,更重要的是降低了影视创作的操作技术门槛,具备较高文艺素养或能熟练使用人工智能视频生成工具的非影视专业的毕业生也能够进入影视行业。当视频生成工具被进一步普及后,在短视频这个进入门槛相对较低的领域,具备一定创意能力,且能使用文生视频工具的大众也能进入影视产业,未来的影视从业人员将呈现多元化样态。

2.2 行业岗位设置会发生变化

目前来看,类似 Sora 这样的文生视频工具在应用层面还只能处理一些重复性的繁杂工作,无法独立支持视觉特效项目,但不可否认的是,在未来,文生视频技术具有广阔的应用前景和发展空间。随着技术的成熟和不断突破,以及行业对技术接受度的提升,文生视频技术会在影视行业中发挥更大的作用。同时,我们也应该意识到,虽然技术升级,但是人工智能在情感传达、直觉、同理心和想象力等创意层面仍然无法完全取代人类,因此,类似 Sora 这样的智能工具将成为人类最好的辅助工具,帮助影视创作者降本增效,更好地完成作品创作。

基于这样的现实,随着人工智能技术在影视行业中的应用越来越广泛,行业岗位可能发生一些新的变化,低端的纯技术操作人员会被取代,具有独特创意的人才会越来越受重视。掌握智能工具的特性,并能将其熟练地应用于影视创作过程的人才会大受欢迎。随着先进技术的普及,未来影视作品的核心竞争还是会回归内容本身——讲好一个故事,内容创作者的地位会得到极大提升。

在传统岗位产生变化的同时,一些新的工作岗位可能会诞生:人工智能沟通师,这一岗位要求从业者掌握影视创作规律和人工智能工具的特性,能和人工智能进行有效沟通,通过精准发布指令,熟练地应用人工智能工具,完成影视创作的各项基础工作;人工智能修改师,这一岗位要求从业人员具备较高的影视艺术修养,能准确判断人工智能工具生成的视频是否合适,并能在此基础上进行符合艺术创作规律的修改,弥补人工智能依赖历史数据并且缺乏全新构思能力的弱点。

2.3 影视传媒教育师生角色发生变化

人工智能技术的普及对影视行业从业人员产生了极大的影响,从而导致人才需求发生变化,这就要求高校影视专业的人才培养目标进行相应的调整。同时,随着科技的发展,特别是人工智能、大数据、云计算等技术的应用,教育领域也在经历一场深刻的变革,人工智能技术的普及对高等教育本身也产生了深远的影响。

2.3.1 教师角色的变迁

教师将从知识传递者变为学习引导者,在传统教育模式下,教师主要作为知识传递者的角色出现,学生则是被动的接受者。但在智能时代,学生可以通过各种在线资源和工具获取知识,教师的角色将会向引导学生如何学习、如何找到和评估信息、如何解决问题转变。教师从教学设计者变为学习设计师,教师的工作不再只是设计教学内容和方法,而是需要设计整个学习过程,包括学习目标、学习策略、学习活动、学习评价等。教师从评价者变为反馈提供者。在智能时代,智能化的机器可以进行大量学习评价和反馈,教师更多的是解读这些数据,提供有针对性的反馈,帮助学生改进学习。教师从单一角色实现多重角色转变,教师不再只是教学的角色,还是学习的伙伴、学生的顾问、社区的成员等。

2.3.2 学生的角色也在发生着显著的变化

学生从知识的被动接受者变成学习的主动参与者,在传统的教育模式下,学生大多数时间是在被动地接受知识,而智能时代则要求学生更加主动地参与到学习过程中,通过探讨、合作等方式,提高学习的主动性和积极性。学生从知识消费者变成知识创造者。在智能时代,学生不再仅仅是知识的消费者,而是需要具备创新精神和创造力,成为知识的创造者和传播者。这意味着学生需要具备批判性思维、创新能力和实践能力,以适应未来社会的需求。学生从个体学习者变成协作学习者,智能时代的教育强调团队合作和跨界融合,学生需要学会与他人协作,共同解决问题,这要求学生具备良好的沟通、协调和团队协作能力。学生从应试者到终身学习者。在智能时代,学习不再局限于学校阶段,而是贯穿于整个生命周期。学生需要树立终身学习的观念,不断更新知识,提高自身素质,以适应不断变化的社会环境。学生从技能学习者变成素质教育者。智能时代的教育更加注重培养学生的综合素质,包括道德品质、情感态度、价值观等。学生需要在掌握知识和技能的同时,全面发展自己的人格。学生从区域受教育者变成全球受教育者,智能时代的教育突破了时空的限制,学生可以通过网络获取全球范围内的优质教育资源,与世界各地的人进行交流和合作。这要求学生具备国际视野和跨文化沟通能力,成为具有全球竞争力的人才。

智能时代,师生角色的变迁对教育理念和教育模式提出了新的挑战,教师需要适应角色变化带来的教育新需求,跟上时代的步伐,在智能时代完成教书育人的工作;学生需要不断适应这些变化,提升自身素质,以应对未来社会的需要。

3.影视传媒实践教学面临新的巨变

影视行业技术变革、人才需求变化、高校师生角色变迁等一系列改变,落实到影视专业的实践教学层面,必然引发巨大的改革。

3.1 实践教学的人才培养目标发生显著变化

3.1.1 掌握人工智能技术成为人才培养的必要目标

随着人工智能技术在影视行业的深入应用,行业对高校影视专业的人才培养提出了全新的要求。传统的影视制作技能已经无法满足行业发展的需求,高校影视专业亟须培养具备跨学科知识的人才。这类人才不仅要熟练掌握传统的影视制作技能,还需具备运用人工智能工具的能力,将两者相结合,以适应影视行业的发展趋势。在这样的背景下,高校影视专业实践教学的培养目标需要跟上时代发展的步伐,关注人工智能技术在影视行业中的应用,让学生了解和掌握人工智能的基本原理和应用场景,融合传统手段与新兴技术,培养他们运用人工智能技术解决实际问题的能力。

3.1.2 团队协作能力和创新精神在人才培养过程中的重要性提升

在未来的影视制作过程中,人工智能技术的应用往往需要多个领域的人才共同合作,艺术和技术将深度融合,因此,高校影视专业在实践教学的过程中需要在原有基础上更加注重培养学生的团队协作能力,尤其是跨领域协作能力。同时,创新精神的培养在影视专业实践教学过程中的重要性需要进一步得到重视。在人工智能时代,影视制作行业的技能要求也在发生改变,人工智能具备人力无法比拟的工作效率,然而只有具备创新精神、能够实现情绪输出价值的创作者才能具有无可替代性。行业需求的改变要求从业者不再局限于掌握操作技巧,更要学会运用创新思维去解决问题。高校影视专业需要培养出兼顾技术与创意,具备创新性精神的人才以适应行业的变革。

3.2 实践教学内容实现超越性拓展

3.2.1 实践教学内容呈现跨学科融合的趋势

过去,影视专业的实践教学围绕影视领域展开。未来,随着人工智能技术的发展,其在影视行业的应用会不断拓展。因此,对于影视专业的学生来说,仅仅掌握传统的影视制作技能已经不足以应对未来行业的挑战。在这个时代,学生需要拓宽知识领域,深入了解计算机科学、数据分析等相关学科。影视创作的相关实践内容需要学生结合人工智能技术在影视行业中的应用来进行设计。跨学科融合的实践教学内容将成为影视专业未来的发展趋势。

3.2.2 实践内容实现质的飞跃

从已经落地的影视项目,如前文提到的《千秋诗颂》等项目来看,人工智能技术可以在影视制作的各个环节发挥重要作用,如剧本创作、镜头设计、特效制作等,大大提高了影视制作的效率和质量。这就意味着,如果人工智能技术能够在高校实践教学中普及,原有的实践时间可以大幅压缩,学生从而进行更大量更优质的训练。同时,人工智能技术可以提供大量数字化影像资源,能极大程度地拓展高校影视专业实践教学的内容。实践教学可以摆脱现实条件制约,通过文生视频工具,虚拟合成影像进行各种类型的影视作品的创作,如限于客观条件较难开展的科幻类、古装类作品也能够在校内实践中开展。通过模拟各种创作空间,如深山丛林、大海荒漠等特殊空间场景,全面训练学生对镜头语言的调度能力,提高学生的视听语言应用能力,同时全面提升其创意能力。

3.3 实践教学模式发生颠覆性改变

3.3.1 实践教学数字化程度大幅提高

在智能时代,影视制作的实践条件发生了翻天覆地的变化。过去,学生们需要依赖昂贵的专业设备进行实践,而现在只需一台配置了专业软件的电脑就能实现同样的效果。此外,虚拟现实和增强现实等新技术为实践教学模式提供了更多的可能性。在演示类的实践项目中,学生们可以通过上述技术更直观地了解影视制作的整个流程;可以通过模拟操作使用各种专业实验设备,使虚拟仿真训练得到大范围的应用,从而提高他们的实践操作能力和培养创新思维。

3.3.2 和行业一线接轨的项目制教学能够得到大面积推广

与企业合作,利用智能技术设计基于真实项目的虚拟项目,让学生在模拟解决真实问题的过程中学习和应用知识。未来的影视专业可以和企业合作,搭建一个产学研合作的平台,将企业、高校、研究机构等多方资源整合在一起,利用大数据、云计算、人工智能等技术对教育资源和产业需求进行分析。视频资源智能生成技术普及后,高校可以根据行业需求分析的结果,与产业界专家合作开发符合市场需求的定制化实践内容和训练项目,确保教育内容与实际工作紧密相关。运用虚拟现实和增强现实等技术为学生提供模拟真实工作环境的实训体验,提高学生的实践能力和工作适应性,真正打破时空限制,将需要在校外行业内完成的实践项目在校内完成,为学生进入行业打下扎实的基础。

3.4 实践教学评价产生根本性变革

借助人工智能技术,影视专业实践教学评价得以实现更加精准和个性化,从而为提升教育质量提供有力支持。

3.4.1 智能化实践教学评价为定制化实践教学提供依据

人工智能技术能够帮助教师更好地分析学生的实践学习数据,通过对这些数据的挖掘和分析,教师可以深入了解学生在实践过程中的进度和遇到的难点,实时发现学生的学习问题,并给出相应的解决方案,使学生在实践过程中得到及时的指导和帮助。在此基础上,教师可以针对学生的实际情况制订更具针对性的实践教学计划,准备符合他们水平的实践材料,布置与学生能力相匹配的实践项目,满足不同学生的个性化需求,从而提高学习效率。

3.4.2 智能化教学评价有效减轻教师工作负担

过去,教师需要花费大量时间和精力在批阅实践作品等评价环节上,一方面加重了教师的负担,另一方面也影响了教学反馈的时效性,学生在完成实践练习后,可能要等相当长时间才能获得反馈。未来,教师可以将一些基础性、标准化的练习项目交给人工智能来进行评价,教师可以有更多的时间和精力关注学生的个体差异,进一步优化教学方法,把精力用于指导具有独创性的实践项目,提高教学质量。

3.5 再认识人工智能对影视传媒实践教学的影响

影视专业教育者要对人工智能技术保持清醒的认知,如何合理利用人工智能技术,保持艺术创作的原创性和个性化,成为教育者需要面对的问题。一方面,教育者要充分利用人工智能的技术优势,提升教学效果;另一方面,教育者也要防止过度依赖人工智能,以免丧失艺术创作的独特性。在应对智能科技挑战的过程中,教育者需要引导学生正确看待和使用人工智能技术,要让学生明白,人工智能只是一种工具,它的存在是为了辅助学习和工作,而不是为了替代个体的存在。在影视创作中,人工智能可以帮助我们实现一些复杂的效果,提高工作效率,但最终的创意和个性化表达,还是要依赖人的智慧和才华。影视专业实践教学在重视智能技术的同时,更要注重培养学生的文化素养及创新能力。

4.结语

未来,人工智能必将对影视传媒实践教学产生深远影响。首先,涉及教学理念、教学内容、教学模式、教学评价等方面的变革,高校影视传媒实践教学将迈向智能化,引入更多自动化工具助力教学。其次,实践教学将更具个性化,学生可根据自身兴趣与特长选择学习内容与方式。因此,影视传媒实践教学需应对新技术带来的挑战,积极探讨适应人工智能时代的实践教学模式,以培养契合未来社会发展需求的影视人才。

参考文献

[1]赵宜,赵逸伦.人工智能影视的迭代创新:人机共创与自动生成[J].艺术研究,2024(1):65-71.

[2]董广.技术赋能·主体之变·理论扩容:2023年中国人工智能电影研究报告[J].电影文学,2024(1):65-71.

[3]张牧,顾群业,田金良.AIGC为新媒体艺术教育带来的机遇与挑战[J].青年记者,2024(3):109-112.

〔李琳,教授,浙江传媒学院电视艺术学院制作系主任〕

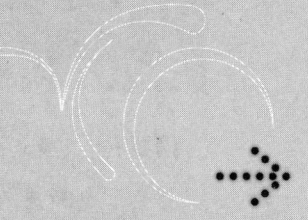

实践教学模式改革

"摄像技术与艺术"课程创新与实践　　　　　　　　　　　　　　　　刘一儒　喻晓琛
亲近世界，人尽其才
　　——视频制作类课程改革方略　　　　　　　　　　　　　　　　　　　　段　筱
新文科背景下社会实践类课程建设的创新探索
　　——以国家级一流本科课程"网络营销"为例　　　　　　　　　　　赵　茹　闫书渊
国家虚拟仿真实验教学项目"舆情引导全流程报道"的创新路径　　　　王　熙　谭江平
基于OBE理念的应用型本科高校影视照明课程教学改革与实践
　　——以西南石油大学艺术学院为例　　　　　　　　　　　　　　　　　　范超辉
融媒体时代传媒专业短视频创作教学革新研究
　　——以宝鸡文理学院"纪录片创作"课程为例　　　　　　　　　　　　　郭勋亚
基于视觉文化视角的"摄影基础"课程建设研究　　　　　　　　　　　宋　欣　马　林
国际中文教育视频教材《用中文·学表达》100集剧本创作实践
　　　　　　　　　　　　　　　　　　　　　　杨爱君　耿雪娜　张博源　梁　雪

"摄像技术与艺术"课程创新与实践

◎ 刘一儒　喻晓琛

摘要: 本文概述了"摄像技术与艺术"课程的发展历程、主要问题、教学改革、创新特色和创新成效。该课程经历了从"电视教材编制"到"摄像技术与艺术"的演变,针对课程内容滞后、资源匮乏和课程时空受限等问题,采取了新内容、厚资源、拓时空等教学改革措施。课程注重实践育人理念创新,通过虚拟仿真课程资源生态等特色手段,达到了学生专业能力的提升和课程支撑专业建设的效果。未来,课程将继续沿着技术创新和教学方法改革的道路发展,培养更多具有创新精神和实践能力的影视传媒专业人才。

关键词: 摄像课程;主要问题;课程改革;资源建设;创新特色

1."摄像技术与艺术"的课程概况

"摄像技术与艺术"的发展历程将近三十年,该课程在初始阶段被命名为"电视教材编制",自江西师范大学新闻与传播学院成立之初便作为教育技术专业的核心课程而设。最初,该课程主要聚焦于教育技术学领域,尤其是电视教材的制作,以满足教育技术专业的具体需求。然而,由于当时采用了较为传统的教学方法和教师视野的局限性,学生在提升综合能力方面受到了显著限制。这一历史背景对课程的后续发展和演变产生了决定性影响,深刻塑造了其在专业教育中的地位和重要性。

随着2000年的到来,课程进入了发展的新阶段,由"电视教材编制"拆分为"电视摄像"和"电视编辑"两门独立的课程。这一改变带来了新的教学挑战,包括技术发展的瓶颈、较高的设备门槛以及专业师资的短缺,但同时也为课程的进一步发展奠定了基础,并揭示了学生能力发展的不均衡性。

到了 2010 年,为了满足学科建设的需求,课程更名为"摄像技术与艺术"。通过实施创新的教学方法,如项目中的师资训练、与行业紧密结合的内容更新、探索新型教学法以及利用新技术开发课程资源等,课程实现了质的飞跃。这不仅极大地提升了学生的综合能力,也更加有效地满足了广播电视编导和广播电视学专业的需求。

截至目前,该课程已获得第二批国家级一流本科课程(线下一流课程)认定,并且配套的虚拟仿真课程获得了第二批国家级一流本科课程(虚拟仿真实验教学课程)认定及江西省虚拟仿真实验教学一流本科课程认定。主讲教师连续十四年获得"教学评价优秀",课程团队中有两位教师获得学校"十佳"教师称号。课程建设的成果也助力广播电视编导专业获批为 2020 年国家级一流本科专业建设点。

2."摄像技术与艺术"课程存在的主要问题

在"摄像技术与艺术"课程的发展历程中,教学团队经过深入的反思,判定了几个关键的教学痛点。梳理这些痛点及相应解决措施,旨在指明课程发展的方向,并强化其作为广播电视编导专业和广播电视学专业核心课程的重要性。

2.1 课程内容滞后问题

传统教学存在一系列问题,其中之一就是课程内容滞后。这导致了教师的眼界受限,教学内容无法跟上影视行业的要求,学生的动手能力和职业规划也受到影响。为了解决这一问题,我们需要加强课程内容的更新和改进,跟上行业的发展趋势,并积极引入新的教学思想和方法。

2.2 课程资源匮乏问题

传统教学还存在资源匮乏的问题,包括课程资源载体和传播手段单一,教学信息传递效果欠佳等。这也导致了抽象概念传播效果欠佳、复杂操作演示不够、补救教学时机不准、拓展学习资源匮乏等问题。为了解决这一问题,我们需要加强课程资源建设和完善教学手段,推进课程资源载体多元化,优化教育信息传递方式,提高教学效果。

2.3 课程时空受限问题

传统教学的课程时空存在限制,课程无法全面承载影视行业知识新体系。这也导致了教学周期单一、教学节奏缓慢、缺乏课外学习时空、无体系化实训等问题。为了解决这一问题,我们需要改进教学模式和方法,逐步推行线上线下相结合的教学方式,提供多样化的教学形式和实践机会,以实现全面的知识传授和综合能力培养。

上述三点问题,是对于"摄像技术与艺术"这种实践密集型课程进行的教学反思和痛点的深入分析,揭示了传统教育模式在应对快速变化的行业要求时的局限性。通过采取创新的教学方法和更新课程内容,课程能够更好地培养学生的实践能力、创新思维和行业适应能力,从而在广播电视编导和广播电视学等专业中发挥核心作用。

3."摄像技术与艺术"课程教学改革的措施

在"摄像技术与艺术"课程的教学改革过程中,我们综合考虑了传统教育、传媒教育以及实践教学的普遍问题,采纳了一系列创新性教学措施。这些措施旨在构建一个更加有效和现代化的教学环境,特别强调将教师培养成为行业专家,并深入地将信息技术应用于课程资源的开发。具体的改革措施包括:

3.1 课程目标改革

课程的目标结合了成果导向教育(OBE)理念和学校"培养社会中坚骨干人才"办学定位,以及传媒行业对人才培养的需求。目标分为三个方面:

第一,知识目标:学生要系统掌握视听语言创作的一般规律,提升对数字图像处理技术及原理的认知,掌握摄像工作必备的知识体系。

第二,能力目标:学生要具备动手实践的欲望,培养学生的独立创作、项目合作意识。学生要熟悉并掌握影视工业流程,提升学生在流程思维下传媒行业高阶性独立创作与管理能力。

第三,素质目标:本课程要夯实育人主阵地,引导和培养学生树立正确的职业操守信念,提高政治站位,增强职业自信,植入明辨性思维,"迁移内化"出"敬业、道德、责任"等传媒行业从业者高阶性专业素质。

这些目标有助于帮助学生全面发展,掌握必要的知识和技能,并培养传媒行业从业者所需的素质和能力。同时,结合传播行业的特点,深入推进深度思政教育。这些目标有助于促进学生在课程学习过程中的自我提升和成长。

3.2 教学改革举措

针对上述三点问题,我们采取了新内容、厚资源、拓时空等教学改革措施。

针对课程内容滞后问题,我们采取了新内容措施。首先,建立与标杆高校和行业的紧密联系,向标杆高校学习,向行业取经,修订课程内容。其次,实施"课程+模拟实训"模式,建设课外实训平台,组织学生参与真实行业项目。这些措施可以提升师资力量,加强与行业的互动融合,从而使课程内容紧跟行业发展。

针对课程资源匮乏问题,我们采取了厚资源措施。首先,利用虚拟仿真技术,结合技术性思维拿捏重点难点,提升教学信息传递效果,已完成专业摄像机结构分解、曝光控制、对焦、变焦控制、轴线与轴线规律、机位现场调度、照明光位控制、三点布光、一灯复用等虚拟仿真资源建设,并结合GPU共享技术完成云渲染服务器部署,实现虚拟仿真教学资源充分应用。其次,我们通过周周练、每周拉片、项目作品等平时养成制度的实施,建立优秀作品库、问题案例库、优秀拉片库,从而形成资源应用新生态。

针对课程时空受限问题,我们采取了拓时空措施。首先,梳理基础知识点,运用视频技术建设线上课程资源,结合翻转教学法,变换传统课堂时空。其次,制定"周周练"制度,夯实课外实践。最后,我们采取"模拟电视台实训"模式,全程模拟电视台实际工作流程,实现学生专业实习前置,重构专业学习时空。

在上述教学改革举措的实施下,教师作为行业专家的角色得到了强调和实现。他们持续与影视行业保持紧密联系,定期更新自己的知识和技能,以确保教学内容与行业实践保持同步。同时,通过深入应用虚拟仿真和云计算技术来开发和完善课程资源,我们构建了虚拟实验室,模拟现实工作环境,让学生能够在安全且可控的环境中进行实践操作。这种教师角色的转变和信息技术的融合,使得教学更加贴近行业实际,有效提升了学生的专业技能和创新能力。

从高等教育学的视角来看,这种"行业专家教师+信息技术加持"的教学模式不但符合当前高等教育的发展趋势,而且有效地解决了传统教育模式中存在的问题,如课程内容的滞后性、资源的匮乏性和教学时空的局限性。这种创新的教学模式使我们能够更好地满足学生的学习需求,提升他们的综合能力,使他们更好地适应未来的职业发展。

3.3 课程实施方式改革

在传媒实践课程中,教师可以结合客观主义和建构主义的教学理念来实现课程的知识目标和能力目标。客观主义教学理念在确保学生系统掌握视听语言创作的一般规律,提升对数字图像处理技术及原理的认知,以及掌握传媒实践过程中摄像工作必备的知识体系等方面发挥着重要作用。教师作为知识的传递者,通过结构化和分步的教学方法,如直接讲授和重复练习,来确保学生能准确无误地掌握这些基础知识和标准化知识。

同时,建构主义教学理念的项目驱动模式则强调学生的主动参与和实践,这与传媒实践课程的能力目标和素质目标相契合。在这个模式下,学生被鼓励具备动手实践的欲望,培养其独立创作和项目合作意识。教师不再是单向的知识传递者,而是成为引导者和促进者,为学生提供相关的资源,引导学生通过探索和合作来建构知识。通过项目驱动的学习,学生可以更深入地理解影视工业流程,并提升流程思维下的传媒行业高阶性独立创作与管理能力。同时,这种模式也有助于引导和培养学生树立正确的行业操守信念,提高政治站位,增强职业自信,以及植入明辨性思维和高阶性专业素质。

因此,在传媒实践课程的教学中,可以将客观主义教学理念用于确保学生对知识的准确理解和掌握,特别是在技术原理和规律性知识的传授上。而建构主义教学理念则可以用于促进学生的深入理解、实践能力的培养和专业素质的提升,特别是通过项目驱动的学习活动来实现以上目标。通过这种结合,教师可以更有效地实现传媒实践课程的综合教学目标,培养出既具备扎实专业知识又有较强实践能力和较高专业素质的传媒人才。课程教学规划如图1所示。

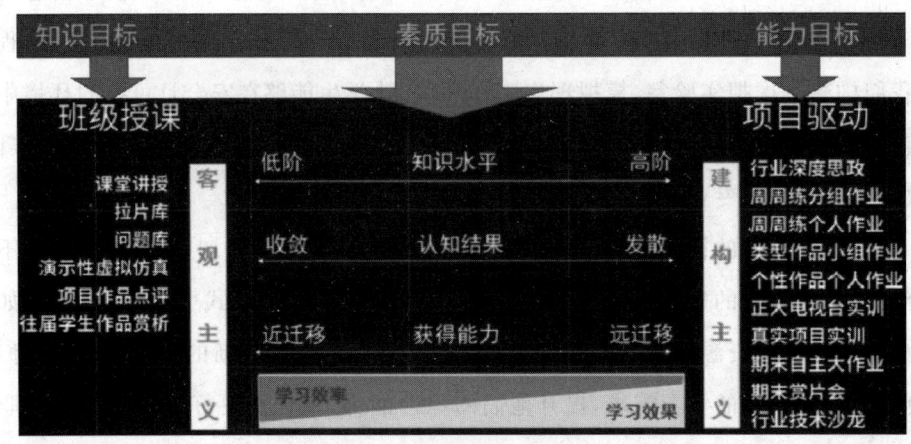

图1 课程教学规划

4. "摄像技术与艺术"课程的不同阶段具体实施方式

4.1 基础认知阶段

在这个阶段,课程教学内容围绕行业基础知识体系,旨在让学生掌握基本的知识和技能,从而奠定其后续能力养成与提升的基础。课程采取线上、线下翻转课堂的形式,以虚拟仿真课程资源、优秀作品库、问题案例库、优秀拉片库等资源为主要教学工具,形成教学实施的核心内环。

4.2 能力养成与提升阶段

在第一阶段的基础上,本阶段围绕"动手意识、明辨性思维、工业流程规范、合作意识、镜头责任"精准展开,旨在培养学生的综合创作能力。课程采取"周周练、模拟实训、业内合作项目"等制度,形成能力穿插训练外环,使学生在实际操作中逐步掌握工作流程,提高实践能力,从而全面提升学生的创作能力。

4.3 素质内化迁移阶段

本阶段贯穿教学全程,注重夯实课程育人主阵地,融入职业操守责任教育、传媒人信念教育,拔高学生"传"的政治站位意识,提升学生"媒"的职业认同,迁移内化出未来传媒人"敬业、道德、责任"的高阶性职业素质。在教学实施过程中,注重培养学生的自我认知和自我约束能力,强化学生的社会责任感和道德情操,促进学生成为具有高度社会责任感的传媒人才。

5. "摄像技术与艺术"课程的创新特色

5.1 实践课育人理念创新

经过近十年的课程建设与改革,我们突破了传统技术类课程"只教机器、只学机器、只用机器"的低阶教学模式,创新地提出了一套有利于学生成才的育人理念。这套理念在技术类课程教学方面具有独特的创新点,包括以下几个方面:

第一,培养学生"想动、敢动、能动"的动手意识,让他们具备积极探索、动手实践的意识和能力。

第二,培养学生"分析问题、选择策略、解决问题"的明辨性思维,让他们具备逻辑思考能力、独立分析问题和解决问题的能力。

第三,培养学生"独立思考、善于合作"的创作能力,让他们能够独立思考并善于团队合作,从而在实践中不断提高自己的创作能力。

第四,培养学生"指间瞬息、镜头责任"的职业责任,让他们具备强烈的职业责任感和道德观念,能够在快速变化的职业环境中保持敬业精神。

第五,培养学生"工业标准、规范流程"的工业流程意识,让他们了解并掌握工业标准和规范流程,从而具备适应职场的能力。

这套育人理念将有助于我们培养出更多具有创新精神和实践能力的人才,为社会的发展作出贡献。

5.2 虚拟仿真课程资源生态特色

该课程团队已经建设了完整的课程资源生态,并实现了资源的云端化管理和整合。通过开发虚拟仿真课程教学资源和实验管理系统,以及部署第三代GPU云渲染服务器,该课程已经迈向了基于虚拟仿真资源的智能教育领域,为学生提供了更加全面、高效的学习体验。

6. "摄像技术与艺术"课程的创新成效

6.1 学生专业能力提升成效

改革后的课程注重对学生实践能力进行培养,要求学生独立完成作品率高于90%,优秀作品率高于50%,学生的专业能力得到显著提升。学生在近10年的视频比赛中获得国家级奖项55项,省级奖项76项。毕业生谢隽的纪录片《热流》获得了第26届上海电视节白玉兰奖最佳纪录片,这是中国纪录片导演第一次获得此奖项。与标杆学校和兄弟院校相比,课程改革的成效明显,学院与其他优秀院校的差距缩小。

6.2 课程支撑专业建设成效

课程团队中有两人获校"十佳"教师称号,一人获得达芬奇国际认证导师资格。课程多年来获评校级星级课程优课,完成4项省级本科质量工程项目,国家级一流本科课程(线下一流课程)1项、国家级一流本科课程(虚拟仿真实验教学课程)1项、省级虚拟仿真实验教学一流本科课程2项。课程建设带动了本专业其他课程的建设工作,形成了教研室优良教风,构建出技术变革教育模式。课程建设、教研成果助力广播电视编导专业在2018年江西省本科专业综合评价中获评全省第一名,2021年获批"2020年国家级一流本科专业建设点"。

7.结语

展望未来,课程将继续沿着技术创新和教学方法改革的道路发展。随着数字技术的不断进步,预计将有更多的创新工具和方法被引入课程中,进一步提升学生的实践操作能力和创新思维。同时,课程可能会更加重视跨学科合作和国际交流,以培养学生的全球视野和适应多元文化的能力。此外,课程可能会更加注重线上教学资源的建设和优化,以适应日益增长的远程教育需求。总体来说,"摄像技术与艺术"课程有望成为培养未来影视传媒专业人才的重要平台,为学生提供更加全面、深入的学习体验。

参考文献

[1]张国华,齐博,郭杰锋,等.VR交互技术在高校实验教学中的应用研究[J].计算机产品与流通,2020(4):216.

[2]熊宏齐.虚拟仿真实验教学助推理论教学与实验教学的融合改革与创新[J].实验技术与管理,2020(5):1-4,16.

[3]于子淇.OBE教育理念在影视创作项目实践教学中的应用研究[J].西部广播电视,2021(22):80-82.

〔刘一儒,副教授,江西师范大学新闻与传播学院实验中心主任;喻晓琛,讲师,江西师范大学新闻与传播学院教师〕

亲近世界，人尽其才
——视频制作类课程改革方略

◎ 段　筱

摘要：视频制作类课程作为高校传媒类专业的核心专业课，长期存在师资力量与市场脱轨、授课内容易滞后、设备依赖引起教育不公平等问题。新乡学院影视后期制作课程团队结合应用型人才培养需求，用四年时间制作并完善"Adobe Premiere 学院教程"等线上课程，以千万级流量抢占在青年群体中有影响力的公共教育平台，并获得一定的社会声誉。团队探索面向自身适应市场、面向世界创新内容、面向传统坚守独立人格培养的课程改革方略，提升视频制作类课程的社会嵌入深度，在跟进技术创新和守护教育初心间达成平衡，以期不断接近"人尽其才"的美好愿景。

关键词：视频制作；高等教育；课程改革；人才培养

1.引言

尤瓦尔·赫拉利在《未来简史：从智人到智神》中提出，不久的将来，世界将创造出庞大的"无用阶级"："这一群人没有任何经济、政治或艺术价值，对社会的繁荣、力量和荣耀也没有任何贡献……这些人对社会毫无用处，整天活在现实与虚幻之间。"[①]不止如此，相近的观点近年来甚嚣尘上，关于"新技术影响人类进步"的探讨层出不穷，其间不乏审慎、恐慌之词。作为高校教师，我们自然直面一个问题：我们要接受部分学生将来成为"无用阶级"吗？

在翻阅经典著作、跟进前沿技术，并深入思考之后，我们的答案是：不接受，但好像

---

① 赫拉利.未来简史：从智人到智神[M].林俊宏，译.北京：中信出版社，2017：295-296.

暂时缺少公认的好办法。

这就是摆在传媒教育工作者眼前的课题：如何培养面向未来的学生。特别是在建设与科技进步紧密关联的视频制作类课程的过程中，如何帮助学生快速适应社会形势，并且不失高等教育传统的独立思考之精神，在教学中兼顾"跟进技术创新"与"守护教育初心"，一直是我们面向自己、面向世界、面向传统的工作重点。

2.面向自身，增强课程团队对市场的适应度

经过 2019—2023 年四年的打磨，三门省级一流本科课程主讲人与两名资深媒体编辑联手制作，由笔者的团队推出的线上课程"Adobe Premiere 学院教程"①全网点击量突破 1,180 万次。主讲教师归纳出课程建设的经验：说人话，办人事，洞察人心。

首先，面向自己的核心授课对象，即传媒类专业本科生——他们必定是未来社会信息传播的主力军。高校传媒人才的培养压力正在逐步增加，而传播内容的制作不仅是技术的应用，更是政策宣传与人文契合的重要手段，我国现已建成全世界规模最大的高等教育体系，并在 2019 年实现高等教育毛入学率"首次突破 50%达51.6%，这标志着我国高等教育进入普及化发展阶段"。② 随之而来的便是更加激烈的就业竞争，以及更难争取的薪资待遇。

与此同时，在"争夺注意力"的传媒行业主赛道上，"视频行业"内容成为全体大学生休闲娱乐占比最大的部分，艾瑞咨询的《2022 年中国大学生学习与发展白皮书》显示，大学生在"宿舍"和"外出"的休闲选项里，占比最高的分别是"影视综艺"（30%）和"去电影院"（23%），而在"大学生关注的网络内容和常用平台"选项里，占比最高的是由哔哩哔哩（B 站）、知乎和微博组合而成的学习考试类型。③

由此可见，抢占以 B 站为代表的学习阵地，会使得"将课上学习延伸到课下"具备更强的操作性。由于"人工智能领域的专业人才对于传媒业的应用场景了解有限，缺乏与从业者的深入合作"，并且"传媒行业的高质量发展需要与智能技术紧密衔接，并依赖于掌握了智能技术的人才"④，因此，我们首先需要面对的是企业和高校长期存在的误判：企业认为学生可以即插即用，一毕业就能胜任一线工作，而高校很清楚，学生

---

① 【PR 教程】Premiere 视频剪辑快速入门教程[EB/OL].(2019-08-03)[2024-04-15].https://www.bilibili.com/video/BV1Ct411u752/? spm_id_from=333.337.search-card.all.click.
②③ 艾瑞咨询.2022 年中国大学生学习与发展白皮书[EB/OL].(2022-08-11)[2024-07-22].https://www.xdyanbao.com/doc/r2jl64wvtm? bd_vid=8844513844792074973.
④ 李晶晶.AIGC 产业环境下数字传媒人才职业素养提升路径[J].传媒,2013(23):73-78.

需要就业适应期。在实践层面,当前迫切需要两类人群加入传媒专业教学当中,一是"懂教育的企业家",二是"懂市场的老师"。

在经过艰难的寻觅之后,团队发现前者鲜有符合条件之人,在包括传媒在内的大部分高校本科专业领域,企业家对高等教育的理解、掌控力和兴趣多显不足,团队只能沿袭双师型教师培养路径,找到革新之路,面向自我,培养自己的教学团队。以新闻节目制作为例,在传统新闻的制作中,常常需要记者到现场寻找表达能力强的采访对象,对照事先准备好的提词器照本念稿,这样的节目在今天,一旦出现"假大空"的观感,会即刻招致观众的反感。强势的采访引导和忙于赶稿的工作节奏,常常导致采访对象成为网友攻击的无辜对象。因此,我们需要从源头摒弃传统传媒教学的陋习,为授课教师立下三个规矩——说人话,办人事,洞察人心,即正视受众,直观地表达,按照市场需求组织内容,并努力让听课程的人心潮澎湃。

课程立足磨炼教师对市场的洞察力的目标,5位主讲教师分工明确,一起钻研自己的授课领域,敞开心扉面对市场考验。在具体操作层面,教师们首先重点解决"艺术类专业学习成本偏高"的问题。

媒体制作类课程长期以来分布在艺术类学科,生源普遍家境良好,导致专业形成对学生在拍摄设备(相机等)、编辑设备(专用电脑等)、包装设备(调色台等)等方面的惯性依赖,因而高校部分困难学生,以及社会上广大收入微薄的青年学习者面临"学习成本偏高"的困境。课程团队秉持立德树人信念,通过封闭式演示设计和分发云端编辑工具等方法,将所有学生的编辑环境统一化,减小学生因天分、家境和前期基础不同而产生的差距,打造"每个人都能学会的谋生技艺"。我们尝试革新上课手段,结合视频类课程特性,采用Focusky视频封装的方式,将授课内容制作成小程序,营造沉浸式课堂体验,同时采用Adobe Media Encorder全程代理,最大限度地降低对学生硬件的要求,让电脑等剪辑设备配置不够高的学生,也能收获一样的训练效果。在手段创新的基础上,我们怀揣教育工作者对社会整体公正的不懈追求,利用新技术建设面向全社会的媒体制作公共素材库,选取贴近生活、易于理解的内容作为训练材料。做好这些准备,即在B站开课。

3.面向世界,打造有社会影响力的技术类课程

视频剪辑作为一项兼顾技术应用和艺术创作的技艺,其讲授方式通常深入浅出,规矩而不教条。一如学生未来需要面对的传媒一线工作,"在行动的时候,你就既得像

经理人,又得是艺术家"。①

　　课程于 2019 年 8 月首次上线,至 2023 年 1 月点击量破千万,截至 2024 年 3 月,仍然是 B 站平台播放量第一的剪辑课程类视频。

　　课程上线最初,不少学生在线上反映课程难度偏高,或者其本身前期基础薄弱(多与先修课程不足相关),以及相对普遍的"学会之后可以赚钱吗"等现实提问,多数问题同样存在于高校在校生内部,团队继而调整部分内容,结合学生最容易掉链子的格式理论、传媒英语等部分,加入低门槛的讲解课时,很快收获点击量增长。开课第二学期点击量突破 10 万次,覆盖面逐步扩大,代表性的回复有"带英语学习太棒了""学护理的也想学""学管理的也在学",课程覆盖面稳步扩大,在帮助自身高校学生的基础上,无意间吸引了大量社会自由从业者。本质上,他们也代表了相当一部分本科在校生的未来就业去向。87.7%的同学愿意灵活就业,更高的自主性、丰富的体验是灵活式就业的主要吸引力。②

　　在课程基础上,团队继续结合自身所长,把所有教程内容精细化,整合一线工作使用频次最高的内容分层次详解,即迥异于网络上较流行的快餐式视频教程,尽力避免学生产生"眼睛学会了手还是不会"的情况,稳扎稳打开展慢教学,在开课的第四学期,播放量突破 100 万,大约在 900 万次点击前后,开始大量出现反馈,课程取得一定的社会影响。从互动范围看,学生主要分布在长三角、珠三角经济发达地区,这与市场视频订单数量成正比,也从侧面印证了课程内容的市场嵌入深度。

　　同时,沿袭高等教育"提升社会服务的能力"的传统路线,授课团队在后续的内容制作中开启实践导向的教学模式。通过结合现实生活中的市场订单,跨界合作与产业对接,推动课程与远途传媒、六斤广告公司等行业企业的深度合作,使学生有机会接触并参与真实的传媒项目,如《奇瑞汽车 2023 年度宣传片》《法小狸软件开发介绍》等商业作品的后期制作,以及《再会你》《风吹鸡蛋壳》等独立电影的后续包装,"学生是在商业经验中学习创业实践的'艺术',而非在教育环境中习得"③。为帮助学生时刻跟进最新的市场动态,团队努力更新学习内容,使之接近传媒领域的发展现状及未来工作的实践环境,让学生在学习阶段及时将理论学以致用,在实践中理解和掌握技术,提升问题解决能力和培养创新思维,适应数字传媒行业快速变化的特性。

---

① 利维森.电影制片人融资指南[M].曹怡平,译.北京:北京联合出版公司,2016:8.
② 艾瑞咨询.后疫情时代大学生求职者洞察报告[R/OL].(2022-08-11)[2024-07-22]. https://report.iresearch.cn/report_pdf.aspx? id=4079.
③ GUENTHER J, WAGNER K. Getting out of the ivory tower: new perspectives on the entrepreneurial university[J].European journal of international management,2008(4):400-417.

为支撑学生成为具备全球竞争力的数字传媒人才,以应对日益复杂和多元的传媒环境挑战,课程以创新教育带动学生理解技术演进。随着"创业精神在教育领域的重要性越来越普遍"①,年轻群体对挑战新技术的野心往往大于恐惧。智能工具的阶段落地对视频制作类课程影响甚远,团队在所有章节嵌入关于技术进步如何改变视频制作工具、流程和效果的阐述,以及适应这些变化对课程内容和教学方法提出的新要求,逐步将学生从分类指导、规划学习的习惯,引向泛化学习问题和创造性地提出问题,使其适应 AIGC 应用发展的节奏,以知识分子的姿态直面时代变化。

4.面向传统,回归高等教育人文传统

在课程具备一定社会影响力之后,本着回归高等教育对独立人格的培养,团队着手在课程中增加思辨性内容的探讨,明确课程交互的具体目标,确定人文精神在视频制作中的核心地位,包括故事叙述、情感表达、文化传承等方面的重要性,并强调其在新技术应用中的体现。

高等教育的重要目的,就是帮助学生完成学生时代独立人格培养的最后一环。在高等教育发展历史上,世界各地的大学涌现出不同的方法,以创新人才培养模式。1862 年《莫里尔法案》颁布,倡导美国高等院校的定位由"象牙塔"转型到社会"服务站",赠地学院契合当地实际需求,依法开设各种实用课程及专业,支撑社会发展。②德国则从教师的职业标准入手,通过《企业教师资格条例》来加强对教师职业素养、实践能力的培训。③

最令我们受到启发的是帕多瓦大学沿袭数百年的"双教师授课制"。即每节课需要两位教师到场,前半节课由主讲老师授课,后半节课则由列席教授质疑主讲的内容。学生通常的上课体验是:前半节课听讲,后半节课跟从辩论。毕业于该校的哥白尼曾说其大部分知识都是在每节课的后半段学会的。这正是"思辨学习"效果的集中体现。

为借鉴这种"将不同观点同时输出"的方法,同时兼顾国内舆论环境,任课教师借助 Metahuman 数据组的基础模型,先后根据课程内容建立个人"虚拟人"形象,在课上参考帕多瓦大学的授课模式,前半节课由老师正常授课,并就思辨性内容展开互动

---

① HAARA F O, JENSSEN E S. Pedagogical entrepreneurship in teacher education-what and why? [J]. Icelandic journal of education,2016(2):183-196.
② 朱国仁.从"象牙塔"到社会"服务站":高等学校社会服务职能演变的历史考察[J].清华大学教育评论,1999(1):33-38.
③ 赵江.应用型本科院校"双师型"教师专业发展研究:以 W 院校为例[D].扬州:扬州大学,2020:6.

讨论和自由辩论，即使是无组织、自发的教学交互也具有明确的学习目的①，随着辩论主题的强化，引出每次后半节课大屏幕中的虚拟人。虚拟人与教室现场的主讲教师进行直接辩论，双方呈现对立观点，以及关于问题的多种审视角度。

深入剖析过去几年课程建设的实践过程、成效和挑战，团队发现创新能力与批判性思维培养在人工智能技术演进的过程中愈加重要，团队倡导在教学过程中注重培养学生的创新能力与批判性思维，鼓励他们挑战传统观念，敢于创新和突破。在教授技术技能的同时，团队强调人文素养的培养，建立批判性思维、创新性意识和跨文化理解，培养出既具备专业技能又富有社会责任感的视频制作人才。

因此，回归高等教育的人文传统，需要任课教师对课程怀有整体热忱，同时具备广阔的视野和深入的洞察力，帮助学生不断更新自己的知识结构。媒体人的工作核心之一就是传达人性的深层次需求和情感共鸣，因此课程团队坚持训练学生敏锐地洞察和解读人心，理解公众的关注点、价值观和情感波动，以技术类课程为抓手，逐步培养其作为媒体人的情感智慧和人文关怀。只有老师沉迷于课程建设，学生才有可能执着于钻研知识，我们的专业建设才真正有可能在"跟进技术创新"和"守护教育初心"之间找到平衡。

5. 新问题：关于教学改革节奏的思考

在课程建设的过程中，团队克服的困难远少于仍然存在的问题，目前出现的新问题主要关于课程改革节奏与人才培养结构两个部分。

5.1 从降低学习成本到降低教学成本的难度

经过教学资源库的建设和教学手段的创新，课程团队已经努力适应不同家境学生的设备条件，而当下更为棘手的，是对应用型人才培养创新人力和时间成本的考量。

当下所有媒体教学工作者，几乎一致认同需要与时俱进，正如大家都赞同需要"激发学生内驱力"。欧洲建构主义教育学者认为，在培养学生独立探索的过程中，教师的启发性引导应逐渐由多变少，直至"做到无须教师引导，学生自己能在概念框架中继续攀升"②。这个"引导自学"的过程，反而需要老师的指导从"一对多"转换为"一对一"的帮扶式教育，在现有生师比的前提下，教师个人常常在工作的过程中消耗大量时间

---

① 陈丽.术语"教学交互"的本质及其相关概念的辨析[J].中国远程教育,2004(3):12-16,78-79.
② 何克抗.建构主义的教学模式、教学方法与教学设计[J].北京师范大学学报(社会科学版),1997(5):74-81.

和精力,时常需要"用爱发电"。

所以真正制约教学创新的因素,并非观点上的分歧,更多地在于行动成本的限制,当师资严重不足时,教师面对海量学生的时间成本、创新成本过高的现象普遍存在,那一切技术革命、方式创新等都可能成为空谈。

5.2 应用型人才培养与社会短期就业缺口的结构性矛盾

目前高素质应用型人才培养的成熟模式尚处在探索阶段,社会整体的就业缺口与当下高等教育的人才培养存在结构性错置,一味地迎合市场同样可能因为"短视"而影响学生整体职业生涯的持续性。

"高素质应用型人才短缺是我国就业结构性矛盾的主要来源,而其症结在于教育资源的错配……高校应根据市场需求做好长远规划,适时设置专业、开设课程,提升教育链、人才链与产业链的匹配度。"[①]在涉及媒体类专业的相关措施中,2020年广电总局印发《关于加快推进广播电视媒体深度融合发展的意见》,倡导打造具有强大影响力和竞争力的新型主流媒体,从创作生产的源头发力,做精做强做专全媒体内容。[②] 而在目前以高校学者型教师为主力的培养模式下,为帮助学生适应就业环境,团队尝试与企业合作,联合开发"人工智能编辑工具专题""数字剪辑问题攻略"等专项课程,让学生在学习阶段直接对接社会市场需求,在实践中了解社会问题、参与订单内容制作。了解实际工作环境尚具备一定的可行性,但成规模的校企合作,需要多方共同努力。除了高校本身的改变之外,如何更加有效地激发企业参与的积极性和专业性,以及如何让企业将重心从相对功利的"培训"转向更有远见的"教育",仍然是需要思考的问题。但愿我们未来能有所作为,不断靠近"人尽其才"的美好愿景。

〔段筱,讲师,新乡学院新闻传播学院教师〕

---

① 艾瑞咨询.后疫情时代大学生求职者洞察报告[R/OL].(2022-08-11)[2024-07-22]. https://report.iresearch.cn/report_pdf.aspx? id=4079.
② 广电总局印发《关于加快推进广播电视媒体深度融合发展的意见》的通知[EB/OL].(2020-11-13)[2023-12-22].https://www.gov.cn/gongbao/content/2021/content_5582647.htm.

新文科背景下社会实践类课程建设的创新探索
——以国家级一流本科课程"网络营销"为例

◎ 赵 茹 闫书渊

摘要：随着媒介技术及营销环境发生巨大变化，新旧营销理念正在经历着碰撞、融合与创新，亟须探索智能媒体时代网络营销教学方案，并在全媒体传播语境下，解决技术应用、营销变革、案例整合和多层次反馈等问题。为了积极响应新文科背景下复合型应用型专业人才培养需求，本文以国家级一流本科课程"网络营销"为例，总结经验，反思不足，探讨新文科背景下社会实践类课程建设的创新路径。

关键词：新文科建设；社会实践；网络营销

1.引言

2020年，教育部发布《新文科建设宣言》，强调在以尊重文科教育特点和人才成长规律的基本前提下，立足国情，守正创新，打破学科专业壁垒，推动文科专业之间深度融通，同时鼓励高校根据不同学科专业特点，结合行业领域特定问题，开设实践教学课程，培养学生的实践能力。从新闻传播学科发展和专业教育的角度来看，应当紧紧抓住新文科建设带来的契机，积极探索新文科建设背景下新闻传播学科发展策略，创新媒体深度融合的新闻传播实践，培养卓越新闻传播人才。

西北大学新闻传播学院是首批获得教育部正式备案招收网络与新媒体专业的重点院校之一。学院于2011年起开始招收网络与新媒体方向四年制本科生，并于2013年正式成立网络与新媒体系。网络与新媒体专业建立伊始，教学团队就充分考虑适应社会信息化与数字化发展大趋势，在教授新闻传播学知识技能的基础上，开设"网络营销"课程并将其作为专业必修课程，以培养学生新媒体数据分析能力、营销策划推广能力。经过多年的探索，本课程的教学团队持续优化，课程体系日益完善，教学目标愈加明晰,教学手段渐趋丰富,育人成果逐渐显现。本课程于2021年7月入选省级一流本科课程,2023年6月入选国家级一流本科课程。

2. 新文科背景下社会实践类课程教学的总体设计

"用理论来指导实践,以实践来促进理论的学习"是教育理论与实践之间永恒的关系。[①] 本课程紧紧围绕国家教育教学改革要求,积极响应党和政府媒体融合的发展战略,并根据西北大学"发扬民族精神,融合世界思想,肩负建设西北之重任"的办学理念,积极回应学生的培养需求,将"立德树人"贯穿课程体系始终。本课程确立了包含价值塑造、知识传授以及能力提升三方面在内的课程目标。

2.1 价值塑造

"立德树人"教育理念的形成和发展,充分体现了党在领导中国教育事业发展中的集体智慧,其核心目标是培养德才兼备、全面发展的个体,为社会的进步奠定坚实基础。对于新闻传播学科而言,新闻传播专业的实务课程要始终以"立德树人"为思想指引,引导学生树立正确的理想信念、价值观念、道德修养,[②]首先要明确马克思主义新闻观在新闻传播课程教学中的指导关系。"网络营销"课程坚持把马克思主义新闻观与课程内容深度融合,引领学生通过调研了解中国、洞察民生,通过策划表达呼声、服务百姓。培养学生借助新媒体平台,用优秀创意讲好中国故事,以扎实策划传播中国品牌。

2.2 知识传授

理论学习是社会实践的基础,为保证教学的科学性和规范性,发挥理论的实践指导价值,"网络营销"课程知识传授在OBE教育理念的指导下开展。OBE理念注重学生的学习成效,也被称为"成果导向教育"。相较于传统教学理念,该理念更加强调学生在课程结束后所具有的思维及能力。基于OBE模式,"网络营销"课程紧紧围绕营销策划的工作流程与作业规范,内容包括市场分析调研、广告创意策划、网络营销三大板块。市场分析调研板块强调市场知识,夯实基础;广告创意策划板块强调创意,指明

---

① 李秉德.教学理论与教学实践"两张皮"现象剖析[J].教育研究,1997(7):32-33.
② 高晓虹,王晓红,冷爽."新文科"语境下的新闻传播学科建设路径探析:以"中国新闻传播大讲堂"为案例[J].现代出版,2021(1):5-10.

方向;网络营销板块突出新媒体特色,洞察变迁。在课堂上学习三大板块知识内容的同时,教师根据教学内容采用动态的多维度考查方式,为学生下发实践任务,鼓励学生多元组队,分阶段作汇报展示学习成果。通过教学相长,教学团队在"网络营销"课程建设过程中探索了理论与实践相结合、线上与线下相融合和课内与课外相补充的知识传授模式。

2.3 能力提升

社会实践是理论学习的归宿,"网络营销"课程借助 PBL 教育理念,主张学生通过真实项目的操作实施,完成知识技能的掌握和能力的培养。本课程鼓励学生成立项目小组,通过明确的分工,在项目推进中不断挖掘潜力,拓展自己的技能。同时,以专业比赛为依托,关注客户实际需求,以营销策划方案、创意表现、媒介推广为驱动任务,以实战强化巩固理论知识的学习。通过理论知识学习和实践环节的历练,本课程逐步培养和提升学生包括社会认知能力、市场调研能力、广告策划创意能力、媒介渠道选择能力、创意写作能力以及融合发布能力在内的六大能力素养,强调实践引领,积极引导学生将所学知识转化为内在德行、素质及业务能力,为学生的职业发展奠定基础。

3.新文科背景下"网络营销"课程社会实践环节的实施路径

新闻传播学科的实务课程一直存在着"脱离实际、疏于动手、方案稚嫩"的问题,这也是网络营销课程的主要教学痛点。具体体现在以下三方面:业界需求与学校教学有落差;第一课堂和第二课堂有疏离;技术发展和教学内容常脱节。当下新的媒介技术席卷而来,业界迫切需要智能媒体视域下的营销策划,而许多课堂教学稍显滞后未能实时更新,教学内容和策略都亟须注重新技术、新变化和新模式。为了解决教学中存在的此类问题,"网络营销"课程紧跟全媒体时代新闻传播业的融合发展趋势,强化新媒体环境下网络营销的实践要求,依照社会实践类课程教学的总体设计,在遵循人才培养规律和新闻传播规律的基础上,基于课程教学面临的实际情况,课程团队逐步探索社会实践环节的多元化实施路径。具体而言,主要从以下三个方面展开。

3.1 完善教学资源,建设多元案例库

随着媒介环境的不断变革、人才需求的不断演变以及课程教学的持续改革,构建具有行业背景和专业特色的立体化教学内容资源体系得到了学界的重视。"网络营

销"课程以立德树人为切入点,通过搭建多种渠道及吸纳资源,将传统的平面教学模式转化为现代立体教学模式,构建了核心资源,如课程介绍、教学大纲、教学日历、教材、教案课件、作业、参考资料等,以及形式多样的补充性资源,尤其是每年优秀的行业内案例资源。期望通过"案例"连接"行业",以案例式教学为学生打通掌握业界前沿动态、洞悉媒介发展变迁趋势的一扇窗。

本课程的案例库内容来源主要有以下三个渠道:第一,由教学团队搜集近年来国内外网络营销获奖案例,带领学生向经典致敬;第二,学生分组领任务自选创新案例,这种形式能够鼓励学生跨领域探索,常能带来意想不到的惊喜;第三,业界嘉宾携其亲手操盘的实战案例走进课堂。"网络营销"课程依托实践基地及校友资源,目前已建设形成多个稳定的实习实践基地和外脑团队。本课程曾邀请智讯互动、铂时广告、华商网、新浪陕西等本地知名互联网公司的创意人走进课堂分享案例,同时打造"嘉宾云课堂",邀请字节跳动、腾讯、爱奇艺、网易云音乐、万科地产、小红书等全国知名品牌工作人员开展线上交流。通过大量多元的案例学习,帮助学生夯实理论基础、开阔知识视野、洞察市场趋势,最终增强实践能力。

3.2 加强以赛促学,深化产教融合

网络营销的相关竞赛在一定程度上反映了网络营销领域的发展趋势,将竞赛与"网络营销"课程设计相结合,有助于学生掌握网络营销的前沿知识和工具,有效提升实践能力,达到以赛促学的目的,以及实现OBE教育理念的落实。教学团队通过聚焦重大专业赛事,以实践作品为任务驱动,以全国大学生广告艺术大赛(简称"大广赛")等专业赛事为依托,根据市场调研、市场分析、营销目标、营销战略、广告策划、创意表现、媒介选择、效果评估等业务环节,分阶段组织学生进行任务成果展示。

以大广赛为例,教学团队鼓励学生结合比赛命题策略单,自选选题,自选作品类别。为便于后期实战演练,本课程将全班学生分成若干小组,各个小组内部成员分工明确,每组根据课程教学进度,严格按照大广赛的方案要求进行作品创作。本课程鼓励学生跨专业组队、定期沟通交流,按时优质完成每一阶段任务。学生小组在完成作品后,教师组织学生积极投入课堂提案的实践训练中,以培养学生的提案表达能力、概括分析能力、沟通能力,以及发现和解决问题的能力,真正地达到"以赛促学、以赛促教"的目的。

此外,根据国务院办公厅印发的《关于深化产教融合的若干意见》,新闻实践课程教学需要立足产教融合的理念,通过校企共建融媒体实训平台,让企业参与课程建设、

实践训练和成果检验。① 本课程教学团队曾带领学生多次走访起点新闻、华商网、西安发布、新浪陕西、陕西网、知乎等平台，近距离观察业界作业过程，与一线从业人员面对面交流，解疑释惑。近年来，依托实践基地及校友资源，本课程已建成多个稳定的实习实践基地和外脑团队，为学生打通实习和就业"最后一公里"。

3.3 依托项目驱动，增强岗位训练

英国教育学专家麦克·扬认为："专业知识体系是由不同的专门化知识形式以及它们与实践领域（专业知识必须实际操作的地方）的关系组成的。""网络营销"课程为了更好地帮助学生建立专业知识体系，培养学生的社会实践能力，除组织学生参与专业竞赛外，近年来还依托教学团队的实践性课题，组建多个项目组，带领学生深度参与实践。

以为西安市长安区打造的政务融媒体平台"长安面对面"为例，教师帮助学生接触行业和市场环境，倡导项目组成员自主学习，明确分工，学生在项目进行的过程中体验了实际工作中的协作流程，学会了在团队中发挥自己的专长，最终通过策划、创意、摄影、摄像、现场采访、"双微"推送等岗位训练，熟悉了专业技能。在相关项目中，项目组成员提升了在既定时间内完成重要信息的搜集、核实、编辑、排版及推送等技能。总之，依托项目驱动，既培养了学生在一定时间内完成项目的能力，又能帮助学生在实践中完成对所有相关课程知识内容和技能的学习及运用。

4.新文科背景下"网络营销"课程的实践教学成效与创新探索

4.1 教学成效

经过多年来的不断探索，"网络营销"课程团队通过对学生学业成绩、日常表现、学科竞赛、实践实习等情况进行综合分析，并结合学生评教、教师同行及学校督导的相关评价数据，总结出课程建设与创新探索的主要成效。

4.1.1 学生发展层面

课程建设的最终目的是促进学生的全面发展和个性化成长。"网络营销"课程通过案例分析、实战训练、项目驱动等多元化教学方式，激发了学生们的创新思维和团队

---

① 罗见闻.媒介融合背景下新闻实践课程教学改革探析[J].传播与版权,2023(23):4-6,10.

协作精神,使学生们得以在专业领域内持续地深入探索和实践,不断提升各项专业技能。同时,课程也提高了学生对市场动态和行业变化的敏感度,以及学生对媒介和数字技术的理解和应用能力。譬如,近年来,由教学团队指导的学生作品屡获各类专业赛事最高奖项。同时,课程坚持"立德树人"的教育理念,将思政教育贯穿课程始终,在流程推进中组织学生以新媒体为平台和工具,讲好中国故事,传播中国品牌,提升专业素养。在新冠疫情期间,教学团队组织学生为西安市长安区推介农旅资源策划制作的"不如长安"系列短视频,获腾讯新媒体学院"年度城市魅力作品"荣誉、"腾讯新闻城市影像记录大赛"三等奖,以及长安大学城第三届短视频大赛一等奖。受陕西省社会工作协会的委托,教学团队带领学生制作推送《疫情防控信息简报》共计66期,以专业技能服务陕西省社工组织志愿者抗击疫情的工作,多位同学获"优秀志愿者"荣誉。基于不断的实践探索,课程培养逐渐获得社会各界的高度认可,多名同学通过课程实践获得实习机会和工作岗位。

4.1.2 课程建设层面

教学团队以马克思主义新闻观为指导,不断探索新文科背景下社会实践与"网络营销"课程深度融合的路径与方法,更新内容、改进方法,在课程建设方面取得了一定成效。本课程连续多次在全校课程教学评估中被评为优秀。通过多年来的教学历练,团队负责人赵茹先后获全国高校青年教师教学竞赛全国二等奖、陕西高校青年教师教学竞赛特等奖等成绩,并获西北大学"教学能手"荣誉,团队成员获西北大学"实践能手"等荣誉。课程教学团队不断探索、持续优化,花大力气完善课程体系,使得教学目标愈加明确,教学手段丰富多元,育人成果逐渐显现。"网络营销"课程于2021年7月入选省级一流本科课程,于2023年6月入选国家级一流本科课程。

4.2 创新探索

未来已至,课程要直面媒体融合时代传播实务的发展趋势,站在新媒体时代前沿探索营销知识的变与不变。突出教学内容的新媒体转向,回应媒体融合语境下的营销生产实践,加强对营销策划、广告创意、媒介选择、效果评估等环节的理论与实践探索。

首先,时刻关注市场动态及行业变化,保持必要的敏感度。强化知识的创新性、前沿性、高阶性,将网络营销知识全面融入已有的知识模块中,实现新旧营销模式营销理念的积极对话。在市场营销的历史长河中,人们见证了从传统的广告形式到现代的整合营销理论的演变。如今,随着技术的进步和消费者行为的转变,学界和业界需要打破传统的营销模式和理论框架,以适应不断变化的市场环境。我们必须认识到,现代营销的核心已从产品转向消费者参与和体验,这一转变推动了从 4P 营销理论向 4C 营销理论的转变。同时,在数字生活空间中,消费者群体的划分依据不再是传统的统计方法,而是基于兴趣和爱好,因此,社群化营销在新型营销传播中具有重要价值。总之,课程应要求教师和学生时刻保持敏感度,能够运用数字技术进行精确营销,重视社群化价值,以适应不断变化的市场环境。

其次,继续拓展教学空间,积极搭建产学研平台,建立与业界良性互动的网络营销教学第二空间。一方面,网络营销是一个快速变化的领域,通过与业界人士进行交流,教师和学生可以及时了解市场的最新动态和行业的发展趋势。这种沟通不仅有助于教师更新教学内容,还可以为学生提供实践机会,让其在实际工作中掌握和应用所学的理论知识。同时,与业界的沟通也有助于教师和学生更好地理解业界的需求和期望,从而更好地调整自己的学习和研究方向。另一方面,教师需要重视案例教学,要根据学生的需求和实际情况,对案例进行适当的改编和更新,以确保案例的时效性和实用性。帮助学生更好地理解和掌握理论知识,学习业界的实际操作方法和经验。

5.结语

在新文科背景下,新闻实务课程一头衔接着新闻生产,是不断变化的融媒环境在课堂上的缩影,另一头串联着新闻教育,是新闻专业学生认识、理解、深化新闻生产流程的"第一课"。[①] 因此,"网络营销"等实务类课程对提升学生职业道德和职业素养具有重要的支撑作用。在"网络营销"课程建设中融入社会实践环节,能切实地从内容到形式、从教学理念到授课方法、从日常管理到考核方法,更好地实现一流课程建设的"两性一度"教学改革目标,基于此,我们要继续以马克思主义新闻观指导新闻传播人才培养的全过程,以卓越新闻传播人才培养为目标,落实 OBE 强调的"学生中心—产出导向—持续改进"的理念,进而有效发挥课程在育人中的核心作用,助力各项教育事业高质量发展。

〔赵茹,副教授,西北大学新闻传播学院新媒体研究院副院长;闫书渊,助理研究员,西北大学新媒体研究院教师〕

---

① 韩隽.新闻实务课程教学的育德彰显和实现路径探析[J].中国新闻传播研究,2022(1):60-72.

国家虚拟仿真实验教学项目"舆情引导全流程报道"的创新路径*

◎ 王 熙 谭江平

摘要： 本实验采用虚拟仿真技术，模拟真实的舆情场景，向学生提供了一个可感的、可稳定复现的"突发事件舆情场景"，以全真生产工具为内容发布平台，实现对突发事件舆情监测及发布引导的虚拟仿真，构建了"舆情监测—舆情分析—新闻生产—发布互动"四大实验模块，从基础知识、基本技能运用到整体方案策划，从舆情发布、文本撰写到融媒体综合舆论引导实施，构建多层次、全过程的实验训练，让学生在实际操作中提升能力。

关键词： 虚拟仿真；舆情引导；实现路径；全流程报道；舆情包；实验教学

1.引言

突发事件包括自然灾害、社会群体事件、公共卫生事件等，与人民群众的生产生活密切相关，在当前的新媒体环境中，突发事件相关舆情十分活跃，且具有突发性、危机性、动态性等特征[1]，对社会稳定产生了深刻影响。因此，结合虚拟仿真技术指导学生在新媒体环境下对突发事件进行新闻报道，做好舆情引导工作，对提升新闻宣传工作水平，传递社会正能量具有重大的现实意义。如何将突发事件舆情引导与虚拟仿真实验相结合是新闻传播学专业的一个教学难点，也是当前的新闻传播学实践的前沿课题。国家虚拟仿真实验项目"舆情引导全流程报道"以全真生产工具为内容发布平台，

---

* 本文系中国高等教育学会 2022 年度高等教育科学研究规划课题"智能时代'文化育人'的国际互动传播路径研究"（项目编号：22SZJY0208）的阶段性研究成果。

[1] 张海涛,栾宇,刘彦辉,等.多维数据融合的突发公共卫生事件舆情引导机制研究[J].情报理论与实践,2023(2):82-89.

构建虚拟仿真舆情场景包,利用大数据技术和视频合成仿真技术,实现对突发事件舆情监测及发布引导的虚拟仿真,包括舆情监测、舆情分析、新闻生产、发布互动四个模块,分层次、递进式地进行舆情虚拟仿真实验教学,旨在培训学生利用网络大数据工具和新媒体采编平台,做好突发事件的新闻报道与舆论引导,提升学生新闻的素养。本实验项目作为全国较早开展舆情引导虚拟仿真教学的在线实验项目已获批国家虚拟仿真实验教学一流课程。

2.开展舆情引导虚拟仿真实验的目的

社会突发性事件爆炸性的频发态势和网络媒体的异军突起,使得对舆情信息的分析、研判和信息治理能力成为新闻传媒人才培养的重要方向。舆情虚拟仿真实验通过"虚实结合"的互动反馈场景搭建了具有可扩展性、开放性仿真功能的舆情场景包的创意设计,能够进一步提升学生的舆情监测、分析研究能力及以舆情引导为目标的新闻生产能力,实现预定目标。

2.1 培养学生一般条件下舆情定性认知和定量监测的知识、技能

传统的新闻教学往往过于侧重理论知识的传授,而忽视了学生的实践操作能力。现实中的突发事件具有突出的系统性、明显的不确定性、高度的复杂性和强大的跨界性等特点,其映射到线上的舆情也具有复杂性和不确定性等特点,学生往往难以亲身参与报道,这无疑给新闻理论教学带来了不小的挑战。本实验教学改变传统"讲课式、模仿式"的实验教学方法,在课堂中以问题导向教学法(PBL)开展"讨论式、启发式"教学活动,配合微课视频采用翻转课堂的教学方法,运用基础知识分析虚拟仿真实验中遇到的具体问题;开发多版本舆情场景包软件,为学生提供虚拟实验多平台软体交互及虚实结合的新闻采编播平台演练情景,使学生能切实参与新闻生产发布的全流程,实现真题"真"做。本实验通过真实的舆情场景包(真实数据,包括视频、图文、自媒体信息等)交互式和沉浸式体验完成对突发事件舆情情境的"真实"体验,了解舆情发生发展的状态进度,认知不同类型的事件、不同环境中舆情的发展规律,让学生沉浸于突发事件舆情场景,体验"真实"工作情景,参与新闻生产的全流程,在"互动"中实现舆情引导及反馈评价,使得实验教学生动有趣、真实可感、有用高效[①],培养学生舆情定性认知和定量监测的基本知识技能,提高学生掌握使用舆情大数据工具包的能力,并且

---

① 卜新章.全媒体融合报道虚拟仿真实验教学项目的建设探索[J].实验室研究与探索,2019(11):200-204.

最终培养学生的实践创新能力，使学生将理论知识运用到实践中，真实参与诸如灾难报道等原来"做不上"的实验，实现新闻理论教学与实践的结合。①

2.2 提升学生在复杂环境下对突发事件的舆情引导、新闻报道能力

突发事件及其所产生的舆情环境场景稍纵即逝，无法在教学中固化使用；同时对突发事件进行舆情引导的新闻报道发布具有较大的风险，学生作品无法在真实的网络环境中获得传播、互动及反馈。本实验运用了大数据技术，通过对不同形态的海量数据进行发掘、搜集、分析等专业化处理，反映出特定舆论表达群体的个性特征及社会属性，为舆情的研判与处置等提供了数据支持。② 学生通过本实验的操作演练，掌握舆情监测数据抓取、舆情数据分析及判断、新闻采写及发布、反馈评估及适当舆情引导等知识和能力，达到"以虚代实，以虚补实"的效果。本实验同时在手机App端建立相关实验题库，辅助学生进行理论知识、标准操作等方面的学习，不仅解决了突发事件新闻报道难以还原及实践演练的教学难题，也解决了舆情引导新闻生产存在的"做不好""成本高""与实践差距大"等问题，做到让学生全员参与和深度训练，有利于学生舆情研判和引导能力的提升。本实验注重培养学生的舆情定性认知和定量监测的基本知识技能。通过搜集舆情数据信息、定量分析数据的实验过程，学生能够提高对舆情的敏感度和分析能力。同时，通过仿真和动态感知不同的突发事件场景、不同的媒介平台、不同工作的角色视角，学生能够提升科学分析舆情及制定新闻报道方案的能力。学生通过完成在复杂环境下对突发事件的舆情引导及新闻报道的整体实验流程操作，培养在突发事件时间紧迫和情况复杂的条件下新闻作品生产发布的综合能力。

3.本虚拟仿真实验项目的实现原理

本实验利用虚拟仿真和大数据技术向学生提供了一个可感的"突发事件舆情场景"，以报道任务驱动，组织学生完成包括策划、采访、写作、现场播报等在内的全流程报道训练。

3.1 本实验教学项目设计基本思路

本实验通过向学生提供了一个可感的、可稳定复现的"突发事件舆情场景"，以虚

---

① 安珊珊,唐昕怡.文科类国家虚拟仿真实验教学的必要性与创新特质[J].中国高等教育,2020(22):48-50.
② 李彪,高琳轩.大数据背景下舆情治理的智能转向：现状、风险与对策[J].中国编辑,2023(5):4-10.

拟场景为"横轴",以舆情发展时间进度为"纵轴",以全真生产工具为内容发布平台,实现了对突发事件舆情监测及发布引导的虚拟仿真,构建了"舆情监测－舆情分析－新闻生产－发布互动"四大实验模块,从基础知识、基本技能运用到整体方案策划,从舆情发布、文本撰写到融媒体综合舆论引导实施,实现了实验内容的逐层渐进。按照体验分析性、综合操作性、创新设计性的要求,课程团队逐渐拓展路径设计,构建多层次、全过程实验训练体系。

3.2 以"虚拟仿真舆情场景包"呈现"全真舆情场景"

本课程的虚拟仿真舆情场景包如图1所示,横轴由事件现场、新闻信息、舆论情况及快速报道构成,纵轴由"0小时"事件发生点、4小时舆情发酵期、24小时舆情爆发期构成,共同呈现一个全真的舆情场景。

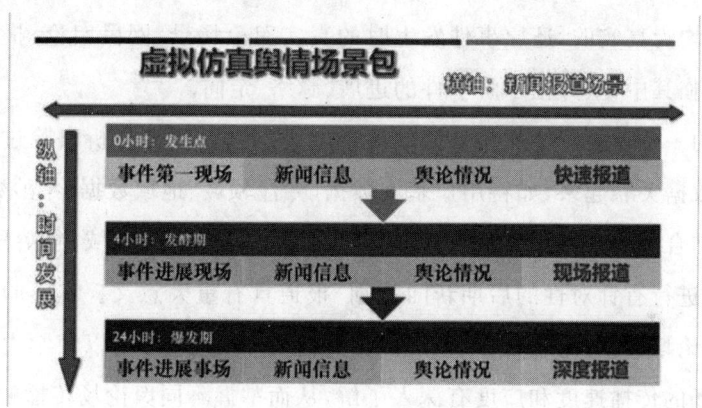

图 1 虚拟仿真舆情场景包

一方面,通过舆情大数据工具、数据可视化呈现工具,学生直观感受舆情监测、舆情分析工作,切身体会舆情发展的特征,看不见、摸不着的舆情活生生地呈现在学生面前。

另一方面,学生按舆情发展时间进度一步步地感受舆情发生、发酵的情况,学生的新闻报道也层层跟进,并逐步开展引导工作,通过"快速报道""现场报道""深度报道"等报道形态,综合运用文字、图片、音频、视频等一系列形式,完成事件报道和舆情引导工作,保证传播的效果。

3.3 以"多维度仿真"实现"舆情引导全流程仿真"

本实验把虚拟仿真技术引入新闻实践教学,把学生带入真实的新闻实践情景中去"做",让学生在虚拟的情景下以亲身体会去把握新闻实践的操作,让学生沉浸在虚拟的情景下,发现问题,解决问题,直接参与虚拟仿真的工作环境。① 通过隐形舆情的数据挖掘仿真、各领域舆情内容分析仿真、新闻报道策划全流程仿真、运用舆情场景库进行舆论引导仿真等多维度的仿真实现舆情引导全流程仿真。

本实验的虚拟数据分析部分可以通过虚拟分析日志,统计某地区、某时间段内的浏览热点,例如:主流新闻网站推出的"舆情热点排行榜",其中的数据收集方法也是本实验所采用的主要数据收集方法。系统通过网络大数据技术,实时获取微博、媒体网站、公众号等全网舆情数据,确保实验中事件报道的细节真实完整。学生可以通过"真实体验"获得现场训练,系统基于真实的互联网舆论敏感事件进行实验内容的预置,所有数据、内容均为真实的,还原事件发生时的真实舆论场景,网民舆论、报道指向等内容,使学生身临其中,全方位了解事件的进展、脉络、走向。

大数据的一个重要特征就是数据的混杂性,因此,在数据分析实验过程中需要将不同领域的数据关联起来,如将用户基本数据(专注领域、地域数据、年龄数据等)与社会网络数据结合起来,分析不同的舆情热点广泛传播的职业、地域、年龄段、团体等信息,对于学生进行有针对性的后期新闻策划、报道具有重大意义。本实验将虚拟网站的新闻数据、论坛数据、博客数据、微博数据等进行对比分析,可以使学生对舆情热点在不同舆论场的传播速度和广度有深入了解,从而掌握不同舆论场传播的舆情类型。

网络舆情的频发刺激了网络舆情监测技术的发展,传统的人工监测方式已经很难适应当前网络舆情的发展趋势。网络舆情监测预警是一个相对烦琐的数据搜集和处理过程,主要包括网络舆情信息采集、信息归档分类、文本分析、话题识别、情感倾向分析等。② 在新闻报道策划模块中,学生利用虚拟仿真系统所提供的"突发事件舆情场景"平台完成面向舆情引导的突发事件报道全流程。课程以全真生产工具平台为基础,实现对突发事件舆情的虚拟仿真,要求学生通过实验掌握舆情监测、舆情分析的基本方法,熟悉基于舆情引导的突发事件报道流程,掌握融媒体制作与发布的基本技能。

在本课程中,舆情场景库可通过人工智能大数据工具自动生成,在经过开发者二次加工后,更利于学校的课堂实验教学,使学生从感性体验中归纳总结理性规律,较好

---

① 虞勤.基于移动终端的虚拟仿真交互式新闻实践教学初探[J].中国电化教育,2014(4):137-140.
② 左蒙,李昌祖.网络舆情研究综述:从理论研究到实践应用[J].情报杂志,2017(10):71-78.

地解决舆情场景难以再现、时间发展纵深无法模拟的局限性(包括使用网络舆情监测软件对网站、网络论坛、BBS等网上舆论进行监测,并准确及时地发现突发事件相关的网络谣言、政治敏感性言论、反动言论等信息)。学生在虚拟场景中完成现场报道,制作新闻视频内容并上传发布到融媒体平台,进行模拟移动端发布,并在发布过程中,完成和受众互动等工作,通过新闻生产、发布和互动来引导舆情走向。

3.4 以"剧本杀"式的演练流程实现实时应对训练

剧本杀是一种角色扮演游戏,是一个参与者通过扮演不同的人物角色,依据给定的剧情进行推理、探究真相的过程。本实验以"剧本杀式"的演练流程模拟真实的舆情场景。下面以"台风利奇马报道"为例进行分析,课程实验教学分为基础性、综合性、设计性和创新性四个层次,突出了从"重基础"到"求创新"的阶段渐进性过程。

流程1:教师向学生说明"突发事件报道"的实验目的、实验原理、实验内容、实验步骤与实验要求。教师指导学生下载实验所需软件,介绍软件的主要功能模块,并向学生介绍实验工作和实验场景材料的使用方法。

流程2:教师利用问题导向教学法,组织小组讨论,引导学生提出面向舆情引导的"台风利奇马报道"的工作思路与应注意的事项。

流程3:教师组织学生以小组为单位,进入"台风利奇马"的舆情仿真场景,完成舆论监测与分析实验模块。在这一部分的实验教学中,教师利用情景教学法,为学生提供真实的舆论情景,增强学生的求知欲、探索欲与使命感,同时利用探究式教学法,鼓励学生自主学习、深入探究以及与小组合作。

流程4:教师组织学生以小组为单位围绕"台风利奇马"事件进行新闻生产。在这部分的实验教学中,教师利用虚拟仿真平台向学生提供全流程的新闻生产情景,使学生能够体验从策划、采访、写作、录制、出镜报道到后期编辑与多平台发布等环节的工作,提升其综合能力。

流程5:教师组织学生通过点赞、转发、评论等互动方式对其他同学的作品进行评价。在这部分教学中,教师利用同侪教学法,促进学习共同体的生成,使学生在与同学的互动中完成深度学习。

4.舆情引导虚拟仿真实验教学模式的创新

本实验将前沿问题与行业需求相结合,创新性地运用大数据技术打造虚拟仿真舆情场景包,结合视频合成仿真等技术,让学生真实体验过去无法感知的舆情场景,有助于学生能力的提升和对学科前沿技术的把握。

4.1 "可感的现场"与"仿真的舆情":实验方案设计思路创新

本实验将科技集成和科教融合相结合,充分利用校企合作联合研发的"天工云"融媒体教学平台的科研优势特色,将移动采编、云制作(大数据编辑、图文包装)、虚拟抠像、交互体验及内容库建设等融入教学,构建综合训练作用突出的突发事件舆情场景。实验内容包括舆情监测、舆情分析、新闻生产、发布互动四个模块,进行分层次、递进式的虚拟仿真实验教学,向学生提供了从整体方案策划设计、舆情发布文本撰写到融媒体综合舆论引导的全流程实践过程,高度契合了当今融媒体环境对新闻传播人才的培养定位。由于"突发事件新闻"难以还原,且对突发事件新闻进行报道具有一定的危险性,因此在传统教学中,教师只能向学生介绍报道要求和注意事项,本实验项目较好地解决了"做不了""做不好"的难题,突破了传统实验教学的局限性。目前国内已开发上线使用的新闻虚拟仿真实验全部采用第一人称视角体验现场、进行拍摄,学生作为记者无法出镜报道,更无法看到自己在突发事件新闻现场的效果。本实验向学生提供了一个可感的"突发事件新闻现场"和"仿真舆情场景",使多数难以开展的实验环节得以顺利实施,补齐了新闻专业培养环节的共同短板。

4.2 "真题真做"与"限时工作":教学方法的创新

本实验将"任务驱动式运作"与"层级化教学管理"相结合,围绕"真实任务"报道展开教学活动,实现了新闻传播学理论与融媒体实践教学的相互促进。在实验过程中,教师将新闻内容生产过程分解为若干环节和层级,分步骤和层级对学生进行指导。这种教学设计能够充分调动学生的实验热情,也使学生得到更全面的训练,实验效率大幅提升。本实验利用了虚拟仿真和移动视频采编平台向学生提供了突发事件报道工具,使以往不能实现的突发事件新闻采编全流程训练得以实现,解决了传统教学中教师无法对学生进行突发事件新闻采编全流程教学的问题。课程在教学软件中设计了计时系统,学生完成报道的时间被精准记录,对学生进行限时报道训练的教学目标得以实现。

本实验将弥补时间进度缺陷与完善流程新形态相结合。媒体工作追求时效性,任何真实场景下的报道工作都是"限时工作"甚至是"抢时工作",因此,在对学生进行报道训练时教师也应该对"报道完成时间"提出要求。在传统的教学活动中,学生的报道任务多在线下完成,教师即使规定学生提交作业的时间,也很难获得学生实际工作的开始时间。与传统教学模式不同,本仿真实验项目的所有任务都在线上完成,系统平台能够准确记录学生从领取报道任务到最终提交作品的时长,并向教师提供"报道完成时间"的数据。此外,本项目基于虚拟仿真实验平台,可以为学生提供开放式的实验环境,借助虚拟系统的支持,学生可以打破时间和地域限制来自行组织实验流程,最大限度地发挥学生的主动性和创造性,满足学生自主学习和个性化学习的需求,为提高学生的实践动手能力奠定基础。

4.3 "全程表现"与"多维评分":评价体系的创新

首先,本实验在评价体系上进行了创新性尝试。我们结合了实验流程的客观评价与虚拟舆情演练的主观评价,旨在提供一个全面而公正的评价体系。通过记录学生的全过程表现,包括课前预习、课中实践和课后总结等环节,我们能够以图表的形式对学生的预习效果、实验步骤以及实验成绩进行客观评价。

其次,本实验项目还引入了线上学生作品互评的机制,同学之间高等级的交流活动有助于提高学生的学习效果,本实验利用云存储技术,实现了学生作品的共享,并支持所有参与该实验的学习者进行作品互评。这种互评机制不仅为学生提供了一个交流学习的平台,也使得他们能够从不同角度审视自己的作品,进一步提高能力。同时,我们还设有教师点评、受众点评以及新闻媒体编辑点评等功能,旨在从多个维度对学生的作品进行全面的评价和反馈。其中,优秀作品还将被推荐并展示给更多的学习者,这无疑将激励学生更加努力地提升自己的表现。

最后,指导教师也会对参加实验的学生进行主观评价,并提供各方面的建议和反馈信息。教师的评价将基于学生在实验过程中的团队协作能力、问题解决能力等多个方面进行综合评估。这种方式有助于学生更好地了解自己的优缺点,从而有针对性地进行改进。综上所述,本实验项目在评价体系上进行了多项创新,旨在提供一个更为全面、公正和有效的评价机制。

〔王熙,教授,天津工业大学数字传媒实验中心主任;谭江平,助理研究员,天津工业大学智能传播技术国际研究中心教师〕

基于OBE理念的应用型本科高校影视照明课程教学改革与实践
——以西南石油大学艺术学院为例

◎ 范超辉

摘要： 影视照明课程是艺术类编导专业实用性很强的一门专业课程。在近几年的课程教学过程中，我们根据国家对新文科建设的构想和学校"双一流"学科建设规划，结合自身教学实际情况，借鉴OBE理念的工程教育模式，设计影视照明课程的教学目标、修订影视照明课程的教学大纲、确定影视照明课程的教学内容、创新影视照明课程的教学方法和手段、制定影视照明课程的教学效果评价体系等。通过以上教学改革尝试，学生的学习内容更加明确、学习的目的性增强、学习兴趣浓厚、实践创作能力得到大幅度提升，我们逐步贯彻OBE理念的课程教学人才培养计划的目标。

关键词： OBE理念；应用型本科；影视照明；教改实践

1.引言

影视照明课程是艺术类编导专业的必修课程，教学内容涉及的知识面较广，教学方法和教学手段具有多样性。因此，我们通过对光学与电学的基础理论、影视照明设备及相关附件等知识的讲授，让学生对影视照明的基础知识有了深刻的理解和体会，学生可以利用这些知识来设计光线在影视作品中的光影效果，提高光线在影视作品中的语言表达效果。学生逐渐学会分析光线在影片中如何塑造人物形象、刻画人物性格特征、展现人物内心活动、渲染环境和氛围、推动剧情发展等，并在影视作品创作中，合理地为剧中人物和场景设计光线。

在以往的教学大纲中，影视照明课程被界定为理论课，以理论教学为主，但在实际的教学过程中，教师会根据学生的实际情况，适时安排合理的实践训练课，由于课程课时少、实践设备不足、实践场地条件有限,学生实践训练严重不足,多数学生以观摩为主,实际动手的机会较少。

基于OBE理念的课程教学改革,整合了理论教学内容,同时也凸显了实践训练的重要性。教师对理论教学内容进行模块化处理,每个教学模块支撑相关的实践训练项目,真正体现以成果为导向、以学生为中心、持续改进的OBE思想,更好地检验了课程的实施效果与课程目标的匹配性。

2. 教学目标的明确与设计

根据西南石油大学"双一流"学科建设对人才培养目标的要求,通过明确支撑相关学科建设的指标点,我们明确本课程人才培养的定位和目标。本课程以培养应用型本科人才为主,培养符合国家、社会、行业需求的综合型、创新型人才。本课程在注重学生对基础知识、基本理论的学习与掌握的同时,也对其实践技能及创新应用提出更高的要求,要求学生在不同影视作品实践创作中,能根据剧中人物形象及场景设置,设计出符合剧中人物性格、环境特征的光线效果,真正地实现将理论知识转化为实践创作能力,实现能力导向教学的目标。

3. 教学大纲的修订与调整

传统教育只能"适应"国家、社会、行业等外部需求,而很难做到"满足"需求,成果导向教育则不然,根据OBE教育理念,以学生为中心的成果导向教育,注重最终教学成果的达成,它采取反向设计、正向实施的原则,这时"需求"既是起点又是终点,从而在最大限度上保证了教育目标与结果的一致性。

影视照明课程尝试反向设计原则,其"反向"是相对于以往的传统教育的"正向"而言的,反向设计是从需求开始(包括内部需求和外部需求)的,由需求决定人才培养目标,根据培养目标制定行之有效的教学大纲,根据教学大纲的教学内容,完善教学过程设计和确定教学手段,最后进行课程体系设计。正向设计则是从课程体系开始,进行与反向设计原则相反的设计。我们通过反向设计和正向实施过程,不断地检测和验证起点与终点是否一致,逐渐形成一套完善的本课程教学大纲修订的循环机制。

4.教学实施过程的改进与创新

4.1　教学内容的整合与优化

OBE理念强调以学生为中心的成果导向教育[①]，最终成果作为衡量学生课程学习效果的标准。根据本课程所要实现的教学目标，授课教师必须明确大纲中各部分教学内容、每部分教学内容针对学生哪些方面的能力培养，这些教学内容对本课程体系起着前后支撑和内在联系的作用，教师必须对教学内容进行重构和优化组合。

根据课程对学生综合性、实践性、应用性、创新性等能力培养的目标，将教学内容依照知识涉及范围、知识的内涵与外延的相关性等进行模块化分割与重组，每个模块根据知识方向再层层细分出子模块，每一个子模块涵盖的课程的知识点明确，这些知识点对应解决实践应用的某一环节。

重构教学内容的教学顺序，要注重平行式、渐进式、聚合式教学内容推进。例如某一实践实训项目需要多个相关知识点的支撑，若这些知识点独立无交叉，授课内容的先后顺序由授课教师自行安排；如果相关知识点有内联交叉或环环相扣，知识内容授课顺序则采取渐进式推进，前一堂课的教学内容为后续教学做铺垫，后面的教学是前期教学内容的延伸与扩展。经过模块化课程教学内容设计，我们不但保障了理论教学的循序渐进，而且使得实践训练层层深入，由分散到综合，从而实现课程知识点的融合与贯通。

4.2　教学模式的探索与创新

本课程理论与实践并重，学生用理论知识指导实践创作，并在实践应用中深入理解和掌握照明的基本思想、基本方法，因此，教师要不断培养学生自主设计光线的能力。在近几年的教学过程中，教师以探究式、启发式教学为主，着重培养学生自主学习的能力，经过不断的探索与尝试，教学效果有了明显的改观，具体情况总结如下。

4.2.1　问题导向性理论教学

在基础理论课程教学中，我们改变以授课教师讲授为主导的传统教学模式，采用启发式、引导式、讨论式教学方法，对每次的教学内容进行梳理，提出能覆盖本次课程

---

① 焦连升,马闯,刘金玉,等.OBE理念下的应用型本科高校中化工原理课程教学改革与实施：以河北民族师范学院为例.[J]高教学刊,2021(7):7-12.

内容的一个或多个问题,围绕以上问题,教师通过与学生互动完成知识的讲述和剖析。教学也可以将教学班级进行分组,以小组为单位分派教学任务,由小组成员商讨阐述认领的教学任务,最后由教师进行补充和总结。这种创新教学方式真正体现了以学生为中心,极大地提高了学生的参与度,从根本上解决了大部分学生上课慵懒、被动听课及听课效率低的问题,活跃了课堂氛围。

4.2.2 翻转式场景实例分析实践

我们要让学生更直观地感受到光线在影片中的效果呈现,体会照明理论知识的巧妙运用,并切实有效地引导学生了解不同场景的布光思想,掌握电影场景光线分析的方法和现场布光的处理手法。根据课程进度安排,将教学班级进行分组,一般4—5人为一个实践小组,要求本小组成员根据平时创作的情况,选择某一类影片中的一部或多部(所选取的场景光线设计必须是经典的,具有一定的代表性),由小组成员利用课外时间观摩影片并共同讨论分析,总结所选场景的光线设计特点及可能实现的方式,然后在课堂上由各小组进行分享,介绍该小组所选场景的光线分析思路和方法,对有争议的地方,由班级其他学生进行分析和补充,最后由任课教师进行点评和总结。将OBE理念灵活应用于日常教学,把学习的主动权由教师转移给学生,真正实现以学生为中心、全员参与的探究式、讨论式教学模式,教学效果显著,极大地调动了学生学习的积极性,避免了学生上课不抬头的现象。

4.2.3 实验、实践性训练教学

影视照明是实践性很强的一门课程,为了有效地达到实践训练的目的,要精心地设计和规划实践项目,实践训练内容和时段的选择至关重要,教师阶段性实践训练所达到的目标和学生的能力检测必须明确,这里的实验实践性训练主要以下两种方式进行。

其一,分阶段开展验证性实验实践训练。根据教学内容的内在相关性,将某一章节或某几章节教学内容打包封装,形成一个独立的实验实践训练项目,比如将影视照明中常用的照明灯具分类及特点、影视照明中常用附件及功能介绍、影视灯具的基本操作及故障处理、影视照明中光影结构的规律及特点等相关理论知识讲授完成后,即分组着手推进影视灯具实践操作及光影规律训练项目。主要目的是提升学生对多种影视灯具及其附件的认识水平,帮助学生掌握配件组装的基本规范操作方法、使用过程中的注意事项及故障处理手段,彻底解决学生在学习过程中眼高手低的问题。在训练过程中,要明确规范的操作步骤和流程,避免误操作造成的灯具损坏和人身安全问

题,要让学生理解不同影视灯具的光源特征和光线效果。该训练针对性强,为后期的布光设计实训和影视创作提供参考依据。

其二,影视作品中场景的布光模拟实践训练。俗话说得好,熟读唐诗三百首,不会作诗也会吟。在影视作品中,人物或环境的光线设计是导演、摄影师、灯光师、布景师等艺术创作者的集体智慧呈现,他们根据剧情中人物形象、人物心理活动变化、剧情中的矛盾冲突、环境空间、环境氛围营造等情况而进行光线设计,因此,影视作品场景光线设计复杂,光线所表达的语言形态千变万化。为了提高学生对光线作用的认知,在场景的布光模拟实践训练中,以小组为单位,以学生在翻转课堂上分析的电影场景为实例,现场搭建影片中的场景,并进行布光模拟实践,营造一种影视创作实景沉浸式体验,并将模拟布光现场录制视频,对比分析原场景与模拟场景光线所呈现效果的差别,在实训过程中总结小组的收获,不断提高学生对影视作品中场景光线设计的理解和领悟。

4.3 教学结构

本课程采用理论课与实践课交错进行的方式开展,理论教学以大纲要求的内容为核心,教师对教学大纲内容的知识结构进行模块化分组与重构。对于独立性知识内容,授课时机由任课教师自行把握;对于具有相关性且有先后顺序的知识内容,以模块为单位循序渐进展开授课,知识结构与实训项目紧密对应。教学结构包括以下方面。

4.3.1 模块化理论教学

理论课教学主要是根据教学大纲的要求,对教学内容进行分模块重构与整合,教学时机和教学顺序由授课教师协商一致,保证教学进度的统一,方便后期实验项目的开展。

4.3.2 影视作品场景实例分析

对影视作品场景的实例分析主要穿插在理论教学中。为了便于学生直观地理解和掌握教学内容,根据理论知识的难易程度和相关性,在教学中提供一些与内容紧密相关的电影布光场景或短片,进行场景实例相关内容的讲解分析,加深学生对灯光知识的理解与掌握。

4.3.3 场景实例模拟训练

根据翻转课堂电影场景分析的情况,从分析的场景中选择2—3个电影场景实例进行模拟,用镜头记录模拟场景和模拟效果,对模拟实验进行评分,并计入平时成绩。

4.3.4 独立实践项目训练

依照本课程实践教学计划的安排,学生对相关教学模块内容进行实验验证,以小组为单位,严格按照实验项目书的要求,进行验证性实验,要求详细记录实验步骤和过程,详细分析实验结果,总结实验目的的达成情况,最后提交完整的实验报告手册,由任课教师对实验报告进行评分,并计入实验成绩。

4.3.5 短片创作实践训练

课程教学全部结束后,教师以期末作业的形式安排一次综合实践创作训练,学生以教学班级为单位,以剧组为框架分组进行短片创作实践,检验学生整体的学习成果,教师对成果进行评分,并计入作业考核成绩,将OBE教学理念融入各教学环节。

4.4 创新学习效果考核与评价体系,促进学习成果的达成

学生学习效果的好坏,是否实现预期设定的教学目标,是衡量课程教学改革成功与否的关键,因此,在制定课程效果考核与评价体系方面,在兼顾考查基础知识的同时,更要针对性地考查学生的知识运用能力、创新实践能力等,由原来的单一理论考核,转变为注重过程、多角度、开放式的OBE考核评价机制。通过全面、综合性考评体制,本课程保证学生的专业理论知识、实践技能操作、创新运用能力等方面的全覆盖。

4.4.1 理论知识学习成果评价

理论知识理解与掌握的好坏直接影响实践创作水平,因此,全面的、分阶段的理论学习成果评估至关重要,根据课程考核设计,理论知识考核成绩占总成绩的50%,主要包括期末理论考试(60%),分阶段课后作业(20%),课堂讨论及场景分析(20%)。

4.4.2 实验、实践创作学习成果评价

实验、实践创作考核成绩占总成绩的50%,主要包括分阶段独立实践项目训练及实践报告(40%),翻转课堂场景分析及模拟实践(20%),课程成片创作光线设计(40%)。

5.结语

基于OBE理念的影视照明课程的教学探索性改革,经过近几年的探索与尝试、持续性改进,培养学生的自主创新能力,提高了学生的学习积极性,已初见成效。模块化

教学体系设计有利于促进影视照明相关知识的聚合,拓展知识的深度和广度,通过对培养计划、教学内容、教学过程、课程考核等方面进行不断的改进,形成一个良性循环教学模式。各类实践创作使学生充分发挥主观能动性,激活思维,真正地起到培养学生的综合素质和能力,为一流本科课程建设服务的作用。

〔范超辉,实验师,西南石油大学艺术学院实验中心教师〕

融媒体时代传媒专业短视频创作教学革新研究*
——以宝鸡文理学院"纪录片创作"课程为例

◎ 郭勋亚

摘要：宝鸡文理学院"纪录片创作"课程通过优化课程培养方案，确立在"OBE＋短视频"课程模式下服务地方的理念，依托赛事明晰纪录片创作方向，利用好专业平台为教学助力，建立适应新媒体时代的教学内容与教学评价体系，探索新媒体语境下传媒专业短视频创作教学的创新路径，积极推动传媒类专业实践课程的教学改革。

关键词：新媒体；传媒专业；短视频；教学革新

1.引言

随着移动互联网技术的飞速发展，在新媒体日益盛行的媒介生态环境下，各种新型网络平台兴起，从抖音、快手到视频号的广泛普及，短视频创作已成为媒体深度融合竞相追逐的时代风口。高校传媒类专业学生作为新生代媒体人后备军，如何积极顺应时代风向，提升短视频创作的综合能力，在专业性、规范性与艺术性方面形成引领之势，是高校传媒教育工作者需要深思的问题。

宝鸡文理学院文学与新闻传播学院有新闻学、广告学、播音与主持艺术、广播电视编导四个传媒专业，一直秉持培养具备一定的人文素养、艺术素养和媒介素养的复合型人才的信念。学校的培养方案重点突出实践教学，力求通过四年的专业训练，让学生能够在影视艺术、新闻传播、创意文化产业等领域拥有一技之长，适应社会需要。"纪录片创作"课程以其鲜明的实践性成为四个专业的必修课程，本文将结合课程教学

---

* 本文系2023年宝鸡文理学院第十八批本科教学改革研究项目"新媒体时代传媒专业短视频创作实践教学模式研究"（项目编号：23JGYB11）阶段性成果。

实际,总结并探寻传媒类专业短视频创作教学的创新路径。

2.确立在"OBE+短视频"课程模式下服务地方的理念

近年来,国家一直推崇新文科教育,新文科建设强调在传统的文科素养培育基础上,重视跨学科、跨专业的交融。在新媒体蓬勃发展的时代背景下,传媒类专业课程的智能化升级标志之一就是努力全面实现理论与实际、思维与实践的贯通。成果导向教育简称OBE,是20世纪90年代由美国教育家斯巴迪提出的一种教育范式,指的是根据社会需求或者行业现状确定的课程体系,重在培养符合时代特色的人才,通过实施反向教学设计构建教育模式。"纪录片创作"属于理论与实践结合紧密的课程,在教授纪录片相关理论的基础上,以创作纪录片为宗旨,创作题材、方向、目的的确立至关重要,而这些指向又与学校的办学定位密切相关。

高校是人力资源与科技资源的汇集地,地方高校在人才培养定位与科学研究投入方面要服务地方的发展,宝鸡文理学院作为一所地方二本院校,为宝鸡的区域文化传播、经济建设推进助力,为宝鸡地区提供人力、技术与文化支撑,这是学校人才培养体系的一个重要目标。基于以上要素,"纪录片创作"课程确立了在"OBE+短视频"课程模式下服务地方的理念。

2.1 记录本土民俗文化,宣传地方产业

基于成果导向教育模式的"纪录片创作"课程的重点在于出作品,而作品选题的确定又直接决定其创作价值、意义及传播力度。按照OBE教学理念反向设计的思路,教师引导学生确立服务地方的短视频创作理念,促使学生形成创作合力,以作品集群的形式聚焦地方本土文化与产业,选取其中的优秀作品在地方媒体播出,这是高校与地方双赢的体现,既提升了学生的创作能力,又传承了地方文化,宣传了地方产业,还丰富了地方媒体的节目内容。

宝鸡是炎帝故里和青铜之乡,具有悠久的历史和深厚的文化底蕴。宝鸡青铜器博物院驰名中外,凤翔泥塑美名远扬,千阳剪纸是非物质文化遗产,钛产业独树一帜,西凤酒远近闻名。宝鸡文理学院新闻、编导、广告专业的学生利用课余时间深入宝鸡县区及著名企业,进行采风调查,与特色产业宣传部接洽,在民俗文化与企业宣发方面收集素材,完成课程作业。以2023年下半年的课程进展为例,2023年9月到12月宝鸡文理学院文学与新闻传播学传媒专业学生共创作短视频83部,其中优秀的微纪录片

《青铜器》通过精美的画面、快节奏的剪辑、全英文的配音详尽地介绍了青铜器的文化价值,作品在不同等级的比赛中获得奖项;《凤翔泥塑》《绣美千阳》《西秦刺绣》《时代印记:凤翔木版年画的传承与发展》等纪录片从不同视角再现了宝鸡手工艺品的魅力,这一方面是对本土民俗文化的记录,另一方面又推动了民俗文化的传播,文化在流动中获得新生,在裂变式传播中散发魅力。与地方产业相关的纪录片有宝钛的《悍将》、西凤酒的《凤飞香自来》、美阳餐饮的《寻味小城》《食遗西府》等,这些作品均获得一致好评。新媒体传播平台的多元化、低门槛,为学生的自由创作提供了动力和基础。近5年学生创作有关宝鸡本土文化与企业宣传的短视频近百部,这些作品在B站、抖音、快手等平台广为传播,有力地推动了地方民俗文化的传播与产业发展。

2.2 讲好地方故事,塑造地方形象

宝鸡文理学院是宝鸡市唯一的高等院校,发动学生资源,讲好宝鸡故事,塑造地方形象,是传媒专业实践课程改革的重点举措。2023年12月学生创作的纪录片《金台观》展现了金台观这个千年古观的文化积淀,讲述了张三丰与太极拳的故事,让观者感受到中华文化的博大精深、源远流长,也诠释了学生对传统文化的尊重与热爱,同时塑造了宝鸡饱含深厚文化底蕴的城市形象。此类短视频作品在"纪录片创作"课程中年年批量产出,如《烽火岁月:长乐塬抗战工业遗址的见证》《岐山•周公庙》《法门寺》等呈现了宝鸡城市形象,吸引了外地游客到宝鸡观光。编导班学生创作的纪录片《暗夜之光》,选取了宝鸡步行街一对残疾人夫妇作为拍摄对象,讲述了他们在夜市养家糊口的工作经历,虽然夫妻二人都有语言表达障碍,但不影响他们用勤劳的双手制作美食,托起两个孩子健康成长的梦想。城市形象的展现是生活在这里的人们面貌、精神的外化,宝鸡人民在学生的短视频中微笑、劳作、步履匆匆,他们的朴实无华就是这个城市的标签。学生们用镜头捕捉宝鸡这片土地上美好的一切,积极传播正能量。

融媒体时代,传统媒体与新兴媒体融合发展,信息生产者与用户彼此影响、互换身份。"纪录片创作"课程中学生完成的短视频就是在"OBE+短视频"课程模式下服务地方的成果,学生走出课堂深入社会,推进了专业知识的应用和能力的提高,践行了党的二十大报告提出的"全面提高人才自主培养质量,着力造就拔尖创新人才"战略目标。

3. 实施"以赛促学+专业平台助力"的教学策略

教学策略指的是为了实现教学目标、提升教学效果而制定的一套独特的方式或方

法,教学策略的制定要结合课程特点、教学条件、学生实际等综合因素来完成,是对教学过程的组织和设计、教学方法的运用与择取。"纪录片创作"课程注重纪录片的产出,为了激发学生创作的积极性,课程教师采取了一定的教学策略。

3.1 践行"以赛促学"

传媒专业传统的实践类教学遵循"课堂上学习理论知识+课下完成作业"的方式进行,对作业的要求相对不太严格,选题虽能契合学生的兴趣,但存在立意不够深远、专业视野局限及社会影响力弱等问题。审视当年宝鸡文理学院 2016 级新闻专业"纪录片创作"课程的作品,全班共分为 10 个小组,选题分别为美食类纪录片 3 部、大学生日常(考研、考公、创业、兼职)类纪录片 4 部、老百姓生活类纪录片 2 部、流浪动物类纪录片 1 部。这些片子大多只是对日常琐事的记录,未能更好地体现纪录片的价值和意义。要真正完成从专业理论知识积淀到专业实践能力的过渡,实现"面向市场、满足应用"的应用型本科人才培养目标,教师确立"以赛促学"的教学思维和模式不失为一种创意性策略。"以赛促学"可以引导学生将视野与镜头聚焦到行业热点、社会变革上去,由片面的个体认知逐步向行业达标靠拢。

对于传媒专业的学生而言,广泛参与各类专业赛事,是开阔专业视野、锻炼创作技能、检验自身实力的途径。近年来,各类型、各级别的短视频大赛机会很多,教师要多关注业界和社会相关信息,把适合学生参加的赛事信息及时推送给学生。要提高获奖概率,教师还需要结合课程要求,从以下几个方面做好参赛准备:一是将课堂实践作品布置与赛事直接挂钩。有些专业赛事会形成固定流程,年年按期发布,如全国大学生广告艺术大赛就是宝鸡文理学院相关专业学生每年都会参加的赛事,从开课之初教师就以参赛选题作为本学期课程作业须完成的项目之一,安排相关组员积极筹备,通过长期的筹备与打磨,获奖概率会大大提升。二是教师一定要实施专业辅导。对地方二本院校的学生来说,参赛经验不足、拍摄技能薄弱属于常见现象,教师必须尽职尽责、不厌其烦地关注学生每一个环节的创作,从选题策划、拍摄、剪辑到成片提交,做到课堂内外全程化辅导,建立全程的质量把控体系。笔者多年坚持"以赛促学"的教学理念,学生年年在不同的比赛中斩获不同级别奖项,2023 年,由宝鸡文理学院新闻专业和英语专业的学生共同创作的微纪录片《青铜器》获得了"高教社杯"大学生"用外语讲好中国故事"优秀短视频全国一等奖和陕西省特等奖,这既是对学生专业能力的高度肯定,又在一定程度上提升了学校的影响力。

3.2 注重专业平台助力

宝鸡文理学院文学与新闻传播学院传媒专业现有 3 个有一定影响力的专业平台，分别为新闻专业的公众号"文理传媒派"、抖音账号"视说文理"及编导专业的西瓜视频账号"光影流彩宝文理工作室"。2023 年 3 个平台共推送作品近 200 部，其中短视频作品约 100 部，每部公开传播的作品均由指导教师审阅，公众号的每篇推文是在小组成员共同探讨选题、精心制作推文的基础上，通过图文并茂的形式呈现的。抖音账号"视说文理"运营以来，已累积粉丝 3,000 多个，点赞数 4 万，取得了一定的社会反响。2023 年下半年有 22 部微纪录片在"视说文理"发布，这些专业平台让学生作品有了展现的舞台，这无形中产生了一种激励效应，敦促学生提高作品质量。

这些专业平台的创建是高校教育工作者适应社会变化、遵从应用型人才培养机制需要，不断完善教学模式的创新性建树，其良性发展与维护是实践型课程师生共有的责任。宝鸡文理学院文学与新闻传播学院开设的"新闻采访与写作""新闻编辑学""出镜记者""纪录片创作"等课程作品均在这些平台发布，为传媒专业学生的短视频制作能力提升助力。

4.建立适应新媒体时代的教学内容与教学评价体系

随着网络视听行业的飞速发展，"纪录片创作"课程教师在教学内容与评价方面也要适应新媒体时代的要求。

4.1 教学内容侧重于微作品产出

新媒体时代传媒领域最大的变化就是"微"传播流行，从一句话的微博、微信到快手、抖音等短视频平台，无不在突出短平快信息的产出。在纪录片领域，"一条""二更"等微纪录片平台的活跃度日益增强，而传统的纪录频道在不断萎缩，放眼如今活跃的电视栏目，除了央视依然保留纪录栏目外，各个省级卫视的长纪录片播放频道难觅其踪，这是省台结合收视率数据与营收渠道不得不进行的改革和调整。当然，并非纪录片失去了市场，而是作品形态从传统的长纪录片转向了微纪录片。对于学生而言，微纪录片以关注社会生活中的某一个横断面为特点，聚焦不同领域的精彩片段，诸如饮食、服饰、护肤、旅游、考研等生活化事件，作品时长短到秒计、长则 10 分钟左右，主题的择取也从宏大叙事转向微观叙事，这就大大拓展了纪录片的题材，并且随手拍的便捷、高出片率以及低成本,也在一定程度上提升了学生的创作兴趣。

高校教育要顺应时代潮流并能对时代发展起到推波助澜的作用。对于"纪录片创作"课程而言,教师要转变教学思路,调整教学内容,以教授微纪录片创作为课程的首要任务。短视频与微传播最重要的属性是提炼信息,整个创作流程都与传统长纪录片的创作流程不同,教师需要不断地更新观念,利用假期积极参与各类影像创作培训,提升自身的业务能力。同时,实践类课程要想有好的教学效果,教师最好能有一定的实践经历,如笔者就创立了自己的抖音账号与视频号,亲自下场实践,切身体会、钻研短视频创作的要义与精髓,这样才能在课堂上给予学生实用的经验传授。此外,因为各个新媒体平台的属性及传播机制有一定的差别,教师也要在课堂上向学生讲解相关内容,引领学生树立精准投放观念,以提升作品的观看量。

4.2 教学评价从单一转向多元

广义而言,教学评价是教师根据一定的教学标准和价值标准,对教学活动进行价值定位的过程,包括检验教学大纲的编制、教学内容的处理、教学难易的确定、教学方法的设定、课堂互动的问题以及作业、考试、阅卷等环节是否符合课程要求和结合了学生的实际。教学评价是教学环节中至关重要的一环,是对教学目标是否实现、教学效果优化与否的反馈,是敦促学生形成自我认知和调整、检验学习成果的重要途径,教学评价的规模化、体系化和常态化都决定了其必要性与重要性。

随着信息技术发展速度的加快,以及实践教学成果展示平台的变化,"纪录片创作"课程的教学评价方式也有一定的调整。首先,评价标准多元化。教学中影视作品的审美标准发生变化,从传统的看重纯粹的艺术性向综合考量用户的流量发展,教学评价既要考虑作品的深度又要参考点击量,评价标准更具多面性。教师要结合作品不同的题材、风格,对学生的剪辑进行形成性评价,强化适应新媒体时代短视频创作的过程性指导,力求将教学评价过程划分成回应性更强、调整性更灵活的步骤。其次,评价主体多元化。当前教学评价的主体不再局限于教师个人,我们还要重视短视频发布平台的用户评价。教师组织学生团队,严谨统计在新媒体平台发布的作品点赞量、转发量以及评论量等数据,结合平台的大数据统计数据,从横向与纵向角度立体考量成果,形成教学评价与视听媒体评价的相互补充,让学生准确掌握作品的社会影响程度,提高制作水平。新媒体平台方便快捷的互动方式,评论形态多样的话语风格,甚至对作品进行二次创作,其整体价值远远大于教师个人视角的审阅与点评,其丰富多元的角度会更易获得创作者的认同,并在下次的创作中及时修正。最后,对教学有一定的反哺作用。新媒体平台这些数据不仅仅作用于学生的创作，还对教师有鲜明的反向刺激作用，促进教师不断地钻研教学规律，修正教学偏差，强化教学效果，提高课堂效率。

5.结语

短视频创作在提升传媒类专业学生的社会实践能力、社会服务意识和适应市场的能力等方面都有非常正向的作用，地方院校教学充分重视短视频创作在本土文化产品传承方面的价值，遵循了传媒的社会效益和价值导向功能。总体而言，面对视听行业迅猛发展的现状，学界要紧跟时代潮流，及时捕捉业界最新的发展方向与态势，不断调整科学研究的着力点，以期能形成对行业良性发展的现实指导，反映到教学上就是不断创新教育教学模式，关注社会发展动向，探索契合实际的教学策略，提升教学效果。高校实践类课程要以培养应用型人才为旨归，紧跟时代潮流，深入行业一线，建立学科、专业、社会之间的紧密联系，在大学阶段让学生养成自主学习、善于探索、适应性强的品质，培养对接专业领域的创新型复合人才。

〔郭勋亚，副教授，宝鸡文理学院文学与新闻传播学院教师〕

基于视觉文化视角的"摄影基础"课程建设研究*

◎ 宋 欣 马 林

摘要：本文通过对视觉文化及"摄影基础"课程与实践课程体系的文献综述，分析现有课程体系在课程内容、教学方法和课程评价等方面的不足，旨在为构建具有视觉文化特色的"摄影基础"实践课程体系提供理论依据，以提升学生的审美素养、创新能力和实践能力。

关键词：视觉文化；摄影基础；实践课程

1. 引言

随着现代科技的发展和视觉文化的崛起，摄影已成为人们日常生活中沟通交流的重要手段。应用型本科院校的"摄影基础"课程承担着培养具备摄影专业技能和创新能力的应用型人才的重要任务。然而，当前"摄影基础"课程体系在实践教学方面存在一定的问题，如技术导向较强、忽视摄影文化内涵、实践教学不足等。因此，从视觉文化视角出发，对"摄影基础"实践课程体系建设进行研究具有重要意义。

2. 文献综述

2.1 视觉文化

视觉文化作为当代文化的重要特征，引起了研究者的广泛关注。周宪指出，当代

---

* 本文系四川青少年思想道德建设研究中心项目"图像时代青少年价值观培育的多维路径研究"（项目编号：SCQSN2023ZC03）的阶段性成果。

文化从语言主因型向图像主因型的转变,对主体的意识形态和认知方式产生了重大影响。人们越来越倚重于通过图像来理解和解释世界,适合于视觉文化研究的独特思维范式和方法亦应运而生。视觉文化转向的趋势主要表现为:视觉性已成为文化的主导因素,广泛的视觉文化深刻地改变了许多文化活动的形态;呈现出图像压倒文字的发展趋向,视觉文化与感性的、直观的和愉悦的文化存在内在联系;对外观形态过度关注,生活世界外观的美化和显现表明了一种观念的变革;随着视觉技术的进步,人的视觉在不断延伸,可视性要求不断攀升,新的视觉花样层出不穷。[1] 王念春和张舒予则关注了视觉文化视角下的人文社科类网络视频课程叙事策略,提出了一种改变叙事视角、叙事结构和叙事时空的叙事新策略。[2] 姜淑慧和张舒予则以亚里士多德的"四因说"为理论依据,提出了关于视觉文化的四大基本问题,并进一步探讨了视觉文化的本质。[3] 学者赵丽和张舒予探讨了知识建构与文化传承的融合,通过开发以中国传统文化为具体内容的学习资源,提炼出"从共享到共生"的知识建构理论。[4] 李明文分析了视觉文化传播时代大众传媒的理性反思,认为大众传媒必须在视觉文化传播时代坚守人类的价值追求。[5] 由此可见,视觉文化作为一种新的文化形态,对当代社会产生了深远影响。

2.2 "摄影基础"实践课程体系

"摄影基础"课程是高校摄影专业的重要课程,旨在培养学生的摄影技能、创新意识和实践能力。近年来,许多学者对高校"摄影基础"课程的教学模式、教学方法、课程改革等方面进行了探讨,其中,范旭阳以广播电视编导专业的"摄影基础"课程为例,探讨了OBE理念下课程制与项目制的结合应用,范旭阳认为OBE理念是一种先进的教育理念,强调成果导向,课程制和项目制的结合可以充分发挥理论与实践的优势。[6] 王蕾则探讨了高校影视多媒体专业的"摄影基础"课程教学改革的路径,包括转变传统思维、突出学生主体地位、合理利用多媒体辅助教学、聚焦实训环节等方面。[7] 董蕾以

---

[1] 周宪.视觉文化的转向[J].学术研究,2004(2):110-115.
[2] 王念春,张舒予.视觉文化的视角:人文社科类网络视频课程叙事策略探究[J].电化教育研究,2015(1):89-95,114.
[3] 姜淑慧,张舒予.视觉文化"四因说"对教育资源开发者的启示[J].电化教育研究,2011(6):26-29.
[4] 赵丽,张舒予.知识建构与文化传承的融合:视觉文化共同体研究实践新探索[J].现代远距离教育,2016(2):36-41.
[5] 李明文.视觉文化传播时代:大众传媒的理性反思[J].新闻界,2013(11):13-14,67.
[6] 范旭阳.OBE理念下广播电视编导专业"摄影基础"课程教学中课程制与项目制的结合应用[J].新闻传播,2023(15):82-84.
[7] 王蕾.高职院校影视多媒体专业摄影基础课程教学改革研究[J].黑龙江科学,2022(13):150-152.

武昌工学院为例,探讨了摄影专业基础课程群联动改革的实践,课程通过多层次课程内容的整合、多样化教学方法的应用和多元化学习评价体系的探索,提高学生的实践能力、创新意识和综合创作能力。① 谭志平则从多元智能理论出发,探究了"摄影基础"课程的教学方式,提出了8种基于多元智能理论的教学方式,为课程教学提供了一定的思路。② 此外,谭时康针对高校摄影课程存在的问题,提出了善用新技术、设立以学生为中心的课程评价体系、丰富课程作业布置、平衡理论教学与实践操作等教学方法。③ 另外,程永泰探讨了翻转课堂在"摄影基础"课程教学中的应用,翻转课堂将学生从被动式学习转化为主动式学习,提高了学生的学习效果。④ 因此,高校"摄影基础"课程教学改革应注重将理论与实践相结合,充分发挥学生的创新意识和实践能力,运用多元化的教学方法和评价体系,以适应社会发展的需求。

3. 从视觉文化视角探讨"摄影基础"课程构建的理论依据

随着我国应用型本科高校教育改革的深入推进,"摄影基础"课程体系的构建日益受到广泛关注。作为一种涵盖艺术、人文、社会、心理等多领域的综合性文化现象,视觉文化对摄影课程的影响愈加显著。

3.1 影响性:完善知识结构、培养实践能力与人才素质

首先,在知识结构层面,视觉文化涉及艺术、人文、社会、心理等多个领域,将其融入"摄影基础"课程可以开阔学生的知识视野,丰富课程内容。例如,在讲解摄影技术的过程中,引入摄影史、摄影流派、摄影艺术家等视觉文化相关知识,有助于学生深入了解摄影的发展脉络和审美趋势。同时,通过视觉文化理论的引入,学生可提升跨学科素养,了解图像与社会、文化、心理等之间的关系,从而提升自身的审美素养和培养自身的批判性思维。其次,在实践能力层面,视觉文化的丰富内涵和多样表现形式可激发学生创意思维,培养学生独特的审美观。例如,在摄影实践环节,引导学生关注身边的文化现象,运用摄影语言表达观点,以提高其创新能力和实践水平。同时,视觉文化对摄影技巧和手法的要求较高,学生在学习过程中需要不断地实践和摸索。通过融入视觉文化元素,"摄影基础"课程可引导学生积极参与实践,提高其在实际操作中的

---

① 董蕾.摄影专业基础课程群联动改革建设与实践:以武昌工学院为例[J].产业与科技论坛,2021,20(21):238-239.
② 谭志平.基于多元智能理论的《摄影基础》课程教学方式研究[J].工业设计,2021(5):51-52.
③ 谭时康.高校摄影基础课程教学方法探析[J].传媒论坛,2019(1):165,167.
④ 程永泰.翻转课堂在《摄影基础》课程教学中的应用探索[J].襄阳职业技术学院学报,2018(2):63-66.

摄影技巧和审美水平。最后，在人才培养层面，视觉文化的全球化特点有助于培养具有国际视野的人才。学生通过学习相关知识，开阔国际视野，提升跨文化沟通能力。例如，在"摄影基础"课程中引入国际知名摄影师及其作品，使学生了解世界摄影的发展趋势，培养具有国际竞争力的摄影人才。同时，视觉文化与社会、政治、经济等因素紧密相连，学生通过学习视觉文化知识，可提高自身的敏感度和树立自身的责任感。再如，在"摄影基础"课程中引导学生关注社会热点问题，用摄影作品表达观点，从而培养具有社会责任感的人才。

3.2 必要性:提升审美素养、丰富创作题材与文化内涵

将视觉文化融入"摄影基础"课程具有重大的必要性。首先，这有助于提升学生的审美素养。学好摄影，学生需要具备较高的审美能力，通过融入视觉文化，学生可以深入了解不同时代、地域的视觉艺术风格，提升自身的审美能力。例如，课程可以引入中国传统绘画、雕塑、建筑等艺术形式，让学生在其中汲取美的元素。其次，融入视觉文化能够丰富摄影的创作题材和表现手法。课程可以激发学生的创作灵感，拓宽摄影题材的范围，使作品更具个性和创意。最后，强化摄影作品的文化内涵也是不可或缺的。通过融入视觉文化，让学生具备关注社会、文化和人类命运的视角，使摄影作品具有更强的思想性和深度。课程可以引导学生关注弱势群体、环境保护等社会问题，通过摄影作品传递出对人性的关爱和对地球的尊重。

3.3 可行性:拓展教学资源、创新教学手段与应用形式

融入视觉文化的"摄影基础"课程具有教学资源丰富、教学手段多元以及紧密联系实际的优势。随着互联网的发展，视觉文化的教学资源日益丰富，教师可以轻松获取各类优秀摄影作品、艺术家访谈、纪录片等教学资源，为课程提供有力支持。教师将这些资源运用到教学中，有助于激发学生的学习兴趣。同时，教师采用多元化的教学手段，可以提高教学质量。课程可以组织学生参观美术馆、摄影展览等，让他们直观地感受视觉文化的魅力。此外，将视觉文化融入"摄影基础"课程还能紧密联系学生的实际生活。教师可以引导学生关注身边的视觉文化现象，并将其运用到摄影创作中。例如，让学生拍摄身边的建筑、人物等，既能锻炼学生的摄影技巧，又能培养他们的视觉文化素养。

应用型本科高校应积极探讨和实践视觉文化视角下的"摄影基础"课程体系，培养具有国际竞争力、创新能力和社会责任感的摄影人才。

4.从视觉文化视角审视"摄影基础"课程体系的现存问题

摄影作为一门融合技术与艺术的学科,其课程体系建设在我国的教育领域已取得一定的成果。然而,从视觉文化视角审视现有"摄影基础"课程体系,它仍存在诸多亟待改进之处。

4.1 课程内容层面:技术导向较强,忽视摄影文化内涵

在课程内容层面,研究发现存在技术导向较强、忽视摄影文化内涵的问题。当前的课程体系过多关注摄影技术的传授,而忽略了摄影作为一种艺术形式的内涵和视觉文化价值。这导致学生仅能掌握摄影技巧,难以创作出具有深层文化意义的摄影作品。具体表现在课程设置中,课程过多地强调摄影器材的使用、拍摄技巧等,而忽视了摄影史、摄影理论、摄影美学等领域的内容。此外,课程缺乏跨学科融合使得学生在摄影创作中难以获得多元化的灵感来源和丰富的创意表达。举例来说,在课程的设计中,未能充分地与其他艺术学科如绘画、设计、影视等相结合,限制了学生的创作视野和思维拓展。

4.2 教学方法层面:实践教学存在不足,缺少个性学习体验

在教学方法层面,笔者发现了实践教学不足和实践教学与理论教学比例失衡的问题。这导致学生缺乏实际操作的经验和动手能力。具体表现在课程中,理论课程占比过大,而实际拍摄、后期处理等实践环节较为薄弱,使得学生难以将理论知识应用于实际创作。此外,教学过程缺乏个性化教学,往往采用"一刀切"的模式,未能针对学生的兴趣、特长和需求进行个性化指导。举例来说,教师在教学过程中未能充分地关注每个学生的成长,而是采取统一的教学计划和评价标准,这限制了学生的个性和创造力。

4.3 课程评价层面:评价方式较为单一,缺乏行业互动反馈

在课程评价层面,笔者发现了评价方式单一和对学生的摄影实践能力与创新精神的考查不足的问题。课程评价中,期末考试成绩占比过大,而对学生实际拍摄作品、项目完成情况等方面的评价不足。此外,课程评价过程缺乏行业的参与和反馈,未能充分引入行业专家和专业摄影师的意见,使得课程体系与行业需求脱节。举例来说,在课程评价中,教师较少邀请行业专家进行评审或开展实地考察,难以确保课程内容的

实用性和针对性。

总之,从视觉文化视角审视,"摄影基础"课程体系在内容、教学方法与评价等方面都存在不足。为培养具有全面摄影素养与创新精神的人才,课程体系改革与完善势在必行。

5. 从视觉文化视角构建"摄影基础"课程的实践教学体系

实践课程体系以技术技能培养、审美素养提升、创新能力培养为核心,结合摄影的历史、理论、实践与创新等多方面内容,旨在培养具备全面摄影技能和审美素养的摄影师。我们要优化课程结构,创新教学方法与评价方式,注重实践导向和多元化评价,以提高学生的实践操作能力和摄影审美能力。

5.1 技术技能培养:课程实操与教学实践

在实践课程体系中,技术技能培养是基础,主要包括摄影器材的操作、拍摄技巧、影像处理与后期制作等方面。教师应通过一系列实践课程使学生熟练掌握摄影的基本技能,并能够运用不同的摄影手段表达自己的审美观念。例如:在"摄影器材操作"这一教学章节,让学生熟悉各种相机、镜头的使用方法,学会正确的拍摄姿势和曝光控制等基本操作;在"拍摄技巧"这一教学章节,教授构图、色彩、光线等摄影基本要素的运用,以及人像、风光、静物等不同摄影题材的拍摄方法;在"影像处理与后期制作"这一教学章节,介绍数字影像处理软件的基本功能和操作方法,让学生学会对照片进行后期调色等处理手法。

5.2 审美素养提升:摄影历史与课程理论

在实践课程体系中,审美素养的提升至关重要,主要包括摄影史、摄影理论、视觉文化等方面。教师应通过学习摄影的发展历程和著名摄影师的作品,使学生了解摄影的前沿动态和审美趋势,培养具有独特审美视角的摄影师。例如:在"摄影史"这一教学章节,介绍摄影的发展历程,分析各个时期的代表作品和摄影师,让学生了解摄影的历史演变;在"摄影理论"这一教学章节,探讨摄影的本质、特点及其在当代视觉文化中的地位,引导学生深入思考摄影的意义和价值。

5.3 创新能力强化:项目实践与团队合作

在实践课程体系中,对创新能力的培养是关键,主要包括项目实践、创作实践、团队合作等方面。教师应通过实际操作，培养学生的创新思维和解决问题的能力，培养具备实战经验的摄影师。例如：在"项目实践"章节，设置具体的摄影项目，让学生在实际操作中学会如何与客户沟通、制定拍摄计划、完成拍摄任务等；在"创作实践"章节，鼓励学生进行个人摄影创作，培养学生的独立思考能力和创新意识；在"团队合作实践"章节，组织学生展开团队合作拍摄项目，培养学生的团队协作能力和领导力。

5.4 课程结构优化：理论框架与创新实践

教师应增加摄影历史与课程理论知识的比重，在课程起始阶段，设立"摄影发展史"和"摄影理论"两个章节，让学生了解摄影的发展脉络及其背后的审美观念；强化摄影技术与实践技能训练，在课程主体部分，设立"摄影技术基础""摄影构图""曝光与色彩控制"等章节，引导学生掌握摄影的基本技巧，提高实践操作能力；融入视觉文化语境，在课程结尾部分，设立"摄影与视觉文化"和"摄影作品鉴赏"两个章节，引导学生从文化层面思考摄影的价值，提高摄影审美能力。

5.5 教法评价改进：实践导向与多元评价

教师应采用项目式教学，以实际摄影项目为载体，让学生在完成项目的过程中掌握摄影技巧，提高实践能力。例如：组织学生拍摄校园风光、人物肖像等，提升学生的拍摄及后期处理能力。教师应创设情境教学，通过模拟实际摄影场景，让学生在课堂中体验摄影工作流程。例如：模拟摄影棚拍摄，让学生亲自动手操作灯光、布置场景等。教师应利用网络资源开展教学，借助网络平台，分享优秀摄影作品及摄影知识，引导学生进行自主学习。例如：在课程网站上设立"摄影大师作品欣赏"和"摄影技巧分享"等板块。在多元化评价方式方面，教师应综合运用笔试、实践操作、作品展示等多种评价方式，全面考核学生的摄影理论知识和实践能力；将过程性评价与终结性评价相结合，注重学生在学习过程中的表现，全面了解学生的学习状况；鼓励学生对自己和他人的作品进行评价，提高学生的审美能力和培养学生的批判性思维。

6.结语

应用型本科院校"摄影基础"实践课程体系包括技术技能培养、审美素养提升、创新能力强化、课程结构优化和教法评价改进等方面。通过对现有课程体系的改革，有助于提升学生的实践能力、创新能力和审美素养，培养出更多具备视觉文化素养的应用型摄影人才。

  应用型本科院校"摄影基础"实践课程体系可进一步加强课程内容与视觉文化的融合，培养学生具备全面的知识结构和摄影文化内涵；同时，进一步丰富实践教学形式，为学生提供个性化学习体验；此外，加强行业互动，提高课程评价的多元性和针对性。在此基础上，不断地优化和完善"摄影基础"实践课程体系，为我国摄影教育事业的发展贡献力量。

  〔宋欣，副教授，四川传媒学院中华优秀传统文化传播学院教师；马林，助教，四川传媒学院大型节目中心实践科副科长、摄影学院教师〕

国际中文教育视频教材《用中文·学表达》100集剧本创作实践

◎ 杨爱君　耿雪娜　张博源　梁　雪

摘要： 随着新兴媒体信息科技的发展，传媒实践教学所涉及的艺术创意、文案撰写、内容制作、内容运营、信息传播等方面均发生变化。天津师范大学音乐与影视学院紧跟时代潮流，抓住媒体信息科技发展机遇，为了让世界人民感受到中国文化和中文的魅力，用新的文化交流思路、新的剧本结构方法，创作出具有实践教学模式改革、实验课程建设性质视频教材《用中文·学表达》100集剧本。本文讲述该项目的创作历程和成果。

关键词： 视频教学；剧本创作；传媒实践教学；中外文化

1. 引言

当今人类进入视频社会，用视频工作和学习已成常态，用视频进行教学也早已开始，但如何在使用视频教材时做到"因材施教"是需要解决的一个问题。在创作视频教材《用中文·学表达》的剧本时，解决这个问题的方法就是把视频教材做得生动有趣，把"话语表达"和"文字表达"的驱动力做好，在呈现汉语言学习的吸引力的基础上再进行教学。

创作视频教材《用中文·学表达》，不仅是面向外国人科学高效地学习和使用中文，规划教学的针对性供给进行的有意义的探索，更是讲好中国故事，传播好中国声音的有意义表达。视频教材共100集，每集2分钟，共200分钟，制作周期280天，拍摄周期30天左右。视频需在天津市内取景拍摄，需要布景和同期声。

2.视频教材剧本创作缘起

"文化记忆"的概念由德国文化研究学者扬·阿斯曼夫妇于20世纪90年代提出,他们想要讨论"这种独一无二的记忆在多大程度上由社会和文化决定"①。扬·阿斯曼认为,文化记忆的概念包含某特定时代、特定社会所特有的、可以反复使用的文本系统、意向系统、仪式系统,并且文化记忆的范围不随着时间的流逝而变化。② 在现代社会中,大众媒介是重要的记忆机构。③ 安德鲁·霍斯金斯提出了记忆研究的"连接性转向",他认为,数字媒介的广泛渗透将不同社会地点的人们紧密联系起来,对记忆的研究应该关注当下的在线连接机制。④ 以抖音为代表的在线短视频社交媒体是当下"连接性"记忆的典型性空间。⑤

短视频承载着传播文化、输出知识、传达观点等功能,可以把大量不同社会地点、地理地点的人连接起来。无论是娱乐、社交还是汲取知识,短视频也在其中扮演着越来越重要的角色。优秀的视频博主自主创作不同方面、不同风格的内容,形成短视频数据洪流,使信息传达的方式和效率产生革新。得益于国内优秀的卷积神经网络矩阵分解模型,网络视频资源的推荐准确而有效,庞大的受众群体一定能从这些数据洪流中找到符合自己需求或风格的视频,形成"创作者—平台—受众"三者之间的循环。位于世界各个地点的创作者凭借文化记忆创作出来的短视频,因此,短视频平台具有很强的文化交流属性。

在科学技术快速发展的条件下,网络逐渐可以承载全世界的文化,全球的创作者和受众人数快速增长,越来越多的跨国视频"火爆全网",比如中国的《一剪梅》就曾在国外网站获得极高的浏览量,韩国的《江南 style》更是火遍全球。这些作品凸显了短视频传播文化功能的强大潜力。

在2023年6月2日召开的文化传承发展座谈会上,习近平总书记强调,开放包容始终是文明发展的活力来源,也是文化自信的显著标志。中华文明的博大气象,就得益于中华文化自古以来开放的姿态、包容的胸怀。秉持开放包容,就是要更加积极主

---

① 阿斯曼.什么是"文化记忆"?[J].陈国战,译.国外社会科学,2016(6):18—26.
② 奥斯曼.集体记忆与文化身份[J].陶东风,译.文化研究,2011(11):3-10.
③ 李红涛.昨天的历史,今天的新闻:媒体记忆、集体认同与文化权威[J].当代传播,2013(5):18-21,25.
④ 黄顺铭,李红涛.在线集体记忆的协作性书写:中文维基百科"南京大屠杀"条目(2004—2014)的个案研究[J].新闻与传播研究,2015(1):5-23.
⑤ 范明献,杨璧全.数字空间与文化记忆:抖音短视频短视频中古诗词的传播与呈现[J].湖南社会科学,2023(6):126-134.

动地学习借鉴人类创造的一切优秀文明成果。无论是对内提升先进文化的凝聚力感召力,还是对外增强中华文明的传播力影响力,都离不开融通中外、贯通古今。经过长期努力,我们比以往任何一个时代都更有条件破解"古今中西之争",也比以往任何一个时代都更迫切需要一批熔铸古今、汇通中西的文化成果。我们必须坚持马克思主义中国化时代化,传承发展中华优秀传统文化,促进外来文化本土化,不断培育和创造新时代中国特色社会主义文化。

《用中文·学表达》剧本朝着为世界各国孔子学院制作视频教材的目标努力,是中国走向世界的传媒实践教学项目;是天津师范大学音乐与影视学院传播优秀中国文化的一次深刻实践;是让世界人民更好认识中国文化、中国人民的良好途径。

3.视频教材的创作历程

天津师范大学提出的国际中文教育的自主教学理论——"表达驱动教学理论"受到国际的广泛关注。"表达驱动教学理论"提出,国际中文教学要以坚守中华文化为立场,在世界二语教学领域认知派与社会派的二元对立中,创建符合语言习得规律的自主教学理论,在理论创建中兼收并蓄,促进20多年来二语教学二元对立的观点在国际中文教学自主理论创建中的有机统一。"表达驱动教学理论"认为,语言学习的真正需求和根本目的是如何科学高效地获得和使用语言,要以话语表达和文字表达为独立技能系统的驱动,规划教学供给,形成国际中文教学的体系化构建以及理论探索,推动国际中文教学自主理论的创建,为国际中文教学高质量发展提供科学坚实的理论支持,为学理构建和学术话语阐释作出应有贡献。

100集视频教材《用中文·学表达》就是为了达到上述目的而创作的。《用中文·学表达》的剧本是经过反复的讨论和实践创作出来的。因为它在每一集时长短的同时还要兼顾精彩的剧情,所以创作难度大。

3.1 主题和剧本风格的确定

在剧本创作之初,我们确定了剧本的创作风格,目标是打造受青年喜爱的文化故事100集系列短片,短片内容涵盖中华文化内涵,情节幽默诙谐,语言精练。主人公形象为在华留学生,以其生活中不同的经历,变换场景去展示留学生在中国学习汉语的过程中所发生的趣事,从中穿插富有中国文化内涵的内容。故事主题贴近生活,反映社会热点,同时渗透中华优秀传统文化的精髓。内容选题参考:手机使用、线上支付、精准扶贫、高铁、中餐、共享单车、大学生活生态文明、基础教育、创新思维等。

我们共需打造 10 个主题,每个主题包含 10 集。一是社会理想,即天下为公和天下大同;二是治理思想,即民为邦本和为政以德;三是大一统传统,即九州共贯和多元一体;四是家国情怀,即修齐治平和兴亡有责;五是精神追求,即厚德载物和明德弘道;六是经济伦理,即富民厚生和义利兼顾;七是生态理念,即天人合一和万物并育;八是哲学思想,即实事求是和知行合一;九是思维方法,即执两用中和守中致和;十是交往之道,即讲信修睦和亲仁善邻。

相关主题举例如下:

和谐共生主题。中国在经济飞速发展的同时,也一直遵循自古以来的爱护自然、保护自然的思想。大熊猫的"野化放归",正是人类尊重自然,与之和谐共生的典型范例,大熊猫来自自然,最终理应回归自然。

民为邦本主题。自古以来老百姓把吃饭作为最重要的事。"菜篮子""米袋子""果盘子",事关千家万户,是最基本的民生。在农产品供应如此丰富的今天,人们仍然会觉得"手中有粮、心中不慌",这就是一种确定性、一份安全感。

家和万事兴主题。对家庭和谐的重视,是中华"和"文化在家庭关系中的体现。

在相关主题确定后,我们又确定了视频教材的语言形式,以演员演绎幽默轻松的故事的视频形式展示,搭配中文对白。我们可以根据播放地的语言要求,修改字幕语言。我们还确定了传播渠道:各国孔子学院及国内网站以及其他世界各地需要学习汉语的地方。

3.2 剧本创作过程

《用中文·学表达》视频教材项目自立项起经历了创意征集、主题深化、大纲研讨三个阶段。在创意征集阶段,杨爱君老师首先面向本科生和研究生发起倡议,广泛鼓励且不拘一格地吸纳学生们对该项目的奇思妙想,从而集结成素材库。在有大量素材支撑下,大家讨论深入理解项目立意、挖掘主题深度,提出将弘扬中华优秀传统文化之主旨呈现于其中的重要目标。杨爱君带领由研究生与本科生结成的工作小组多次开会反复推敲,旨在将本项目从过往视频教材枯燥呆板的窠臼中解放出来,在极具新意的同时能够让人见其深意。同时,经过几轮故事搭建的斟酌,工作小组同步进行了大纲创作,并及时就大纲内容与主题立意的契合程度进行深刻研讨,力图使本项目的前期案头工作为后期拍摄工作打下坚实基础。

2023 年 9 月初剧本正式开始创作。在创作初期,编剧们经过讨论,确定了剧本的创作原则,主要分为三点:一是在视频的制作中注重差异化的表述,激发留学生的兴趣;二是在短视频中提炼出中华优秀传统文化的观点,融入中国传统文化精神的原则,将中国传统特色的因素和中国精神的因素幽默风趣地结合在一起,使得留学生在欣赏的同时,也产生对汉语言和中国文化的向往;三是根据不同国家留学生的性格特点,寻求共同的精神内核,在注重艺术价值的同时,更要注重故事性。要让剧本生动有趣,情节性强,引人入胜,不说教,让大众喜闻乐见,潜移默化地把中国文化传输给世界人民。

在创作原则确定后,剧本创作过程启动。前期创作阶段的创作计划是,天津师范大学音乐与影视学院的研究生和本科生在总编剧杨爱君的带领下,齐心协力,编写一个长达100集的总故事大纲,然后分别创作剧本。

在创作策划阶段,根据《用中文·学表达》的教学目标,我们决定设置6个人物——3名男性和3名女性,其中,有1名男性和1名女性为中国人,其余4人为外国留学生。如何处理好中外人物的关系是初期阶段主要讨论的问题。我们一开始将人物设定为老师和学生的关系,即2名中国人作为4名留学生的老师,教他们学习中文和汉字。6个人物性格各异,身份背景不同,分别为李沐、江雪、叶琳娜、艾达、艾伦和杰克。李沐是个深沉而有智慧的博士生;江雪是个充满艺术气息的艺术学硕士研究生;叶琳娜来自俄罗斯,喜爱旅游和时尚穿搭;艾达来自非洲,热衷中国美食文化;艾伦来自欧洲,喜爱中国功夫;杰克来自北美洲,沉迷中国艺术。人物的设定不仅为了教学服务,也为了短视频的剧情服务。

2023年9月中旬,编剧完成第1版长达1万字的基本故事框架,这个故事框架只有"地基""支撑柱",还未搭建"钢筋"、浇筑"混凝土"。杨爱君针对故事框架带领学生进行讨论,同时组织数名编剧围绕基本的故事框架进行100集分集大纲的创作。我们发现每个编剧的风格都有各自的特色,写的100集故事大纲都不能很好地与基本故事框架相契合,所以决定转换思路。2023年10月2日,杨爱君发现分集大纲风格不统一的问题,决定由一位编剧撰写《用中文·学表达》100集总大纲,再由多位编剧分工完成剧本。10月5日编剧张博源完成了长达2.7万字的故事总大纲。杨爱君组织学生根据总大纲进行剧本创作。为了更符合国际视野,大纲经过修改,改变了6个人的人物关系,将原有的师生关系修改为同学关系,讲述6名同学充分发挥各自文化特色,共同生活、学习的故事。

3.3 剧本创作研讨解决创作难题

2023年10月11日,总大纲创作完成。但由于剧情缺乏独立性,导致每一小集的故事主题不鲜明,不利于中华文化潜移默化地传达。杨爱君组织学生们开会讨论,通过讨论,大家认为创作剧本的时候应当考虑到,讲故事应当以小见大,这样的故事既巧妙,又格局大。编剧们对此展开一系列讨论。

《用中文·学表达》这100集剧本都在讲同一个故事,最终形成一个完整的大故事,这会导致单一剧本无法有效传达中国文化、无法巧妙设置故事冲突。因此,继上次编剧讨论后,决定进行分块故事梗概细化,即将100集剧本分为10个部分,每个部分讲述1个大故事,每个部分分为10集。

2023年10月24日,编剧组讨论出适合向世界展示中国的优秀文化主题。随后,杨爱君组织10位编剧进行10个部分梗概的创作,每一个编剧负责对应部分的故事梗概。

2023年10月25日,分组编剧耿雪娜、张博源进行故事整合,确定以一个学期为基准,讲述留学生们参加校园活动和日常生活的故事。在整个故事编写中,我们对人物成长路线进行细致刻画,确定每个人因为在中国留学而发生的变化。但故事的选择上仍模糊,10个编剧的风格特色各不相同,10个大篇章下的主题不明显,故事也缺乏内在连贯性。

3.4 100集视频教材剧本创作完成

2023年10月27日,杨爱君与耿雪娜、张博源进行讨论,确定写作思路:《用中文·学表达》故事整体讲述4个留学生一学期所经历的事情。在此基础上,故事分为10个部分,从中华文化中的哲学思想、交往之道、生态理念、经济伦理、治理思想、大一统传统、天下大同、思维方法、家国情怀、精神追求10个方面入手,讲述留学生逐渐被中国文化感染的故事。每个篇章主要讲述1件事情,每个篇章由10个小故事组成,每个小故事分别使用不同的时间和空间、不同的主要人物讲述大篇章故事的每个侧面,而这些故事只能靠2—3个编剧来完成,以防出现风格不统一、剧情不连贯的问题。

例如,第一篇章讲哲学思想,中心词为"实事求是,知行合一",此篇章的主题故事就定为了"留学生部要为迎新晚会出一个节目,大家摩拳擦掌,最后这个名额却落在了一个令大家意想不到的人身上"。第一篇章之下的10个小故事,讲述了在竞选、排练中发生的事件,通过这个主题故事去阐述"实事求是,知行合一"。这个故事是《用中文·学表达》的故事开篇,是剧本的引子。根据天津师范大学国际交流学院提供的《中华人文精神目录》,我们选择"知篇"进行故事阐述,第一集"集体荣誉",李沐等人为了表现留学生部的风采,另辟蹊径,选择了有影响力但并未参选的艾伦,他也向其他同学表示,集体荣誉要高于个人荣誉。第二集"任人唯贤",讲述了有同学产生不满,却发现李沐选人只是看谁更有才能,而和与自己的亲疏毫无关系。第三集"自信自立",讲述了被选择的艾伦虽有能力,却毫不自信,在身边同学的鼓励和自我成长中一步步树立自信。第四集"见贤思齐",一步步渐入佳境的艾伦,有些自得,对待排练有些不再踏实,就在这时他发现"人外有人",被别人的努力感动的他,开始反思自己。第五集"守正创新",艾伦觉得自己代替留学生在迎新晚会上为大家表演节目,一定要有特色,做到中西文化融合。他决定在脱口秀节目的基础上,加上津味相声的元素。第六集"勤奋严谨",周围的朋友不断地帮助、照顾艾伦,大家都在为呈现一个展现"留学生部"的作品而努力,而平时做事总是"掉链子"的艾伦也付出了百分之百的努力。第七集"坚毅力行",艾伦面对着"越练越差"的问题,开始有人劝他放弃,可他一直坚持,对他来说,这是留学生部赋予他的光荣的使命。第八集"实事求是",大家看节目出不了想要的效果,都有些着急,想用其他方式代替,可李沐却告诉大家,无论再怎样都要坚持做事的原则。第九集"锲而不舍",艾伦为了这个节目,不断找老师练习,留学生部的各个学生也利用自己的特长,为这个节目添砖加瓦。第十集"知行合一",在迎新晚会上,艾伦的节目赢得掌声阵阵,留学生部的几位同学也在这次的活动中收获良多,几人的友谊开始建立。

再如,第十篇章讲精神追求,中心词为"厚德载物,明德弘道",该篇章的主题故事是"留学生要参加一个义工活动,活动内容是要去福利院照顾孩子,不需要参加者付出任何费用,也没有任何收入,却只有一个名额。所有留学生都经过中华文化的熏陶,变得更加愿意参加这类活动,所以展开了激烈的角逐。"这部分讲述了几个留学生竞争与谦让的故事。这个故事是个结尾故事,也将人物进行升华。第一集"崇德力行",讲述李沐为各位留学生带来了一个义工机会,留学生们充分发挥自己的优势,为了争取机会而努力。第二集"务实笃行",讲的是在邻居王阿姨的提议下,留学生艾达愿意为大家制作小程序介绍各位的优点和长处,让其他人投票选出最适合参加义工活动的人。第三集"慎独自省",讲述的是叶琳娜曾经去山区支教,在无人之地捡到贵重物品并主动归还的故事。第四集"大公无私"讲述的是农民的作物卖不出去,艾伦自掏腰包买下农民所有的作物,还帮助村里人学习直播带货。第五集"强不执弱"讲述的是杰克在学习制陶时老师的良好品德让杰克印象深刻。第六集"自强不息"讲述的是杰克妹妹生病,他努力制陶帮助家人渡过难关的故事。第七集"谦逊明礼"讲述的是每个人的故事都被艾达制作了小程序,投票开始,所有人的票数非常接近,没能选出参加义工的人,这时大家都见识到了对方的优点,认为自己不如他人,互相谦让起来,最后竟然推荐李沐代表他们参加。第八集"重义轻利"讲述的是李沐在出国留学时曾救过一位英国老人,并照顾她的故事。第九集"厚德载物"讲的是留学生们打算所有人都自费参加义工活动,并发现了这个福利院是邻居王阿姨一手创办的秘密。第十集"明德弘道"讲述大家被王阿姨深深感动。福利院内,几个留学生和孩子们友好互动,他们这一学期的活动圆满结束。第十集是《用中文·学表达》100集剧本的总结。

2023年10月29日,编剧组确定为由杨爱君主导,耿雪娜、张博源和梁雪参与的团队。编剧组针对第一篇章和第十篇章的台词进行朗读修改,确定基本剧本写作思路和风格。剧本采用类似《老友记》《家有儿女》的风格,两分钟讲述一个完整的故事,注意反转和喜剧效果,同时在台词中使用英语俚语和中国谚语等可接受的形式。编剧组经过不懈努力,完成了《用中文·学表达》100集短视频教学剧本的初稿创作,并组织专业演员围读剧本,寻找剧本的问题,并进行修改。

2023年12月初,《用中文·学表达》100集短视频教学剧本经过了一轮的修改,并组织中国专业演员试镜,确认其可行性。与此同时,招募外国演员。但外国演员数量少,价格高,难以实现同时招募4名外国演员,所以编剧组需要对剧本进行第二次修改,即减少两名外国演员,重新设定外国留学生的性格特点,仅保留艾达和杰克。

《用中文·学表达》100集短视频教学剧本经过修改,已经具有可行性。2023年12月30日,由天津师范大学音乐与影视学院的研究生、本科生和老师组成的导演组、编剧组、制片组、道具组、录音组、统筹组、服装组等组成的拍摄团队成立,拍摄工作有条不紊地开展起来。

〔杨爱君,天津师范大学音乐与影视学院院长,教授,博士生导师;耿雪娜、张博源、梁雪,天津师范大学音乐与影视学院戏剧与影视专业硕士研究生〕

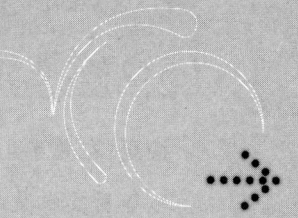

实践教学评价与管理研究

数字化背景下影视实践教学测量与评价的创新路径	杨 阳 沈 璇
虚拟仿真实验持续使用意愿的实证分析	
——以融媒体虚拟仿真平台实践教学为例	陈 臻 张启阳
拥抱变化 守正创新	
——东北师范大学国家级传媒实验教学示范中心实践教学建设分享	董 昕
基于教学实习的省级地面台新闻生产实践探析	刘晓丽 张 燕
AIGC数智在传媒3D数字内容教学中的实践应用	闫俊丽
基于微信企业号的实验室管理系统设计与应用	王轶群

数字化背景下影视实践教学测量与评价的创新路径*

◎ 杨 阳 沈 璇

摘要：在数字化时代，大量新兴技术与产业领域不断崛起，大数据、云计算、人工智能等新技术激起影视行业的激烈变革。技术赋能产业，影视实践教学日益受到重视，行业亟须复合型创作人才，加大了对影视人才实践教学的挑战，而相应的教学测量与评价体系却相对滞后。因此，本文旨在探讨如何在传统影视实践教学测量与评价体系之上进行创新，以提高影视实践教学的质量，应对来势汹汹的业界变革。

关键词：数字化变革；影视实践教学；教学测量与评价

1.引言

随着数字化进程的加快，人工智能、大数据技术逐渐开始代替人类的简单脑力劳动，全新的内容生产方式使市场对影视人才的要求提高，影视教育的学科建设与人才培养模式将面临变革挑战。教学测量与评价体系是现代教育体系中不可分割的一环，它通过一系列的测量方法与评价手段，对教育活动进行科学、客观的描述、度量和评估，旨在提高教育的质量，在教学中发挥重要的参考作用。影视实践教学作为高校影视人才培养中的薄弱环节，与新时代的人才培养要求还有差距，因此我们应结合行业对于影视专业的新需求，革新当前教学的方式与测量评价体系，以反推实践教学改革。

---

* 本文系重庆师范大学校级研究生教改项目"新文科语境下广播电视专业硕士课程思政体系建设与实现路径研究"（项目编号：xyjgsz22001）的阶段性研究成果。

2.影视实践教学测量与评价体系创新的背景

2.1 新时代教育评价改革政策推动创新发展

在 21 世纪初至今的课程改革中,过程性评价早就被学界多次探讨,以适应教学与课程的发展,其主张采取目标与结果并重的方式,在课程实施的过程中对学生学习的效果、过程及与学习密切相关的非智力因素进行全面评价。2020 年中共中央、国务院印发的《深化新时代教育评价改革总体方案》为教育评价改革提供了纲领性的行动指南。新时代教育评价改革思潮的变化与技术发展息息相关,当前的影视实践教学中以传统结果为导向的测量评价思想需要向以技术为支撑的过程性测验转移,来顺应新时代教育评价改革的要求。

2.2 人工智能大环境下的就业危机

2023 年 1 月 31 日,奈飞(Netflix)发布其与小冰公司日本分部(rinna)、WIT STUDIO 共同创作的首支 AIGC 动画短片《犬与少年》;2023 年 3 月 20 日,谷歌支持的人工智能初创公司 Runway 发布文字生成视频模型 Gen-2,"一句话拍大片"从梦想变为现实;2023 年 3 月 26 日,美国编剧工会提议允许编剧在剧本写作中使用人工智能技术,并且不影响编剧的署名和分成。从流媒体、短视频到电影行业,从表演、拍摄到写剧本,人工智能正在全方位渗入影视行业。当前以及未来,在影视产业中,人类与人工智能形成的是可对立、可对话、可融合的多重关系。[①] "人工智能+"的模式在众多领域中的成功,也给影视教育测评提供了借鉴的良机。

2.3 人才培养方向转型

伴随当下媒介融合的国家战略,传统媒体正在与新媒体深度融合,智能媒体技术带动理论知识更新迭代,过时的培养模式导致人才培养出现缺位,高等教育需要新的人才定位和培养模式来减少被自动化取代的风险。在媒介格局发生变化的情况下,学生的综合素质和实践能力愈加重要,跨学科、复合型人才培养,在客观上既要求影视人才掌握采、编、导、剪等基本功,又要求影视人才具备人文社科知识素养和跨学科文化

---

① 黄莺.人类物质颗粒与数字赤裸生命:人工智能对影视产业的赋能与负能[J].北京电影学院学报,2023(7):73-83.

知识,还需掌握大数据分析、新媒体运营等技术,新媒介和新技术语境下的复合型人才培养成为当前影视实践教学的重中之重。而实践教学过程是由教师讲授、学生作品反馈、反向调整输出三部分组成的闭环,教学测量与评价规训、监测和统一着每个部分,教师引导学生了解课程目标,并通过考试或提交作品的方式向学生告知结课的条件和需要掌握的技能与知识,其中渗透了管理者和教学者对人才培养方向的努力,因此,人才培养体系与测量评价体系既是结果和过程的关系,又是相辅相成、密不可分的整体,牵一发必将动全身,教学测量与评价体系也需面对变革压力。

2.4 滞后的实践教学现状

当前高校影视教育培养还存在着多种问题,例如在具体的教学中,教学内容形式陈旧,部分学生以套路化创作应付老师,教学课程模块设计之间关联性弱,整体教学课程互相独立、层次单一、缺少配合,没法得到整合综合能力的锻炼;教学思维还停留在单一的技能培养上,无法将理论课程与实践课程有效结合,许多高校在应用转型中突出学科标准化和同一性的实践训练,将学生培养成了同质化的教育产品,学生个性被忽视;教学观念论大于行,结果大于过程,教师重视实践任务的布置却忽视完成过程中的困难。影视行业重视人才的创新能力,而影视教学却安于现状,没有将影视实践课程体系看作一个整体的、系统的体系来进行整体设计和建构,这需要每位教育者深刻反思。

3.传统教学测量体系的困境分析

3.1 以结果为导向的考评机制

传统影视实践课程的考评综合了笔试试题、实践作品两类考核方式,具体包括试卷测量、写作测量与作品测量三种方式,对学生进行专业能力测量。试题测量是对影视基础知识的总结性测试,写作测量是针对学生对相关影视问题思辨能力的考查,作品测量则是以作品形式考查学生能否将理论知识与实践相结合。以上三种测量方式的内在逻辑都是通过开发试题刺激被试者心理活动,得到被试者的作答反应与结果,从而推断其潜在特质。这种以结果作为导向的测量方式通过教师与学生的"短期互动"来检验长期的教学成效,评判的依据落在试题的作答结果上而不是学生的内在心理过程中,难以测量学生对待真实问题的处理能力,从而忽视了学生在学习过程中的动态的、复杂的心理变化,并且学生在考前易出现应付心理,助推了唯分数论行为。

3.2 评价机制单一化

在传统观念中,教师掌控着教学设计的全过程,因此,教师往往充当着学生发展和学习状况的裁判员,教师评价的结果具有权威性,但在实际的评价过程中,教师作为评价主体会呈现出"主观性强、片面化和有心无力"的特点。首先,教师自身的喜爱偏好和与学生的关系会使其产生主观性偏差,不同的评价主体也存在不同的评价标准,评价结果自然也难免有失公正;其次,评价标准单一容易使教师忽视个体间的差异,不同评价客体在技能、专长和天赋上的差异被忽视,导致评价结果片面化;最后,教学系统是一个复杂的适应系统,作为教育者和评价主体的教师难以捕获评价客体的所有行为数据,对其知识掌握程度和知识实践运用能力呈现出"有心无力"的情况,难以给出真实客观的评价。

3.3 缺乏完整的、成形的测量与评价标准

影视艺术作为一种综合艺术具有其自身的独特性。首先,艺术作品的开放性结构导致评判标准难以建构。艺术作品由空白和否定导致的不确定性组成,呈现为一种开放性结构,并且时刻召唤着接受者积极能动地用想象以再创造的方式参与接受。[①]读者会通过调动个人经验与主观认识填补作品的空白。其次,接受者的期待视野因作品而异。作为接受主体的读者,在进行阅读的过程中,会受到个人情感、审美观、文化背景等因素的影响,形成独有的观念结构和思维指向,面对同一件作品,受众会产生截然不同的看法和评价。最后,每个教师的专长各有侧重,专业影视教育学教师的理论能力强而实践能力薄弱,而实践能力强的教师却缺乏专业的教育学相关知识,难以达到教育理论基础与专业能力之间的平衡。综上所述,众多因素都导致一个通用的、制度性的、客观的测量与评价体系很难形成。

4. 影视实践教学测量与评价的创新路径

4.1 以过程性测量理念作为指导

过程性测量是教育评价理念、技术方法与操作规范系统性革新所衍生的新测量范

---

① 徐皓月.以意向性为纽带:浅析姚斯和伊瑟尔的接受美学观[J].艺术市场,2023(8):88-89.

式,其实质是获取学生在教育教学或测验活动中的过程性表现,从中抽取测量证据推论学生的潜在特质水平或心智活动过程。基于真实教育活动过程评判学生是过程性测量的基本精神追求。[①] 我们应以过程性测量理论为指导,要求教师关注学生个体的变化,包括复杂的内心活动和动态的成长发展,聚焦学生在学习过程和评价活动中任务完成的过程。在影视实践教学中,实践的过程与成果同等重要。因此,在传统测量方式中,教师设置由易到难、由理论到实践的多种作业形式,作为考查学生阶段性学习成果的手段,尽管这可以在一定程度上体现学习者的变化,但并不能展现出学习过程的连贯性,效果不佳。

在改革路径中,由教师牵头的项目制实践测量具备多重优势。在实践的完整度上,项目制实践将系统理论知识与完整实践操作深度结合,以标准化影视工业流程作为样本,契合教师从理论基础到实践创作的教学流程;在学习过程信息的获取上,策划方案、分镜脚本文稿、会议记录视频、团队创作心得、拍摄素材等可以作为学生过程性成长的印证材料,不仅可以用来推定学生的潜在特质水平、专项特长,还能用来推断学生的问题解决过程,探寻问题解决的有效路径和策略以及学生情感态度的变化。这种包含了前期、中期、后期多阶段在内的记录不是短期作品可以比拟的。在师生的关系上,由教师牵头的主体性促使教师深入学生内部与学生一起探讨,为同一个目标而努力,让师生关系深层绑定,超出了以往评价与被评价的从属关系,推动了项目的良性循环。

4.2 以数字化技术支撑个性化测量

学生的行为过程中往往包含庞大的数据网络,仅靠教育者的个体力量难以捕获,而计算机在数据计算能力方面具有优势,大数据分析更是在数据维度抽象能力、数据处理速度和计算精度上拉开与人类计算的差距。我们可以借助互联网络技术领域中大数据测评、学习分析、智慧测评的力量辅助教师,使教师在测量过程中避免受主观因素的影响。通过智能化手段与人共同合作的方式,我们可以针对性生成个性化数据报告,满足学生个体的差异化培养需求。在项目制的影视实践中,完整的项目需要经历前期、中期、后期多个阶段,导、表、摄、编、剪多工种协作,学生在不同阶段中的不同分工也导致教师无法根据统一标准衡量学生在项目中的贡献程度。

因此,我们应借助以深度学习为核心驱动力的智能化教学测量,全方位捕获表现

---

① 高凌飚.过程性评价的理念和功能[J].华南师范大学学报(社会科学版),2004(6):102-106,113-160.

学习者特征的行为以及学习过程性数据,并借助相关模型(如学习者模型、教学模型等)转换成描述学习者在各个状态上的得分,然后整合成报告形式呈现给教育者。[①] 例如,利用集合了各种独立工具的网络应用程序 Yamdu,将其作为辅助测量工具,参与并设计每个部门所需的工具与功能,从脚本创作、前期制作到后期制作的各个制作阶段,记录所有学习者在项目制作全过程中的动态工作数据,包括创意贡献度、表达能力、团队分工与协作能力、专业技能掌握度等考查指标,运用人工智能专业算法完成对学生的智能化考评,减少教育者教辅工作压力,让学生提前适应业界工作流程。

4.3 以多维评价体系作为辅助

影视实践教学的最终目的是要让学生走向市场,因此,不能局限于传统评价体系的教师单一化视角,将第三方的评价作为补充,可以使评价体系更为客观直接。我们可以采用多层次、阶梯化的评价机制,引入学生自评与互评、专家评价、受众评价等多方评价方式,将评价权力下放至第三方,让学生作品与市场、业界进行对接,以减少教师主观性因素对作品造成的影响。通过学生自评与互评,学生利用个体反身式思考和总结来发现自己的优势与不足、促进主动发展、激发内在的学习动力。学生作为拥有评价权力的主体需要思考如何评价他人的作品、如何提出建设性意见,在此过程中培养批判性思维和创造性思维。专家评价,包括校内专家点评、外校专家点评等方式,更具权威性、独立性和客观性,可提高学生对评分的认可度。受众评价,将作品置于平台接受市场的考验,受众通过转、评、赞等方式直接表达自己的喜好,这样的评价更为直观。

5.结语

技术既是促进教学测量与评价变化的动力,又是可以加之利用的革新工具。但实践教学改革并不能一味地依赖于技术,转变教学理念才是核心,技术只是理念实行的协助手段,改变现有思维,系统、科学、全面地收集数据,对教育的价值作出判断,提高教育质量,引导学生将学习的外驱力转化为自身发展的内驱力,掌握主动学习的技能才是应对社会高速发展的最佳武器。

〔杨阳,副教授,重庆师范大学新闻与传媒学院教师;沈璇,重庆师范大学新闻与传媒学院硕士研究生〕

---

① 胜泉,王琦."AI+教师"的协作路径发展分析[J].电化教育研究,2019(4):14-22,29.

虚拟仿真实验持续使用意愿的实证分析*
——以融媒体虚拟仿真平台实践教学为例

◎ 陈　臻　张启阳

摘要： 本研究在期望确认理论模型（ECM）基础上，结合感知价值理论与媒介丰富度理论构建研究框架，探究智慧教育视域下学习者在不同控制变量分组之间的差异性及其持续使用意愿在不同层面的影响机制。结果表明，构成学习者持续使用意愿的各要素之间均存在显著影响关系，且位于同一层面的要素对上级要素影响关系存在差异。研究结果将为平台提供促进学习者持续使用意愿行为的合理建议和有效措施，这有利于培养创新型传媒人才。

关键词： 融媒体；虚拟仿真实验；持续使用意愿；期望确认理论模型

1.引言

2022年中国政府全面实施国家教育数字化战略行动，建成国家智慧教育公共服务平台和第一大教育教学资源库，平台总浏览量超过58.7亿次，学习者覆盖200多个国家和地区，释放数字技术在教育高质量发展方面的放大、叠加、倍增、持续溢出效应，在缩小数字鸿沟等方面发挥了重要作用，开启了迈向智慧教育之路。《中国智慧教育蓝皮书（2022）》显示，我国智慧教育基础设施设备环境基本建成，中国接入互联网的学校比例已接近100%。[①]

2023年2月14日，世界数字教育大会"智慧教育发展评价平行论坛"在京举办，教育部副部长陈杰指出，推进教育数字化转型、发展智慧教育，是应对时代之变、社会

---

* 本文系四川省教育信息技术"十四五"规划2022年度课题"新文科背景下新闻传播专业虚拟仿真实验教学环境与应用研究"（课题编号：DSJ2022060）的阶段性研究成果。
① 智慧教育蓝皮书与发展指数报告发布[J].新西部,2023(2):176.

之变的战略选择,是世界各国普遍追求的共同目标。

2001年,阿诺尔·巴特切吉(Anol Bhattacherjee)将期望确认理论模型(ECM)和技术接受模型(TAM)相结合,并提出学习者在使用某一信息系统后的期望确认度会影响其对该信息的感知有用性和满意度。感知有用性和满意度继而会影响学习者未来持续使用该信息系统的意愿。[1] 本文围绕平台,构建理论框架,对平台持续使用意愿进行分析。本研究迎合了传媒教育的发展需要和策略制定需要,符合融媒体发展趋势,具备经济价值和产业价值。

2.模型构建和研究假设

2.1 模型构建

"国际体育赛事指挥报道虚拟仿真实验""突发事件融媒体应急广播虚拟仿真实验"被认定为四川省虚拟仿真实验一流本科课程。OBE教学理念顺应了时代的发展要求和新媒体市场经济的发展需要,本研究从相关课程出发,助力该虚拟仿真实验课程教学效果。本研究以融媒体虚拟仿真平台(以下简称"平台")学习者为目标受众,研究他们在使用过该平台进行实验后,是否愿意持续使用该平台进行实践。根据巴特切吉提出的期望确认理论模型,学习者对平台的满意度会受到感知有用性和媒介丰富度两个因素的影响。学者龚主杰、赵文军、熊曙初的研究将期望确认理论模型与感知价值理论结合,提出新的模型,本研究采用了其模型中影响感知价值的三个维度,并结合张民对社会化阅读学习者持续分享行为的研究,最终将感知价值分为实用价值、社会价值、经济价值和情感价值四个维度。本研究结合唐晓波和陈馥怡在微信用户满意度研究中得出的结论,将媒介丰富度分为三个维度,分别是信息内容丰富度、表达方式丰富度和信息质量丰富度。

本研究以期望确认理论(ECT)、期望确认理论模型为基础,以学习者持续使用意愿为核心构念,以满意度作为解释影响学习者持续使用意愿的构面概念,以感知价值和媒介丰富度作为解释影响学习者满意度维度的要素指标。以实用价值、社会价值、经济价值、情感价值,信息内容丰富度、表达方式丰富度和信息质量丰富度为解释影响学习者感知价值、媒介丰富度认知水平的要素指标。通过对前人相关研究的归纳整

---

[1] Bhattacherjee A.Understanding information systems continuance:an expectation-confirmation model[J]. MIS Quarterly,2001(3):351-370.

理,重新构建平台持续使用意愿理论模型,如图 1 所示。

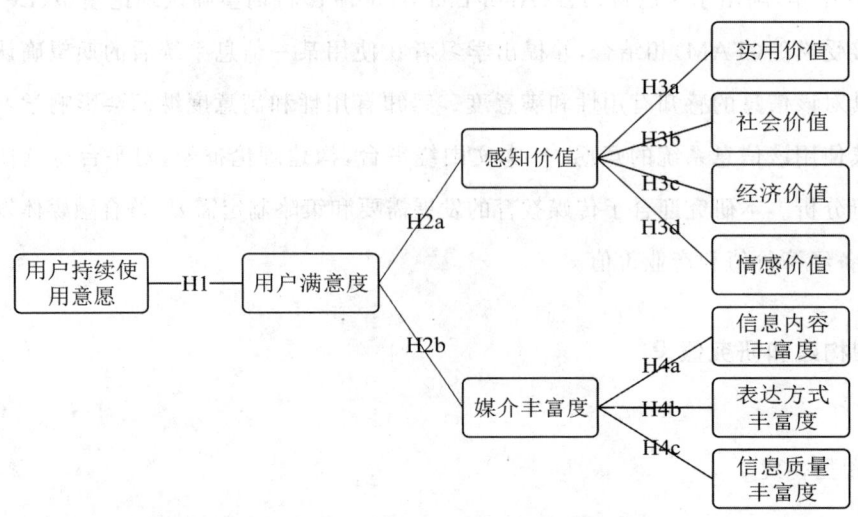

图 1　平台持续使用意愿理论模型

2.2　研究假设

国内关于持续使用意愿的研究较少,大多数研究都是以期望确认理论进行研究。奥利弗在期望确认理论中提到消费者重复购买的参考依照和意愿与消费者过往购买时的满意度相关。[①] 巴特切吉将期望确认理论和戴维斯的技术接受模型相结合,拓宽了期望确认理论的范围,形成了期望确认理论模型,全新的期望确认理论模型显示,消费者满意度对学习者持续使用意愿的影响十分显著。在互联网时代,这一理论常常被使用于互联网学习者的使用行为研究中,樊轶在期望确认理论的基础上,提出了移动生活服务类用户持续使用行为模型,通过实证研究证实了用户满意度以及用户感知转换成本影响移动生活服务类 App 用户持续使用意向,感知有用性正向影响用户的满意度,而感知风险与用户满意度呈负相关关系。[②] 根据这些理论,当学习者对服务满意度与其期望值差异不大时,会产生正向情绪,从而对平台产生心理依赖,影响学习者继续使用的意愿。因此,学习者满意度与其持续使用意愿应该存在影响,则提出如下假设。

H1:学习者满意度对持续使用意愿存在显著影响。

---

① OLIVER R L. A Cognitive model of the antecedents and consequences of satisfaction decisions[J].Journal of Marketing Research,1980(4):460-469.
② 樊轶.基于期望确认理论模型的移动商务用户持续使用行为研究[J].现代经济信息,2015(6):65-66.

平台媒介丰富度及其学习者群体感知价值对学习者满意度影响机制方面。满意度通常指消费者或学习者在发生使用行为过后做出评价,而感知价值与媒介丰富度已经被证明对学习者满意度具有极大影响。因此,本研究提出如下假设。

H2a:感知价值对平台的学习者满意度存在显著影响;

H2b:媒介丰富度对平台的学习者满意度存在显著影响。

平台的实用价值、社会价值、经济价值、情感价值对学习者感知价值影响机制方面。最早的感知价值来源于营销领域,学者们认为感知价值的内涵由两部分组成:一部分是学习者对使用产品获得的效益和花费成本的权衡;另一部分则是消费者在消费过程中体会到的心理上的价值。在众多与感知价值相关的研究中,实用价值是指学习者在使用某一平台后对该平台有用性和便捷程度的感知;经济价值是指学习者在使用某平台后得到奖励,如积分、等级;情感价值更注重学习者在使用某一平台后获得的情绪;社会价值则是学习者在使用某一平台后感知到对自身社会生活上的价值。学者龚主杰、赵文军、熊曙初针对社区成员知识共享感知价值,划分出了实用价值、社会价值、情感价值和利他价值四个维度。[①] 斯威尼认为,感知价值包含质量价值、情感价值、价格价值和社会价值。[②] 张民在研究中验证了实用价值、社会价值、经济价值和情感价值对社会化阅读用户的感知价值有显著的影响。[③] 结合以上研究,本研究提出如下假设。

H3a:实用价值对学习者的平台感知价值存在显著影响;

H3b:社会价值对学习者的平台感知价值存在显著影响;

H3c:经济价值对学习者的平台感知价值存在显著影响;

H3d:情感价值对学习者的平台感知价值存在显著影响。

平台信息内容丰富度、表达方式丰富度、信息质量丰富度对媒介丰富度影响机制方面。媒介丰富度是用来衡量一种类型的信息在某种媒介上传递能力的指标。我们主要分析某一媒介能传递的信息量丰富程度、信息内容的质量和效果,从而判断该媒介在一定时间内所传递的信息能否影响人们对此信息正确的认知和理解。信息内容丰富度指媒介平台提供信息类别的丰富程度;表达方式丰富度指平台能为学习者提供的信息传递方式以及呈现信息的能力;信息质量丰富度指平台给予学习者信息的真实

---

① 龚主杰,赵文军,熊曙初.虚拟社区成员知识共享感知价值维度研究[J].情报科学,2014(2):140-145.
② SWEENEY J C,SOUTAR G N. Consumer perceived value:the development of a multiple item scale[J]. Journal of retailing,2001(2):203-220.
③ 张民.基于感知价值理论的社会化阅读用户的持续分享行为研究[D].济南:山东财经大学,2017.

性。唐晓波和陈馥怡在研究中提出将媒介丰富度划分为信息内容丰富度、信息质量丰富度和表达方式丰富度三个维度,这三个维度对于微信用户的满意度起重要作用。[①]因此。平台的信息内容丰富度、表达方式丰富度、信息质量丰富度与媒介丰富度应该存在影响关系,本研究提出以下假设。

H4a:平台的信息内容丰富度对其媒介丰富度存在显著影响;

H4b:平台的表达方式丰富度对其媒介丰富度存在显著影响;

H4c:平台的信息质量丰富度对其媒介丰富度存在显著影响。

人口统计变量包含着性别、年龄等可以对被调查者进行分组的变量,不同的人口统计学变量分组间有一定的差异。本文将探究不同性别和年龄的学习者的持续使用意愿是否存在差异。本研究提出以下假设。

H5a:不同性别的学习者的持续使用意愿存在显著性差异;

H5b:不同年龄的学习者的持续使用意愿存在显著性差异。

3.研究设计

3.1 变量定义

因变量。本研究以学习者持续使用意愿为主因变量,以满意度为次级因变量,以感知价值和媒介丰富度为末级因变量。

自变量。本研究以学习者满意度作为其持续使用意愿的自变量,用感知价值和媒介丰富度作为满意度的自变量,以实用价值、社会价值、经济价值、情感价值作为感知价值的自变量,以信息内容丰富度、表达方式丰富度、信息质量丰富度作为媒介丰富度的自变量。

控制变量。设置性别、年龄两个人口统计变量,用来调查学习者样本的性别和年龄分布,从而描绘出学习者的基本画像,同时作为分组依据,判断其持续使用意愿的差异。

3.2 问卷设计与数据采集

为了保证本研究量表的科学性,在问卷设计的过程中研究者参考了大量过往研究的成熟量表。问卷总共分为四个部分,第一部分:控制变量,由人口统计变量中的性别、年龄变量构成;第二部分:感知价值、媒介丰富度维度之下的要素指标,由实用价

---

① 唐晓波,陈馥怡.微信用户满意度影响因素模型及实证研究[J].情报杂志,2015(6):114-120.

值、社会价值、经济价值、情感价值、信息内容丰富度、表达方式丰富度、信息质量丰富度等题目组成,共17题;第三部分:学习者满意度构面概念;第四部分:学习者持续使用构念理论。问卷共有36道题。对于强度变量,参照了李克特量表范式设置,其中,1、2、3、4、5分别代表完全不同意、不同意、不确定、同意、完全同意。问卷通过问卷星工具生成,依托互联网渠道多途径发放,回收问卷443份,剔除不合理问卷31份,剩余有效问卷412份,经计算有效率约为93%。

本文将持续使用意愿设计编码为YY,满意度设计编码为MYD,感知价值与媒介丰富度设计编码为GZ和MJ,实用价值、社会价值、经济价值和情感价值分别设计编码为SY、SH、EC、QG,信息内容丰富度、表达方式丰富度和信息质量丰富度分别设计编码为IN、BD、ZL。

4.实证分析

本研究使用spss23.0统计分析工具,结合前文研究假设对收集来的样本数据进行分析。

4.1 人口统计描述

本研究设置性别、年龄两个人口统计学变量。性别分为男、女两个分组;年龄设置5个分组,分别为18岁以下、18—25岁、26—30岁、31—35岁、36岁以上。

样本数据中控制变量。人口统计分析结果显示,男女性别所占比重分别约为48.1%和51.9%,与国家统计局第七次全国人口普查公报性别构成情况相匹配。从年龄分布来观察,18岁以下占比0.5%,18—25岁占比29.9%,26—30岁占比33%,31—35岁占比35.2%,36岁以上占比1.5%。样本数据性别比例分布均匀,较为合理,年龄分布也符合高校师生及社会学习者的群体年龄分布特点。使用此样本进行后续数据统计分析,基本满足研究的可靠性需求。

4.2 信效度分析

信度分析。本研究信度检测依托克隆巴赫阿尔法系数判断量表可信水平。从表1中可看出,各级α系数均良好,说明本研究使用量表具备较高的信度水平。

效度分析。本研究采用探索性因子分析,对各级概念题项进行了效度检测。从表1中可看出,各级题项KMO指数良好,说明研究量表具备较高的建构效度。

表 1 量表信效度检验参数

项目	信度指标		效度指标		项数
	标准化 α 系数	KMO 指数	近似卡方	显著性指标	
持续使用意愿	0.929	0.918	6813.538	0.000	34
满意度	0.921	0.910	6122.689	0.000	31
感知价值	0.887	0.902	3559.142	0.000	18
媒介丰富度	0.815	0.802	1389.081	0.000	9

4.3 差异性分析

本研究需要探究学习者的持续使用意愿在性别和年龄两个人口统计变量上是否存在差异。对于不同性别的学习者在持续使用意愿差异性方面,采用独立样本 T 检验,如表 2 所示,均值方程 T 值为 0.557,显著性水平为 0.578,未呈现显著性差异,假设 H5a 的验证结果则为不支持。

对于不同年龄的学习者在持续使用意愿差异性方面,采用单因素方差分析检测,如表 2 所示,方差 F 值为 0.681,显著性水平为 0.606,未呈现显著性差异,假设 H5b 的验证结果同样为不支持。

因此,可以证明学习者的持续使用意愿在不同性别、不同年龄分组间不存在显著差异性,不同性别、不同年龄人群的持续使用意愿是相似的。

表 2 持续使用意愿人口统计学指标分组时差异性分析

项目		方差方程的 Levene		均值方程的 t 检验		
		F	Sig	T	df	Sig.(双侧)
性别分组	假设方差相等	3.652	0.057	0.557	410	0.578
	假设方差不相等			0.560	409.153	0.576
年龄分组	Levene	df1		df2		显著性
	0.542	4		407		0.705
		平方和	自由度	均方	F	显著性
	组间	2.391	4	0.598	0.681	0.606
	组内	357.472	407	0.878		
	总计	359.863	411			

4.4 回归分析

学习者满意度对其持续使用意愿的影响分析。回归分析是指通过构建模型以探究一个变量受到一个或多个变量影响的程度。如表3所示,模型1拟合度良好(R^2=0.941),满意度对持续使用意愿存在显著影响(B=0.921,P<0.01),假设H1验证结果为支持。这说明学习者满意度对其持续使用意愿存在显著影响,且为正向影响关系。x_1表示满意度,根据模型建立多元线性回归方程为:

$$Y_1 = 0.921 x_1$$

学习者感知价值、媒介丰富度对其满意度的影响分析。如表3所示,模型2拟合度良好(R^2=0.946),感知价值与媒介丰富度对满意度存在显著影响(感知价值:B=0.154,P<0.01;媒介丰富度:B=0.100,P<0.01),因此,假设H2a和H2b验证结果均为支持。从影响关系路径系数来看,感知价值和媒介丰富度对满意度的影响能力相似,但是,感知价值的影响能力与媒介丰富度相比,呈现略高态势。这说明,学习者感知价值和媒介丰富度对其满意度存在显著影响,且都是正向影响关系。x_2表示感知价值,x_3表示媒介丰富度,根据模型建立多元线性回归方程为:

$$Y_2 = 0.154 x_2 + 0.100 x_3$$

学习者满意度在受到感知价值和媒介丰富度影响时,来自感知价值的影响力度略高于媒介丰富度影响力度。

实用价值、社会价值、经济价值、情感价值对学习者感知价值的影响分析。如表3所示,模型3的拟合度良好(R^2=0.984),实用价值、社会价值、经济价值、情感价值对感知价值存在显著性影响(实用价值:B=1.534,P<0.01;社会价值:B=1.726,P<0.01;经济价值:B=1.751,P<0.01;情感价值:B=1.696,P<0.01),可见,假设H3a、H3b、H3c、H3d验证结果均为支持。从影响关系路径系数来看,各要素指标对感知价值的影响能力较接近,影响强度随实用价值、情感价值、社会价值、经济价值排序递增。这表示平台实用价值、社会价值、经济价值和情感价值对学习者感知价值存在着显著影响,且均为正向影响关系。x_4表示实用价值,x_5表示社会价值,x_6表示经济价值,x_7表示情感价值,则根据模型建立的多元线性回归方程为:

$$Y_3 = 1.534 x_4 + 1.726 x_5 + 1.751 x_6 + 1.696 x_7$$

在对学习者感知价值的影响能力方面,由高到低依次为经济价值、社会价值、情感价值、实用价值。

如表3所示,模型4拟合度良好(R^2=0.980),信息内容丰富度、表达方式丰富度、信息质量丰富度对媒介丰富度存在显著影响(信息内容丰富度:B=2.252,P<0.01;表达方式丰富度:B=2.193,P<0.01;信息质量丰富度:B=2.351,P<0.01),可见,假设H4a、H4b、H4c验证结果均为支持。从影响关系路径系数来看,各要素指标对媒介丰富度的影响能力相似,影响强度随表达方式丰富度、信息内容丰富度、信息质量丰富度排序递增。这表示信息内容丰富度、表达方式丰富度和信息质量丰富度存在显著影响,并且是正向影响关系。x_8表示信息内容丰富度,x_9表示表达方式丰富度,x_{10}表示信息质量丰富度,根据模型建立多元线性回归方程为:

$$Y_3 = 2.252x_8 + 2.193x_9 + 2.351x_{10}$$

在对平台媒介丰富度的影响能力上,由高到低依次为信息质量丰富度、信息内容丰富度、表达方式丰富度。

表3 平台各类影响机制回归分析检验

模型			模型拟合度	自变量差异性检测ANOVA		回归分析参数			假设验证	
	因变量	自变量	R^2	F值	显著性	B值	T值	P值	假设	验证
模型1	YY	MYD	0.941	6593.967	0.000	0.921	81.203	0.000	H1	支持
模型2	MYD	GZ	0.946	3589.743	0.000	0.154	13.357	0.000	H2a	支持
		MJ				0.100	9.078	0.000	H2b	支持
模型3	GZ	SY	0.984	6232.536	0.000	1.534	41.593	0.000	H3a	支持
		SH				1.726	56.536	0.000	H3b	支持
		EC				1.751	51.439	0.000	H3c	支持
		QG				1.696	47.756	0.000	H3d	支持
模型4	MJ	IN	0.980	6798.940	0.000	2.252	57.108	0.000	H4a	支持
		BD				2.193	54.458	0.000	H4b	支持
		ZL				2.351	63.070	0.000	H4c	支持

另外,图2可见本文的研究结论路径及影响系数。

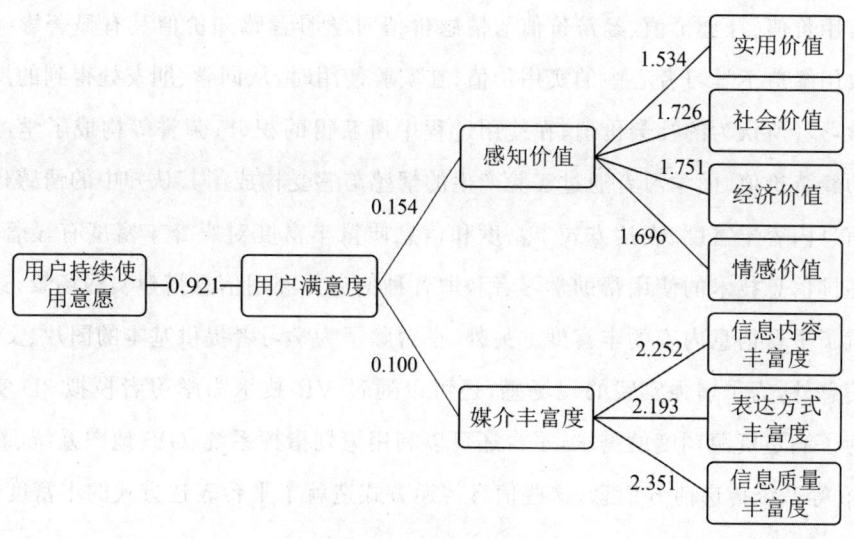

图 2　研究结论路径及影响系数

5.结论和启示

5.1　研究结论

不同性别、不同年龄的学习者,在对平台持续使用意愿方面不存在显著差异。这种发生在学习者群体持续使用意愿上的同质化趋势,不仅与实验平台的属性、功能、操作流界定等相关,同时和学习者群体的实验目的、实验习惯相关,对于学习者而言,使用平台大多是为了实践和学习。

学习者满意度对持续使用意愿有显著影响。学习者对平台的满意度越高,学习者的持续使用意愿就越强。学习者不仅能够通过平台提升自己的能力,提高学习效率,也能在使用过程中获取更丰富的有益信息,还能同一起学习的学习者进行交流。因此,学习者对平台的好评和高满意度,直接导致了学习者愿意在学习过程中持续使用甚至向别人推荐平台。

感知价值与媒介丰富度对学习者满意度具有显著影响。对于大型直播的现场报道这类系统性、复合型高级业务实践,在实操过程中,需要统筹各部门协调配合。对于学习者而言,在教学过程中这种实操难以直接实现,平台可以有效消除学习者无法参与大型直播现场的局限性,这对于学习者感知价值有巨大影响。另外,平台帮助学习者在实验过程中获取丰富信息,如历史、新闻等,学习者可以在学习过程中综合提升自身的能力,感受平台的效用与便利。这些开拓性、有效性满足了学习者对传媒学习的需求。

实用价值、社会价值、经济价值与情感价值对学习者感知价值具有显著影响。平台的效用缔造了学习者心中的实用价值,在实验使用时,从同学、朋友处得到的反馈构成了学习者所认为的社会价值,在使用过程中所获得的积分、荣誉等构成了学习者认知中的经济价值,而学习者通过实验产生的情感与感受构成了其认知中的情感价值。

信息内容丰富度、表达方式丰富度和信息质量丰富度对媒介丰富度有显著影响。平台先进信息技术的使用帮助学习者获取各种信息并利用信息搭建实践场景,这一形式造就了平台信息内容的丰富度。另外,平台除了为学习者提供基本的图片、文字、视频等信息外,为了增强实践的现场感,还可以通过 VR 技术为学习者模拟 3D 实践环境。为了满足资源调度的需求,平台还可以利用策划指挥系统、GIS 地图系统、新闻采编 App 等系统传递前方信息,这些信息传递方式造就了平台表达方式的丰富度。

5.2 研究启示

5.2.1 提升技术水平,助力终身学习

以学习者特性为导向,增强平台可用性,主以不仅为学生提供课程资源,使学生在平台获得平等学习和交流的机会。增强平台在社会学习者中的适用性和易操作性,有助于推动我国教育公平,优质教育资源覆盖面不断扩大,帮助更多缺乏教育资源的学习者共享优质教育,推进全民教育、终身教育。

5.2.2 确立学习者导向,提升平台价值

以学习者满意度为导向,增强平台的价值性和丰富性。根据研究结论,提升学习者满意度对增强学习者持续使用有积极作用。在提升平台的价值性上,应当持续优化平台操作系统,通过各种教育公共服务平台推广实验课程,为更多的学习者提供"一站式"服务,促使平台更加广泛地应用与共享。

5.2.3 优化平台系统,拓展平台功能

以学习者感知价值、平台媒介丰富度为导向,必须优化平台操作系统,拓展平台功能性。根据研究结论,实用价值、社会价值、经济价值与情感价值对学习者感知价值具有显著影响,而信息内容丰富度、表达方式丰富度和信息质量丰富度则对媒介丰富度有显著影响。

〔陈臻,副教授,四川传媒学院融合媒体学院教师;张启阳,四川传媒学院融合媒体学院硕士研究生〕

拥抱变化 守正创新
——东北师范大学国家级传媒实验教学示范中心实践教学建设分享

◎ 董 昕

摘要：近三年，东北师范大学国家级传媒实验教学示范中心基于媒体融合、5G、4K、互联网、云计算等技术，在融媒演播、直播、导播、影视制作等实践教学系统建设方面成果不断。根据拥抱变化、守正创新的思想，中心将新技术实践教学与传统传媒实践教学相结合，通过一系列规划形成了一系列成果。本文详细描述了相关系统在融媒演播直播和影视制作实践教学中的应用情况。

关键词：融媒演播直播；影视制作；实践教学

1.引言

随着互联网及相关技术的高速发展，传统媒体受到了前所未有的冲击。技术的发展也给传统媒体带来了机遇，传统媒体在媒体融合时代唯有拥抱变化、守正创新，方能取得转型的成功。

东北师范大学传媒科学学院（新闻学院）始建于2000年，经历了互联网相关技术的高速发展时期，在人才的培养模式上也在不断地与时俱进。长期以来，学院秉承"特色化""精英化"的教育教学理念，强化"厚基础、精理论、重实践、宽就业"的人才培养思路，以"影视与传播并重，艺术与技术共强"为特色方向，对技术变化、行业发展、实践教学极为重视。通过建设和积累，学院的实验教学中心成为东北地区首家国家级传媒实验教学示范中心（2008年获批建设，2012年通过验收），拥有价值6,000多万元的各种视听与传播实验设备，实验室面积达3,400多平方米，形成了集广播电视、新闻传播、播音主持、影视艺术、信息管理、数字技术、网络应用、平面设计、广告开发于一体的综合实验教学平台，具备完整的数字化节目制作体系、图形图像创作与制作体系、网络化的教育信息处理体系。

面向互联网技术下的融合媒体的发展,学院最近几年新建了融媒演播直播实验室、超高清剪辑调色实验室(4K影视剪辑和调色实验室),不仅保留了传统演播的多景区、多工种岗位以及高质量视频节目创作的实践教学环境,同时针对媒体融合下新媒体与传统媒体相互融合的实践教学场景,学院通过任务式教学模式,让学生利用大数据、融合采编、融媒演播、虚拟制作、互联网直播、4K编辑和调色等多种技术来完成全媒体内容的策、采、编、发、评一体化的传媒技艺能力锻炼。在这种条件下,学生既进行传统传媒基础知识的学习,又通过新技术的实践完成了融媒体时代下的短视频、直播等新型传播形态的作品。

2. 建设规划与建设原则

2.1　建设规划

在面向传媒类相关专业媒体融合实践教学转型的过程中,我们既积极拥抱变化,引入前沿的新技术、新工艺,并将其融入教学,推进"新文科"建设,又在建设过程中利用建设契机改进传统的传媒基础教学环境,坚持"拥抱变化、守正创新"的建设理念。

第一,在建设过程中充分考虑当下媒体行业传播形式的变化,将短视频编创、云直播、云导播、虚拟制作、虚拟数字主播、互动传播等传媒行业的热点应用引入实践教学,推进实践教学的课程改革,促进学生就业创业。

第二,充分利用建设契机,改造350平方米的全媒体演播中心,建设包含坐播、站播、大屏、多连屏、访谈、虚拟、导播、教学多景区多功能的全媒体演播室,改造更新80个站点,包含4K非线性编辑、专业调色、后期包装的实验室,提升广播电视编导、播音与主持艺术、新闻学、广告学、数字媒体多个专业的传媒基础知识学习条件,实现新技术、新工艺与传统传媒基础知识在实践教学中的融合。

第三,建设标准参考主流媒体技术标准,考虑到科研要求和未来3—5年的人才培养不落后的要求以及任务驱动的实战教学模式,相关建设要求略高于现有主流媒体技术标准,在充分满足实践教学需求的前提下,让各项操作完全达到主流媒体日常节目制作要求,可通过任务驱动式的实践教学让学生得到充分的锻炼和实践,实现实践教学与就业的无缝衔接。

2.2 项目建设原则

在设计融媒演播直播和影视创作实践教学系统方案时,我们充分考虑以下原则。

第一,确保系统先进性,实现技术装备领先行业技术标准,相关技术5—10年内不被淘汰。

充分采用云计算、大数据、5G、4K、虚拟制作等先进技术,尤其是在演播室、非线性编辑、数据库管理、检索等技术方面,均采用4K制作标准和领先的智能化技术。系统在管理、转码、共享、数据调度等方面充分体现智能化和自动化。

第二,需要保障系统的可靠性、稳定性和安全性。

实践教学系统需要充分考虑系统的可靠性和稳定性。借鉴国内外主流的架构和运维体系,采用国际上成熟的模式、产品和技术。要达到省级主流媒体的技术保障要求,系统应设计有完整的安全接入措施和用户认证手段,具有严格的分级分层次用户权限管理以及访问控制、安全日志和操作记录的管理。

第三,开放的接口和灵活的可扩展性,实现与未来媒体技术发展的无缝对接。

充分考虑校园原有各类应用系统的互联互通,以及数据共享的应用需求,同时系统必须能够支持广电、教育行业主流的文件格式、压缩格式和相关的主流设备,必须满足节目素材传输、数据交换等需求。同时,充分考虑未来建设人工智能实践教学系统的需求,预先考虑未来媒体实训业务量的增加情况,力求做到在整个系统结构基本不变、现有设备基本无须替换的情况下具有大规模扩展的能力,并同时满足存储容量及带宽大幅度增长的需求。

第四,需要保障实践教学系统的可管理性和人性化设计。

实践教学系统设计必须确保架构合理、模块清晰,合理设置管理和维护模块。同时,实践教学系统须遵循人性化设计,设备操作简单,维护管理方便。所有日常维护工作要求能实现在线式操作,在可能的情况下应支持在线升级与维护。实现与媒体融合实践教学的高度结合,切实提高工作效率,降低运营成本。

3.系统建设成果

通过建设融媒演播直播实验室、4K影视编辑及调色实验室,我们在广播电视编导、播音与主持艺术、新闻学、广告学、数字媒体这些专业的实践教学中引入了互联网直播、4K编辑与包装、短视频快速制作、全媒体演播等实践教学课程,将新技术导入学院的实践课程教学中,推动课程改革的落地。

3.1 融媒演播直播实验室系统

我们在学院原有的400平方米的演播室场地上重新建设融媒演播直播实验室系统,将空间规划为主播大屏幕综合播报区、虚拟演播区、新媒体站播区、互动访谈区、教学互动区、导播控制区。融媒演播直播制作系统包括智能生态控制系统、4K融媒体导播一体机、4K虚拟包装系统、超高清大屏包装系统、摇臂机器人、音频系统、灯光系统等。在新技术、新工艺突飞猛进的时代,学院仍然秉持着"厚基础、精理论、重实践、宽就业"的人才培养思路,只有强化基础知识学习,才能为将来的传媒人打好基础,才能实现守正创新。

在这些功能景区中,实践教学的老师带领学生完成融媒演播实践教学和任务作业。不同专业的学生可以分组完成实操作业,共同完成一档演播节目的制作,从而熟悉整套演播流程,体验多景区下不同类型的节目创作。播音与主持专业学生可在站播区与背景大屏互动,完成口述校史的节目创作,也可以与其他专业学生组队完成新闻访谈直播节目。学生可进行外场的实时视频对话连线,体验难度较大的大型直播活动中更加直观、互动性更强、更具说服力的播报场景。在节目的录制过程中,广播电视编导专业的学生可操作各类制作设备,实现多机位的拍摄和各种绚丽的动画包装效果,可以提升节目的视觉冲击力。新闻学专业的学生可根据选题让场外的新闻信息源和嘉宾与融媒演播室实现背景大屏的互动连线。

融媒演播直播实验室的另一大特色就是强化了互联网下的直播实践教学。通过云端+本地协同直播制作系统,学生实际体验了互联网生态下的直播新型工艺流程:策划—预热—直播—复盘四个阶段的实践。

学生从直播选题策划开始进行分工协作,完成直播节目单的策划和制作,然后根据节目内容创建网上直播间,通过扫描二维码在互联网上进行引流互动等工作,在节目直播开始前发出节目单、节目内容简介、嘉宾介绍等,实现与观众的互动交流,提前了解直播收视预期。同时,在直播开始后要实时监看直播效果,随时掌握观众的收视情况、地域分布、观看时长分布、情感互动等信息,并及时将直播中的精彩内容进行拆条剪辑,并将其迅速发布至抖音、快手等内容平台。直播结束后,可使用精编工具进行二次加工,做深度报道,使得演播室可以创作更丰富的节目类型,这不仅可以激发学生的创作能力,还可以让学生学到最新技术如何赋能传统演播室。学生可以在校外通过手机、平板电脑、笔记本电脑等移动终端完成业务,随时随地采编播,不仅可以完成老师布置的作业,还可以通过工作坊的模式承接商务直播活动,体验创新创业的学习内容。

3.2 影视制作及调色实验室系统

随着4K技术的普及,学院也同步将原有的系统统一升级到4K标准,在原有实验室的场地内新购置了1(教师机)+80(学生机)套4K非线性编辑系统及配套的调色系统,满足广播电视编导、新闻学、广告学、数字媒体等专业学生的影视后期编创实践教学需求。

影视制作及调色实验室提供视频选题策划、稿件/脚本、拍摄/准备、剪辑/制作、批改/审核、发布/管理全流程的业务能力,同时可结合新技术,为融媒时代下学生创作短视频提供实践教学环境。

影视编辑与调色实验室的另一大特色就是强化了新媒体视频编创方面的实践教学。在大视听时代,视频内容的生产已经不再是专业机构的专利,当前社会的各行各业都在通过视频进行宣传,视频生成的需求由广电机构向泛媒体领域进行扩展。学院培养的人才,其就业形势相比原来也发生了较大变化,更多的毕业生选择到融媒体中心、通讯社/报社、政府企业的宣传部门等各种不同类型的单位就业。不同的机构对视频生产的各方面要求存在显著差异,通过对泛媒体机构生产视频的分析可以发现,泛媒体类机构的视频生产具备明显的分层特点。热点转载、快速原创、精编原创、专业包装制作是视频生产不同层级的需求。热点转载包括素材抓取、素材去标、裁剪转换等方面;快速原创包括公报公告、新闻速递、时事短评等方面;精编原创包括新闻时事评论、人物访谈、数据可视化等方面;专业包装制作包括大型专题(策划)和品牌塑造(视效)等方面。

面对不同层级的视频生产需求,我们应通过不同的创作工具来兼顾不同机构、不同类型的视频制作的效率、质量等各方面的需求。在建设系统时,学院就着重考虑了这一方面,通过大量云端工具的加持确保了高质量、专业性的视频制作水平。同时,系统还提升了学生在虚拟主播、数据新闻等方面的编创能力。

4.结语

随着新一代传媒信息技术迅速发展,娱乐、文旅、电商等领域与传媒行业深度融合发展,传媒领域进一步呈现形式多样化、内容垂直化、人员专业化趋势,这就要求传媒类专业的各类实践教学活动也要更加细分化和专业化。拥抱变化、守正创新,东北师范大学传媒国家级实验教学示范中心将继续在传媒实践教学领域与时代同行,为社会持续输送传媒实践创新人才。

〔董昕,高级实验师,东北师范大学传媒国家级实验教学示范中心主任助理,实验室主任〕

基于教学实习的省级地面台新闻生产实践探析*

◎ 刘晓丽　张　燕

摘要： 本文以笔者在省级地面电视台湖南经济电视台实习的新闻生产实践感受为基础，通过对2023年7月《经视新闻》的426条新闻文本进行梳理，得出其报道主题及特点，试图通过分析其中的一般规律来总结和梳理省级地面台新闻生产的总体框架和共性问题，并提出新闻生产的创新之道，即主流媒体深度融合的根本要点是"内容为王＋技术驱动"。省级电视台应该做强内容生产，集中力量打造地方IP，发挥出自己的报道优势。同时，应运用新技术，建立"网感"，创新报道形式。

关键词： 新闻生产；省级地面台；教学实习

1.引言

在2023年中国互联网络信息中心（CNNIC）发布的第51次《中国互联网络发展状况统计报告》中，特别值得关注的是短视频用户规模的快速增长，短视频几乎成为全民化应用。截至2022年12月，短视频用户规模首次突破10亿，用户使用率高达94.8%。根据"使用与满足"理论，观众会基于自己的需要选择适合的媒介，节奏快和篇幅短的视频无疑满足了受众在当下新媒体环境中的使用需求。受众注意力的"遗失"给主流媒体带来巨大的打击，它们纷纷转型建设新型主流媒体，开设"中央厨房"，扩大社会影响力。然而，主流媒体由于受职业道德、法律规范和专业标准的制约，与用户进入门槛低、内容生产相对自由的短视频之间依旧存在"信息空白"，由此在最终的

---

* 本文是湖南省学位与研究生教育教改研究一般项目"新闻与传播专业学位研究生'双导师制'实施路径的实践与探索（项目编号：2023JGYB124）"，湘潭大学研究生学位与研究生教育教改研究专题项目"新闻与传播专业学位研究生'双导师制'实施路径的实践与探索（项目编号：YJGZT202301）"的阶段性成果。

传播效果上也有一定的落差。因此,在小屏的猛烈冲击之下,大屏新闻到底怎么做才能更有市场,是个值得深思的问题。

本文围绕三个问题展开分析:在新闻生产实践中,省级地面媒体的报道主题包括哪几个方面?当下的生产模式有什么优势和不足?下一步要如何进行创新?研究者深入省级主流媒体新闻生产一线,展开实地调研,追踪收集了湖南经济电视台《经视新闻》2023年7月的426条新闻报道,整理成31天的新闻串联单,通过文本分析获得对新闻内容生产的新思考和新认识。在研究步骤上,首先,通过实习的方式亲身实践,直接与记者、编辑等媒体人进行接触,展开参与式观察并收集信息,记录和观察他们的工作情况。其次,通过媒体的内部资料和互联网上的公开信息对收集的信息进行整理归纳。最后,对整理好的视频、图片、文字资料进行思考和分析,依据扎根理论的研究方法,在 Excel 软件中对所有数据进行人工编码及分析:"一级编码"中依次对新闻文本贴标签,概括并提炼出每一条文本所表达的基本信息元素,建立43个初始范畴;"二级编码"中对初始范畴进行类比,归纳同类,建立文本之间的联结,形成6个副范畴;"三级编码"即根据副范畴分析其中的相互性关系,找出4个主导性范畴(见表1)。

表 1 编码过程中初始范畴对应的主、副范畴

主范畴	副范畴	初始范畴
时事政治新闻	时事政治(125条)	党建工作;政治政策;领导调研、走访;思想建设与指示;政府工作;会议活动;公职人员作风、任免;外交事务;国际论坛、展览 (9个)
经济新闻	经济发展(78条)	工商业、制造业发展;农业经济发展;对外贸易;国民收入;基础设施建设;金融、财政实力;行业创新与升级;企业经营与管理;城市经济;就业创业 (10个)
文教新闻	文旅宣传(43条)	城市历史文化;文艺演出;文学活动;新书发布;旅游建议;美食推荐;民俗活动;文化展览及活动 (8个)
文教新闻	科技与教育(32条)	科技创新;人才培养;教育部署工作;论坛、竞赛 (4个)
社会新闻	生态环境(18条)	气候变化;低碳环保;绿色生态 (3个)
社会新闻	社会新闻(130条)	典型人物;交通出行;福利保障;医疗生产;热点事件;健康安全;生活风貌;食品安全;其他社会活动 (9个)

2.《经视新闻》的生产流程

相较于湖南卫视播出的《湖南新闻联播》,《经视新闻》的内容更加聚焦省内的各地方情况,针对地方特色的报道也就更加全面、细致。在 2023 年 7 月的新闻报道中,《经视新闻》开设了暑期特色专栏《高温下的坚守》,也保留了固有的栏目《新思想引领新征程》。在 2023 年 7 月的新闻报道中,既有针对重大事件的系列报道,又有针对未来将会发生的事件的预设议程内容,研究文本种类丰富,样本价值具有一定的充分性和有效性。

2.1 选题与策划

一般而言,在每晚六点半《经视新闻》顺利播出后,编辑和记者会召开晚会,策划第二天的报道选题。选题包括规定性动作和自选动作。规定性动作即上级宣传部下达的特定新闻主题,已经有明确的新闻线索,记者只需按照要求和指示在第二天定时定点进行采访写稿即可。自选动作即记者主动找到一个报道方向,思考新闻角度,向责编进行汇报,在责编的建议下修改和完善稿件。目前,自选动作的选题方向更多地来自抖音、微博、微信的传播热点。记者在互联网上了解最近两天内发生的事件,思考其是否具有新闻价值,是否与人民群众的利益有关,在采编例会上汇报思想成果。就《经视新闻》而言,事件和人物的显著性、时效性、重要性成为新闻价值的主要因素,自选题目通常以具有影响力的社会热点事件为主。选题一经上级的同意,就需要联系采访对象说明意图,取得对方的同意,沟通好时间及地点第二天准时采访。

2.2 采访与写作

记者一般上午出去采访,收集素材,下午回到工作岗位写稿、剪辑。在采访前,记者都会提前做好采访提纲,一方面是让自己在采访中掌握主动权,另一方面也是做好采访预设,方便厘清思路,加快完成稿件的速度。《经视新闻》中的任何类型的报道基本上都要求至少有两位采访对象,单独的一段采访不能成片。记者的一条稿件一般要保证在 3 分钟内能播完,其中导语和配音文字要求通俗和简洁,同期声的内容要与主题息息相关,控制在 20 秒内。如果下午 4 点前记者不能把当日的稿件编辑完成,该稿件就很难在当日发布出去。记者的稿件需要在非编系统等单位指定的平台提交给编辑审核。当稿件顺利通过后,记者就可以开始剪辑。记者剪辑讲究声画合一、声画对位。

2.3 编辑与审核

每一篇新闻的顺利播出,通常会经过"三审三校"。首先由记者、被采访对象审核,主要审核事实是否准确、新闻要素是否齐全、用词是否正确。其次由制片人审核,主审新闻导向是否正确,同时编辑会对新闻作品提出修改意见,与记者一同不断地完善新闻作品。最后由部门主任审核,确认文字应用是否合理、画面应用是否适当,如若无误就可以签发。其间,值班制片人根据新闻的时效性和重要性对稿件进行内容排序,建立当日的新闻串联单。而三校则要求在播出前由播音员、主持人、记者对文字、声音、画面等进行3次校对。

3.《经视新闻》生产实践的现状

3.1 时事政治新闻报道:"口+画"建构党政认同

《经视新闻》的时政报道不仅位置在播报的最前端,并且在特殊情况下单条新闻的时长允许超过3分钟。在2023年7月份播出的426条新闻中,时事政治新闻占到30%,平均每天播出4条有关内容(如表2所示)。

表2 《经视新闻》2023年7月时事政治新闻报道概况

副范畴	初始范畴	数量(条)
时事政治新闻(125条)	党建工作	15
	政治政策	3
	领导调研、走访	7
	思想建设与指示	32
	政府工作	23
	会议活动	30
	公职人员作风、任免	3
	外交事务	8
	国际论坛、展览	4

时事政治新闻报道以思想建设、领导会议、政府工作为主题的报道最多。《经视新闻》对于此类报道,多以"口+画"的形式播出,缺少人物采访内容。重要领导人物的讲话或采访往往有通稿可用,只需通过转述声音、画面的形式来传达。

3.2 经济新闻报道:"硬新闻"树立经济形象

在426条新闻中,有78条属于经济发展新闻。特别的是,7月份正处夏季,出现了高温经济、清凉消费的报道;7月份也是毕业季,正值就业创业发展热潮,出现《人社高校齐发力 "铺路搭桥"增就业》的经济报道。稻田丰收、电力保障也是每年7月报道的固定选题(如表3所示)。

表3 《经视新闻》2023年7月经济新闻报道概况

副范畴	初始范畴	案例	数量(条)
经济发展新闻(78条)	工商业、制造业发展	湖南卫星遥感应用产值超5亿元 节省省级财政投入超51亿元 "一切盯着项目干 一切围着项目转"力推10亿元大项目成功开工	7
	农业经济发展	亩产628.3公斤!桃江县省级"稻再油"示范片再生稻喜获丰收 华容举行预制菜产业高质量发展大会 加快实现芥菜产业产值过100亿元	11
	对外贸易	一万台平板电脑发往南非 上半年衡阳对非出口同比增长242.19%	7
	国民收入	今年上半年湖南居民人均可支配收入超1.7万元 消费回暖信心足 处处都是人间烟火气	2
	基础设施建设	"起早贪黑"避开午间高温 长沙机场T3航站楼建设正酣 城陵矶港上半年完成集装箱吞吐量57.25万标箱 同比增长54.74%	7
	金融、财政实力	长沙市第三季度重大项目集中开工 集中开工项目共150个 预计总投资595亿元 2022年省级预算执行情况总体较好 财政运行总体平稳	2
	行业创新与升级	一年发电5亿度 世界级"超级充电宝"明年投产 三一工车发布6款自卸车新品 混合动力主打一个"省"字	7
	企业经营与管理	湖南银行多措并举"输血"小微企业 贷款余额较年初增长16.9% 湖南外贸交出上半年成绩单 民营企业"领跑"贡献八成业绩	25
	城市经济	长沙望城区:解读"韧性密码" 擘画一江两岸蓝图 长沙天心区:引进"网红"经济 打造现代服务业发展高地	7
	就业创业	人社高校齐发力 "铺路搭桥"增就业 既有"高精尖"还有"接地气" 湘阴县掀起创新创业发展热潮	3

经济发展新闻绝大部分采取"标题＋导语＋同期声1＋配音1＋同期声2＋配音2"的报道结构,通过报道企业的经营管理状况,工商业、制造业、农业的发展水平塑造湖南的地区经济形象,通常有专门的记者跑这条线,新记者很少能接触到这类线索。这一类报道的数字使用频率最高,在写稿的过程中也更加注重用数据支撑观点,注重"以点带面"。"硬新闻"对记者的专业能力要求高,记者要有足够的经济知识、总揽全局的观念,以揭示其背后的规律和趋势。

3.3 文教新闻报道:连续报道强化观众记忆

《经视新闻》对文教新闻的报道,一般以消息体裁为主,结构简单,语言顺畅。其中,有些文旅报道的广告宣传味道浓厚,比如《〈千古诗词中的大美长沙〉文学分享讲座举行》《〈仲景精神与湖湘文化〉新书首发》(如表4所示)。

表4 《经视新闻》2023年7月文教新闻报道概况

副范畴	初始范畴	案例	数量(条)
科技与教育（32条）	科技创新	虚拟人畅游元宇宙　人工智能三秒写出新闻稿 国产技术成"顶流"　科技让视频更酷炫	8
	人才培养	益阳启动"新星计划"　163名返乡大学生喜提暑期实习岗位 1027名大学生志愿者奔赴西部开展服务	5
	教育部署工作	湖南统一中考后明年长沙中考总分调整为700分 梅溪湖片区9月可新增6000多个新学位	15
	论坛、竞赛	湖南省首届中小学阅读教育论坛在长沙举行 "竞赛＋科普"释放奇思妙想　我省青少年太空机器人竞赛举行	4
文旅宣传（43条）	城市历史文化	红色研学:重温伟人足迹传承红色基因 推动中华文化　湖湘文化更好走向世界	4
	文艺演出	"艺心向党 礼赞七一"　湖南省新的社会阶层人士文艺汇演精彩上演 《梦之旅》重启海外巡演首站前往西班牙	6
	文学活动	《千古诗词中的大美长沙》文学分享讲座举行	1
	新书发布	《仲景精神与湖湘文化》新书首发 《解密中兴颂》新书首发仪式在长沙举行	2
	旅游建议	用镜头展现山水之美　让更多人爱上吉首 湖南经视14个机位现场直播　带您感受湘西之美	17
	美食推荐	美味湘菜五分钟出锅　湖南加快建设预制菜大省 去"湘当有味"的地方　用"舌尖"带动"脚尖"	5
	民俗活动	赏非遗来赶集　各地"六月六"特色民俗活动上演	1
	文化展览及活动	湖南省美术书法摄影精品展开幕 第31届书博会在济南举行　出版湘军携近3000种图书精品参展	7

文教新闻的具体文本内容和数量情况如表 4 所示,426 条新闻中有 75 条关于文化、旅游、科技与教育的新闻。这类软新闻的内容比较轻松,写作更加自由。特别的是,《经视新闻》针对几个选题进行了连续报道。例如,关于志愿填报、本科录取的内容一个月内报道了 7 条,从 7 月 2 日《本科集中填报志愿已于今天下午 5 点截止》到 7 月 25 日《总计 7040 个!湖南高招本科批征集志愿计划公布》结束。此外,节目还对湘西州旅游发展大会进行从 10 日至 15 日连续 6 天跟踪报道,并直播现场情况。

3.4 社会新闻报道:实况展现"在场感"

在《经视新闻》2023 年 7 月的新闻报道中,关于社会和环境的新闻有 148 条。在时长上,这是占比最高的一类新闻,平均每天就有将近 5 条的社会新闻报道,如表 5 所示。

表 5 《经视新闻》2023 年 7 月社会新闻报道概况

副范畴	初始范畴	案例	数量(条)
生态环境 (18 条)	低碳环保	2023 湖南节能宣传周在醴陵启动 节能降碳 你我同行 株洲硬质合金集团:产线绿色节能降耗 产品应用低碳环保	5
	绿色生态	全面推行林长制 守护三湘"生态绿" 擦亮生态底色 让天更蓝水更清地更净	7
	气候变化	受台风"泰利"外围影响 湘中湘南局地将有大暴雨 台风"杜苏芮"明早登陆 湘北暴雨来袭	6
社会新闻 (130 条)	典型人物	袁红梅:浇花浇根育人育心 做学生的知心人 空调安装工:"飞檐走壁"把凉爽送进千家万户	17
	交通出行	虞公港物流通道芙蓉北路北延线开工 预计明年 6 月通车 轨道交通运营突发事件综合应急演练举行	8
	福利保障	1000 万元汽车消费券大放送 最高补贴 6000 元 28 个游泳馆明起"免费游" 市民记得提前预约	16
	医疗生产	"天价药"一针 70 万元降到 3.3 万元 受益者身体改善今年高考取佳绩 送医上门 为退役军人搭起健康服务桥梁	6
	热点事件	为消防车引路的姐弟俩 你们奔跑的样子真飒! 暴雨突袭致人员被困 消防冒雨救援	13
	健康安全	安全课堂不放假 平安度夏防溺水 巧用矿泉水瓶等工具 他救之外学会自救	7
	生活风貌	株洲"厂 BA"燃爆全城 今晚迎来小组赛收官 云纵天梯!张家界天门山跑酷大赛"开跑"	20
	食品安全	误食野外毒蘑菇 12 岁男孩被送进重症监护室 我省启动校园食品安全排查整治行动	5
	其他社会活动	建校 25 周年 湖南信息学院重奖教职员工 青春在"芒果" 50 余名台湾大学生将在湖南广电实习	38

《经视新闻》通过对典型人物的报道展现爱岗敬业、助人为乐的湖南人民形象,一般都是典型人物的个人专访;通过食品、交通、医疗卫生等福利保障报道展示出生态宜居的地理环境,选题来自最新发生的事实;通过城市的绿化建设、环保建设报道展现美丽时尚的城市景观。特别的是,社会新闻报道中经常加入记者的出镜说明和现场实况。记者的出镜保持在20秒以内,记者的立场即媒体的立场,反映的是人民群众最关心的事情,因此记者的出镜报道必须是与新闻主题直接相关的内容。实际情况的直接呈现可以拉近其与受众的距离,在表达上更加亲切感人。社会新闻报道的语言以通俗、生活化风格为主,如《为消防车引路的姐弟俩 你们奔跑的样子真飒!》《空调安装工:"飞檐走壁"把凉爽送进千家万户》。

4.《经视新闻》生产实践中存在的不足

4.1 报道主题多元化,但缺少典型

从426条新闻来看,《经视新闻》主要从时事政治新闻、经济新闻、文教新闻、社会新闻4个方面报道省情,塑造湖南的地区形象。整体来看,报道主题已经涵盖了湖南省的基本信息,全方位体现出本省的政治形象、经济形象、文化形象、社会形象。然而,《经视新闻》没有发挥出报道优势来凸显自己的特色。如新华社作为权威媒体,突出的是时效性和国际性,以快速报道为典型;湖南卫视的定位为"快乐中国",旗下许多节目以突出趣味性为主。缺少特色,即缺少典型,缺少一个在观众心目中留下深刻印象的记忆点。虽然《经视新闻》全面报道了省内各个方面的关键信息,但是没有独特性和不可替代性,就很难吸引受众的注意力,很难在行业内拥有特殊地位。

4.2 报道模式有框架,但缺少创新

通过对426条新闻的量化分析,我们发现《经视新闻》的报道在叙事结构上呈现模式化的趋势。一般的新闻报道的结构为"标题+导语+同期声1+配音1+同期声2+配音2",如表6所示。

表 6 《经视新闻》的一般报道结构

新闻报道框架	话语模式
标题	主标题由两个短句构成,高度概括新闻事件及事件背后的意义和价值(20字左右)
导语	一句话引入报道的主体＋在何时＋某地＋发生的事情＋所产生的最新结果(80—110字)
同期声1	与事件相关的核心人物解释最为关注的问题:技术关键、经济效益、背后的意义与价值、群众的福利(20秒左右)
配音1	针对同期声1中提到的内容进行延伸,更多的是对"点"的再次强调,引申出与此相关的其他细节(30秒左右)
同期声2	受到事件影响的人物谈论自己的看法:对于个人来说有何利弊、是否持支持态度、未来如何面对(15秒左右)
配音2	回归到"面"上去看事件的深远意义提炼发展态势(30秒左右)

电视新闻实践中的稿件写作和理论学习中的写作之间存在较大的差异,电视新闻更加强调文字和画面的和谐统一,文字运用要简练、通达,用尽可能短的语言展现出具有更多新闻价值的内容。声音要求注意主次,主要的声音需要更加清晰,次要声音不能干扰主要声音。同期声用来说感受、说过程,越平实越好,也要注意"精要、连贯",有跳帧的情况可以插入空镜头或相关画面进行调整。一般单条新闻保持在 2 分钟内,这种新闻框架的形成在一定程度上加快了记者写稿、编稿的速度,但容易让报道内容同质化,形式枯燥,使观众觉得无趣,也阻碍了新闻形式的创新和突破。

5.《经视新闻》生产实践的反思

5.1 打造地方 IP,加强内容的本土化

地面媒体除了保证一般报道的正确性,还应注重新闻报道的地方特色。一方面,省级电视台需要找准定位和报道优势,聚焦本土提炼新闻报道的特色;另一方面,要建立一支先进的媒体队伍,放宽对内容和题材的限制,给予更多的"自选空间"。例如,《光明日报》的办报特色之一:人物典型报道,社会影响力极大,还培养出一大批优秀记者和通讯员,如《光明日报》湖南记者站原站长唐湘岳,先后 7 次获得中国新闻奖。因此,《经视新闻》应该结合自己作为地方媒体的特色,发挥自己的报道优势,培养自己的优秀记者队伍。例如,2023 年 7 月,浏阳、株洲、岳阳、新田等地举办了地方篮球赛,对

此《经视新闻》播出了 10 条有关新闻,其中有为篮球赛做预热的新闻报道,也有中途赛况报道。然而,各个地区的篮球赛报道均单独成篇,没有整合起来形成一个深度长篇专题来集中发力宣传。聚焦乡村文化,整体策划,持续传播,既可以延伸话题的持久性和扩大传播面,又可以通过对比展现同省不同地区的地方风情,彰显湖南地方文化的多样性,让受众直观地感受湖南本土生活风貌,这无疑也促进了新闻内容的本土化建设。近两年,"联名出品"成为各个品牌扩大知名度和影响力的重要方式。省级电视台在其他短视频平台设立的账号也可以积极地与其他媒体展开多元化的合作"联名",实现传播效果的共赢。

5.2 创新传播形式,提升受众的共情感

作为党和政府的耳目喉舌,新闻媒体是传递信息、引导舆论的工具。主流媒体首先要承认自己的政治属性,代表党和人民的利益。主流媒体可以结合新技术的使用,寓宣传于事实,让受众在共情中潜移默化地接受观点。如,针对中非经贸博览会,《经视新闻》在 2023 年 7 月份展开了系列报道。其中,7 月 1 日播出的《探馆 vlog:您的逛展路线请查收!》在长沙本地受到较高关注。这条新闻记者全程出镜,以第一人称的视角向全国人民介绍了博览会的规模和路线,把短视频上盛行的 vlog 形式运用到电视上,吸引受众的注意力。除此之外,人工智能主播、VR 新闻、AR 新闻等新的技术形式都可以成为新闻播报的方式。通过创新传播形式,建立省级地面媒体的独特"网感",不仅能让观众耳目一新,更能让主流媒体深度融入新媒体时代。

6.结语

在媒介融合语境下,省级地面主流媒体应当认识到,新闻内容生产绝不仅仅是简单的视频和文字的生产,更需要搭建政府和受众之间的桥梁,做好符合党和人民需要的内容生产。省级地面媒体应该在自身大屏特色的基础上,更好地利用新技术的加持和本土受众的特点,以"内容为王＋技术驱动"集中发力,精准传播,使大屏新闻突破小屏新闻的猛烈冲击,重新占领受众市场。

参考文献

[1]吕尚彬,李雅岚.新型主流媒体智能内容生产模式:基于封面新闻的观察[J].当代传播,2023(4):71-78,84.

[2]毛玉西.技术视域下新闻生产"强编弱采"探析[J].青年记者,2023(13):48-50.

[3]李晓宇.省级电视媒体抖音号民生新闻生产创新研究[D].石家庄:河北师范大学,2022.

[4]唐嫣妮.试论如何提高地方新闻在省级电视媒体的录用率[J].东南传播,2021(12):133-134.

[5]胡芳.地方电视媒体做好上送新闻探析——以汕尾广播电视台为例[J].新闻研究导刊,2021,12(14):118-119.

[6]黄灿璨,苏美妮.重构与平衡:从新闻双重性看新闻产品化[J].新闻研究导刊,2023,14(15):8-11.

[7]陈杰.主流媒体如何做好应用创新——基于中国新闻奖获奖作品与应用传播案例的观察[J].新闻世界,2023(8):76-79.

〔刘晓丽,副教授,湘潭大学文学与新闻学院副院长;张燕,湘潭大学文学与新闻学院新闻与传播专业硕士研究生〕

AIGC 数智在传媒 3D 数字内容教学中的实践应用

◎ 闫俊丽

摘要：当前，内容生产向多模态信息融合、跨模态内容生成和 AIGC 人机协同共创趋势日益凸显，虚拟现实、增强现实、虚拟仿真等方面的内容创作复合型人才需求与日俱增。艾迪普科技以实时三维图形图像技术为基础，将 3D 数字内容快速生产流程融入课程教学，培养学生多维度数字综合素养，高质量促进高校传媒人才培养的"破圈融合"和"能力提升"。

关键词：数字媒体；3D 数字内容；教学实践；复合型人才培养

1.引言

当前，人工智能、VR、AR、云计算、大数据等信息新技术在媒体内容生产中的应用方兴未艾，3D 数字内容在大视听领域中的应用也越来越广泛。这些新兴信息技术不但能够提供更加真实、生动的视觉体验，而且能够提供更加丰富和多元的信息交互方式，为新闻报道带来了更多的可能性。在新闻报道中，通过 3D 数字内容，观众可以更加直观地了解新闻事件的发生环境和过程，提高新闻的传播效果。通过虚拟引擎、VR 技术可以实现全场景、可视化的报道，三维数字化报道已经成为新闻生产的标配。央视频推出的 3D 超写实数字人小 C，在冬奥会、两会、网络春晚等相关节目中担任多种角色，其主持风格多变、语言风趣，给节目带来了更多的亮点。《新京报·动新闻》以栏目化的动画图景来生产新闻，运用图像化叙事与互动式交流的表达技巧，推进了与用户的联结。

传媒实践教学需要紧跟行业发展趋势、技术变革、市场人才需求，积极应用新技术，注重实践创新，及时调整教学内容和方法，创新人才培养模式，建构创新人才培养新机制。艾迪普科技股份有限公司(以下简称"艾迪普")基于丰富的产业经验和传媒人才培养探索思考,梳理形成了一套完整的应用型3D数字内容实践教学系统。它以国产化实时三维图形图像技术为基础,充分引入AIGC能力,将3D数字内容快速生产流程创新性地融入课程教学实践中,为激发学习兴趣、提升实践能力、培养创新思维、提升综合素质、拓宽就业渠道、加强产业对接等提供了有力支撑,形成课岗融合、课赛融合、课证融合、课创融合的"岗、课、赛、证、创"五位一体的综合育人模式。

2.传媒3D内容应用趋向全面化

传媒行业的发展已经超越了数字化的范畴,行业正持续将新技术全面应用于媒体内容的生产与传播中。整个传媒行业的变化和信息新技术的融合对信息表达方式提出了更高的要求。在即将到来的空间计算时代,3D数字内容将无处不在,以文字、图片、视频为代表的二维世界将成为过去,取而代之的是3D模型、场景和数据,人类社会将会进入全新的三维世界。

在互联网平台内容中,3D技术可以丰富和提升用户在平台上的视听体验和参与度。在实时演播中,3D内容可以为实时演播带来更加生动和真实的效果。在直播中,通过3D技术,直播内容的视觉效果可以得到显著提升。在虚拟仿真应用中,3D技术可以为各种虚拟仿真场景提供更为真实的体验。在数字孪生应用中,通过3D数字内容,可以实现物理世界与数字世界的完美同步。在数据可视化应用中,3D技术可以将复杂的数据转化为直观、易于理解的三维图形。在虚拟现实、增强现实和混合现实中,3D数字内容同样有着广泛的应用。

传媒行业3D数字内容应用的全面化发展对传媒人才培养产生了深刻影响。这不但要求人才具备传统的媒体专业知识和技能,而且要求其掌握一定的3D建模、动画制作、特效设计、虚实合成等技术能力,特别是能够灵活运用各种工具和平台,进行技术和艺术的结合,将不同形式的媒体内容进行整合与创新,不断满足日益增长的数字内容消费市场需求。

3.传媒3D数字内容实践教学系统

知识融合、技能跨界、与时俱进已经成为衡量数字内容创作人才的新标准。艾迪普围绕数字内容创作人才需求,匹配数字内容创作人才岗位能力画像,从服务高校的专业建设与学科发展出发,构建了集功能性、实践性为一体的3D数字内容实践教学系统。该系统以国产化实时三维图形图像技术为基础,提供完整的 3D 数字内容生产工具集,具备丰富的 3D 数字内容生产能力,充分融合 AI 能力,搭载 50 多万种实训素材,支撑多种类型的教学实践服务和应用。3D 数字内容实践教学系统基本架构示意图如图 1 所示。

图 1 3D 数字内容实践教学系统基本结构示意图

3D 数字内容实践教学系统全面融合了虚拟现实、数据可视化、数字交互、人工智能等前沿技术,以"工具+资源+增值服务"模式,为传媒多学科专业群开展虚拟仿真教学、全媒体交互演播实训、数字创意设计、新媒体创意短视频生产、数据新闻制作、信息可视化、精品课程制作等提供软硬件教学环境支持,全面培养学生的 3D 数字内容的创造力、表达力、数据力、就业力。

3.1 系统组成

传媒 3D 数字内容实践教学系统是一个学习和实践平台,具备技术层、能力层、资源层、服务层、应用层等多级支撑,帮助师生掌握和应用前沿的数字内容创作技术,提升创作能力。

3.1.1 技术层

技术层以实时渲染、跟踪、识别、处理等先进引擎为支撑,提供全流程 3D 数字内容生产工具集。在整个框架中,引擎是数字内容生产的核心技术之一,提供图形处理、图像处理、音频处理、数据梳理、视频编辑、渲染处理等各种能力和服务。通过使用相关工具,我们掌握数字内容生产的技术方法,充分践行三维创作理念,既能快速创建、编辑和优化 3D 模型、场景,又能够在制作中轻松地将视频、音频、图片、文字、动画、三维模型等进行创意拼装合成。通过融合 AI 生产能力、优化 3D 数字内容创作模式、打破内容应用边界,我们引领数字内容生产通向三维世界。

3.1.2 能力层

实时三维图形图像引擎系统提供 3D 数字内容创作生产功能,支持三维建模、图文包装、虚拟合成、VR/AR、智能演播、实时数据接入、无代码编辑、交互设计等,把创作所需的文字、图片、声音、视频、动画、模型等多类型元素进行实时处理、虚实合成、可视化呈现,既保证制作效率,又兼具艺术创造力和观赏性。这让数字内容创作不只是影像记录,更是物理世界与虚拟世界的映射、重构、交互融合。

3.1.3 资源层

系统提供教学、生产、实践所需的各类资产、资源支持,涵盖图形图像资产、视频课程、项目实训案例、培训认证等。资源层以元数云数字图形资产平台为支撑,提供了超 400 类、50 万种数字资产,覆盖多行业多领域数字内容制作所需的不同种类的数字图形资源;同时优秀创作者会聚在交流分享社区,通过创作者之间的互动和知识分享,激发更多创意和创新。

3.1.4 服务层

系统围绕 3D 数字内容生产实践教学和创作,支撑短视频生产、数据新闻制作、全媒体交互演播实训、虚拟仿真、数字孪生、数据可视化等实践教学,服务 3D 数字内容创作生产,培养学生将二维空间的线性表达转化为三维空间构思创作的叙事能力。

3.1.5 应用层

通过整合技术层、能力层、资源层和服务层,应用层提供虚拟现实、增强现实、数字营销、短视频、直播、AIGC、信息可视化、数字孪生等产学研用业务适配。通过学习,师生能够更直观地分析和理解复杂数据,深度了解 VR/AR、数字营销等新技术,高效开展 AIGC 和短视频、直播等融合实践教学。

3.2 生产工具

3D 数字内容实践教学系统的生产工具包含 iArtist 三维图形创作工具、iClip 实时图形快编包装工具、iSet 数字媒体虚拟场景合成工具、iTouch 实时三维数字交互工具、iVis 三维信息可视化工具,从三维设计、编辑包装、虚拟合成、实时交互到可视化呈现,覆盖数字内容生产全流程。各工具搭载统一引擎底座和元数云图形资产平台,传媒各学科专业群可以按需自主组合。

3.2.1 iArtist 三维图形创作工具

iArtist 是由艾迪普推出的新一代实时 3D 内容创作生产工具,是 3D 数字内容创作的核心支撑。它采用全新的架构、工作流和智能技术,除具备 3D 建模、3D 场景编辑、动画特效制作等传统 DCC 软件功能外,还具备实时渲染、广泛兼容第三方 2D/3D 文件、视音频编辑、无代码编程交互设计、实时数据驱动、AI 辅助内容生成、快速修改内容和属性等功能。目前 iArtist 广泛应用于以实时 3D 内容为基础的实时演播、直播视觉增强、虚拟仿真、数字孪生、数据可视化内容制作等领域。

3.2.2 iClip 实时图形快编包装工具

iClip 实时图形快编包装工具基于艾迪普自主研发的实时三维图形图像引擎,在真三维编辑空间,可以将视频、音频、图片、文字、动画、三维模型等元素进行快速拼装合成、自由编辑。该工具还融合了空间位移、层级叠加、实时数据、VR/AR、智能写作、AI 绘画、智能语音、数字人等创新应用,搭载海量资产模板,形成了工具资产双向赋能的创意短视频快速生产模式,满足融合型内容制作需求。该工具适用于数据新闻、时政新闻、政企宣传、产品推广、科普讲解、微课教程、节日热点等各类数字媒体内容创作。

3.2.3 iSet 数字媒体虚拟场景合成工具

iSet 数字媒体虚拟演播合成工具集数字内容生产所需的在线包装、VR/AR/MR 合成、色键抠像、画面录制、摄像机控制、三方数据接入、数据呈现等多种功能为一体,融合数字人、AIGC 等数字化应用,能够提供完整的数字内容智能生产能力。同时通过丰富的镜头仿真运动设计、实时的模型渲染能力以及数字内容发布所需的录制与直播等功能,iSet 与元数云数字图形资产云平台配合,能够实现高质量、低成本课程制作,活动直播,数字孪生,虚拟仿真等技术应用。

3.2.4 iTouch 实时三维数字交互工具

iTouch 是一款以无代码方式实现实时三维交互应用制作的产品。它基于艾迪普实时三维图形图像引擎,通过可视化节点逻辑编辑方式,对三维模型、场景、动画等数字内容实现任意实时三维交互设计。除支持传统触摸屏幕的点击、缩放、拖拽、旋转物件等操作外，iTouch 还支持通过 VR 眼镜及手柄、红外传感器第三方外设进行交互控制。此外，iTouch 还支持 VR/AR 设备、大屏、PC 端、手机等多端内容呈现，能够轻松满足 3D 交互课件制作、数字展览展示、虚拟现实互动等内容制作场景。

3.2.5　iVis 三维信息可视化工具

iVis 无代码编程数字孪生应用开发工具是一款无代码实现数字孪生、虚拟仿真、数据可视化等应用开发的产品。它区别于其他基于编程语言实现项目应用的开发平台，能够以其自有的 AI 算法模组为基础，通过全流程零代码、可视化节点方式快速完成数字场景搭建、数据对接、效果设置、交互设计、实时渲染输出等，解决了传统模式对制作人员的技术水平要求较高、开发成本高、交付周期长、底层技术存在风险等一系列问题，广泛应用于工业生产决策、日常监控、作业调度、数据分析、成果汇报等场景。

3.3　系统特点

3.3.1　3D 实时渲染引擎

3D 实时渲染引擎由艾迪普自主研发，为 3D 数字内容的创建、处理和展示提供了关键的技术支持和平台环境。该引擎具备图形处理能力、图像处理能力、实时渲染能力、智能生产能力、音频处理能力等，它可以快速、准确地实时渲染，满足渲染速度、精度和实时交互性等方面的需求，在处理大量三维模型时能够实现纹理映射、精确渲染反射、阴影等光影效果，还可以将现实世界中的信息以直观的方式集成进来，完成现实与虚拟世界的结合。此外，该引擎还具备出色的易用性、扩展性、兼容性、跨平台等性能。

3.3.2　全流程 3D 数字内容生产工具集

传统 3D 数字内容制作流程冗杂，使用者在创作过程中往往要在不同方向、不同功能的工具间切换作业，这让创作过程受限，业务之间的交互性和兼容性差，极大地降低了制作效率。为此，艾迪普基于自研实时三维图形图像渲染引擎，构建了一套从三维设计、编辑包装、虚拟合成、实时交互到可视化呈现，覆盖数字内容生产全流程的工具集，打通三维数字内容制作的全流程，工具间无缝衔接，业务全面融通，可高效实现创意从萌芽到可视化呈现的全过程。

3.3.3　全面融合 AI 创作能力

人工智能技术的融入为数字内容的创作揭开了前所未有的篇章，既孕育着无限的可能性,又伴随着诸多的挑战。该系统融入多维度的 AI 创作生态,它涵盖了 AI 写作、AI 绘画、AI 数字化角色创造应用、AI 配音、AI 字幕生成等领域。这些技术与 3D 数字内容实践教学系统交织出创新的火花,共同构成了一个全方位、一体化的内容创作智能平台,为数字内容智能化创作注入了强大的动力。通过创意与算法的紧密合作,系统能够产出高质量的数字内容,满足影视消费市场多样化的需求。

3.3.4　易用型无代码编辑

该系统在内容生产工具中融入易用性无代码编辑设计,极大地降低了文科类专业学生掌握新兴信息技术的学习门槛,形成"基本能力+交叉融合能力+应用能力"的多维能力培养体系,提升了学生就业的核心竞争力。

3.3.5　全方位数字资产资源服务

系统搭载元数云数字图形资产平台,提供了类型广泛、数量丰富、创意新颖、版权清晰的图形数字资产,可以随用随取,大大缩短了实践教学素材筹备周期。同时,平台预置了丰富的实践教学资源,开放创客学习交流社区,为师生提供更为精准的产学研用服务和更为贴合的实践教学资源支撑。

3.3.6　技艺融合实践教学模式

引擎、工具搭载 3D 数字图形资产平台,形成数字内容生产工具与数字图形资产平台无缝联动的数字内容生产方式,打造了"技术+艺术+资产增值服务"三位一体的数字内容创新生产模式。使用者可以在学习实践中高效地应用海量数字资产。创作者可以将物理世界的人、物、场的基础元素转化为数字形式的资产要素,通过生产工具化和艺术程序化,生产出更多更好的创意短视频、虚拟现实、数字孪生、数字仿真、信息可视化等数字内容应用。

4.系统在影视实践教学中的应用

3D 数字内容制作技术流程复杂,涉及如原画、建模、UV 拆分、烘焙贴图、绘制材质、动画制作、渲染等多个技术环节,每个环节都需要专业的技术及其软件的支持,特别是在渲染环节,可能需要耗费大量时间和计算资源,这在项目时间紧迫的情况下尤为具有挑战性。艾迪普将 3D 数字内容快速生产流程融入课程教学,学生能够在实践中学习和拓展丰富的三维内容创作知识,提升实际操作能力和解决问题的能力。

4.1 华中科技大学全媒体与智能传播实验中心

2020年,艾迪普助力华中科技大学建成"全媒体与智能传播实验中心"(以下简称"实验中心"),该实验中心按空间区域主要分为4K视音频摄制中心(演播大厅)、融媒体实训中心、全景演播室、广告摄影实验室、虚拟现实及创客中心、形体训练室、录音室7个分室。同时,实验中心建有实验教学云平台、融媒体平台,搭载艾迪普数字内容创作工具等教学软件,最大限度模拟融合媒介环境下业界一线工作环境,提升实验教学质量和人才培养水平。

实验中心建成后,陆续进行了专业前沿课程分享及新闻传播青年教师数据新闻生产技术培训。在2022年疫情防控期间,为保证在校师生教学的正常开展,服务好"停课不停教,停课不停学",艾迪普联合华中科技大学新闻与传播学院共同打造了"虚拟影像创作"线上特色拓展课程。广播电视新闻专业、播音与主持艺术专业等专业的学生走进教学云课堂,在线上完成了实践教学。

4.2 四川传媒学院全媒体实验室

该实验室引入艾迪普自主研发的iArtist三维图形创作工具、iSet数字媒体虚拟场景合成工具等系列新兴工具,针对广播电视工程、数字媒体技术等专业的学生开设"虚拟植入技术""虚拟演播技术""全媒体演播室联合创编"等系列课程,培养了适应传媒影视产业需求的应用型人才。

依托四川传媒学院全媒体交互式演播中心为课程教学和实践基地,双方合作开设虚拟现实设计与合成、全媒体演播室系统两个大方向的系列课程,课程由艾迪普创意总监担任虚拟现实专业方向的主讲老师、艾迪普传媒内容研发中心策划主管担任全媒体演播室专业方向的主讲老师,教学内容与产业实践衔接紧密,打破了传统人才培养模式中存在的知识滞后、产教无法衔接的瓶颈,培养了一批专业技能过硬、适应社会和产业发展的高素质人才。

4.3 安徽大学线上课程

2022年艾迪普、安徽大学新闻传播学院面向全国高校联合开设的"数据可视化"线上课程正式开课,课程内容由浅入深,翔实生动,涵盖范围广。该课程不仅吸引了安徽大学各专业的学生踊跃报名,还受到了上海外国语大学、厦门大学、华侨大学、云南民族大学、长春工业大学、安庆师范大学等众多院校,新闻学、广播电视学、网络与新媒体等不同专业的教师和学生的关注,全国各地的学生和老师都积极地参与课程中。在课程中,各地学生学习了数据可视化创作工具和典型案例制作方法,真正实现了产、学有机结合,培养了学生的全媒体创作能力。

5.结语

艾迪普顺应视听内容由文字到图形、由二维到三维、由真人到数字人、由静态到动态交互的数字内容演变趋势,围绕传媒3D数字内容生产教学和实践,提供课程改革、师资培训、教材开发、专业实验室建设、课题合作、技能认证、赛事支持、创新创业、课外实践等多种形式的合作服务,促进人才培养供给侧和产业链发展需求侧有机融合,为培养适应产业需求的创新型、应用型、复合型人才贡献力量。艾迪普3D数字内容实践教学系统通过将新一代3D数字内容生产流程融入传媒多学科多专业课程教学,形成了"基本能力+融合创新能力+应用能力"的多维能力培养体系,提升了学生就业的核心竞争力。

〔闫俊丽,艾迪普科技股份有限公司产品经理〕

基于微信企业号的实验室管理系统设计与应用

◎ 王轶群

摘要：本文分析了实验室管理系统的内涵和外延，提出了网络化、智能化、协同化实验室管理模式，介绍了基于微信企业号的实验室管理系统的设计思路、架构、组成、功能和应用场景，探索了智慧实验室管理系统建设的新模式。

关键词：实验室；管理系统；微信企业号；自提柜；最多跑一次

1.引言

2018 年，教育部发布了《教育信息化 2.0 行动计划》，指出：推动人工智能在教学、管理等方面的全流程应用，探索泛在、灵活、智能的教育教学新环境建设与应用模式。[①] 浙江省把数字经济作为一号工程来抓，省委、省政府非常重视数字化改革，提出要通过数字化建设推进浙江省改革发展各项工作在新起点上实现突破。[②] 浙江传媒学院电视编辑与导播实验教学示范中心践行数字浙江建设战略，聚焦卓越传媒人才培养目标，构建了集产学研用业务于一体的媒体融合实践教学平台，在此基础上，以浙江传媒学院微信企业号为依托，与成都华栖云科技有限公司共同开发了基于微信企业号的实验室管理系统，实现了实验业务管理的网络化、智能化和协同化。

[①] 教育部关于印发《教育信息化 2.0 行动计划》的通知[EB/OL].(2018-04-18)[2022-09-20].http://www.moe.gov.cn/srcsite/A16/s3342/201804/t20180425_334188. html？from＝timeline&isAppinstalled＝0.
[②] 袁家军.全面推进数字化改革 努力打造"重要窗口"重大标志性成果[J].政策瞭望，2021(3)：4-8.

2.实验室管理系统存在的问题和解决思路

2.1 实验室管理系统存在的问题

随着信息技术的发展,各个高校构建了统一身份认证的校园信息实验室管理系统,极大地提高了实验室的信息化程度,但这些系统大部分构建于电脑端之上,基本上是一个个信息孤岛,存在着使用不方便的问题。

2.1.1 数据共享困难

实验室信息具有多维性、多样性和关联性,高校科研人员、实验技术人员、管理人员和学生关注的是不同的实验室信息,比如实验室人员、实验项目、仪器设备、实验室房间等资源,或者实验室安全、实验室建设、实验室成果、实验室开放等信息[①],这些信息存在于不同的信息化系统中,造成各个系统之间的数据没有被充分挖掘,也没有实现共享和再利用,制约了实验室信息化管理水平的提升。

2.1.2 实验设备配置缺乏数据支撑

目前实验室拥有大量以IT设备为主的基础实验室、专业实验室和其他设备实验室,在实际运行的过程中实验室各自的隶属关系不同而基本处于独立运行状态,造成实验室运行的相关数据不透明,导致各部门在实验设备的购置中缺乏相互沟通和数据支撑,造成设备利用率低的现状。

2.1.3 管理效率不高

虽然很多高校在数字化校园建设中建立了实验室管理系统,但是此类系统侧重于各实验室排课、调度、运行、信息统计等传统管理业务,未增加相应的实验室移动化、智能化管理功能,造成实验设备在购买、入库、使用、保养、维护、报废等方面数字化、精细化、智能化程度偏低。

2.1.4 移动化应用水平低

在移动互联网技术迅猛发展和移动智能设备已经成为人们生活中不可或缺的一部分的今天,伴随着人工智能、物联网、大数据、云计算、5G等信息技术的发展,实验室

---

① 王洋洋,黄凯,张黎伟,等.加强信息化建设 促进实验室管理数据一体化[J].实验室研究与探索,2018(7):282-285.

管理系统如何在技术应用和管理模式上顺应、融入这些技术手段,对实验室管理来说是一种认识和理念的创新。

2.2 系统设计总体思路

2.2.1 移动优先

微信企业号提供企业移动应用入口,帮助企业建立员工、上下游供应链与企业IT系统之间的连接,企业可以快速、低成本地实现生产、管理、协作、运营的移动化与轻量化。为实现实验设备管理、办公管理等业务的智能化,实现实验教学业务的"最多跑一次",我们开发基于浙传微信企业号的实验室管理系统。

2.2.2 明确权限、对接校园其他信息系统

系统能够根据教师、管理员、学生等不同角色进行权限层层划分,还原实际实验教学环境中的角色分配,对接学校OA系统、设备管理系统、教务系统,打通产学研用各业务流程数据,实现数据联通,随时随地通过App、PC端、微信实现实验教学业务申请、审核、实施的移动化使用和管理。同时,系统允许在原有的标准化流程里面根据实验教学和业务流程进行适度的调整,便于各二级学院、部门进行特有流程的定制化应用。

3.实验管理系统架构

3.1 系统总体架构

实验室管理系统主要由基础环境层、数据支撑层、底层服务支撑、应用层等四部分组成,实验室管理系统架构示意图如图1所示。

3.1.1 架构设计

基于微服务构架,建立了离散式、耦合少、易排查、易开发、易升级、易扩展、弹性部署的实验室管理系统。

3.1.2 部署模式

实验室管理系统可以部署在私有云、公有云、混合云上,既可以提供多项目自主服务能力,又可以使用阿里云、腾讯云等提供基本标准服务能力。

3.1.3 开放 API

实验室管理系统中的用户系统、设备对接、数据统计等业务均提供开放的 API 以及测试 SDK,各种应用与服务能够十分方便地接入。

3.1.4 通用应用模式

实验室管理系统以微服务模式构建多应用平台,实验业务通过勾选应用和安装测试数据等方式完成系统安装。

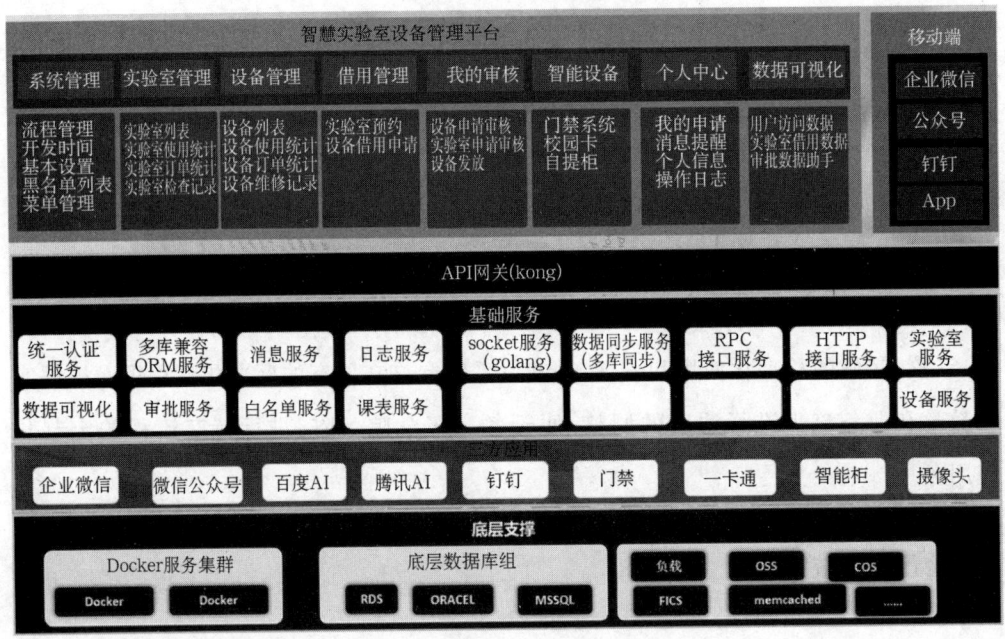

图 1 实验室管理系统架构示意图

3.2 系统总体安全要求

系统设计依据等保标准,以学校的智慧校园安全为基础,以虚拟化安全为重点,构建统一的实验室管理系统安全体系。

3.2.1 智慧校园自身安全

通过建设边界安全、流量清洗、漏洞扫描和反病毒等系统,充分考虑 DDoS 攻击、平台系统漏洞以及边界隔离等对智慧校园的安全威胁,从保障设备管理系统的可用性、完整性角度进行规划设计。

3.2.2 外连接入层安全

智慧校园业务应用需要与公有云和场外私有云等进行接入,在公有云接入部分,保留原有的智慧校园中的防火墙、IPS/IDS 等安全设备,增加设备管理系统的安全访问控制策略,重要数据采用 VPN 进行加密传输。

4. 系统组成与主要功能

实验室管理系统主要由系统设置、用户管理、设备管理、实验室管理、借用管理、实验课程管理、智能设备管理、我的审核、个人中心、可视化大屏等模块组成,与校园其他信息系统进行系统间的数据的传递与交换。实验室管理系统组成模块示意图如图 2 所示。

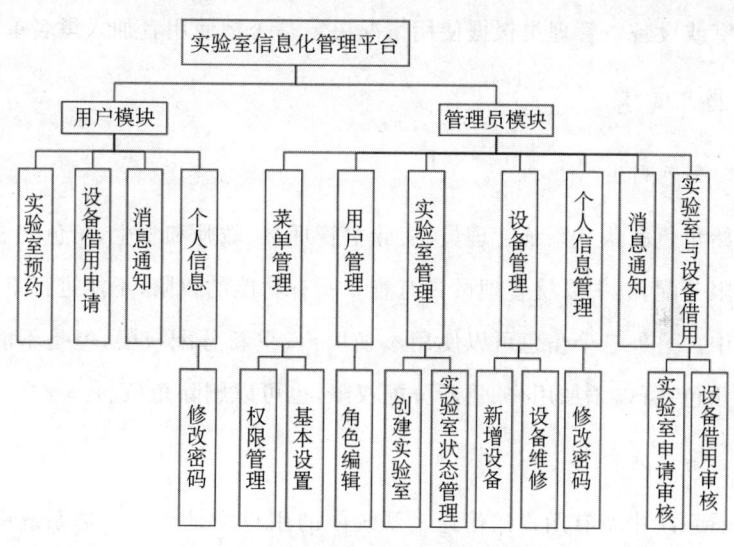

图 2　实验室管理系统组成模块示意图

系统设置模块、用户管理模块与学校 OA 系统、人事系统、学工系统对接,获取学校用户的相关信息,主要用于满足学校各二级学院或部门不同的审批需求,自定义审批人员和流程,并对用户进行权限分配和管理等;实验室管理模块、智能设备管理模块与原实验室管理系统对接,获取实验室、设备以及实验室管理员等相关信息;实验课程管理模块与原教务系统对接,数据实时同步,主要用于实现实验室管理员对实验室教学安排的增删改查管理及分类统计。

4.1 系统模块

4.1.1 系统设置

4.1.1.1 流程管理与开放时间

系统采用多级审批＋自定义人员＋会签的自定义审批流程模式。根据学校不同二级学院或部门对审核要求的不同,可以自定义审批人员和流程。满足不同环境下的审批需求,随时可以替换审批人员,方便实验室、设备借用,提高了工作效率。同时设置时间段,设备和实验室申请在设置的时间段内才能发起。

4.1.1.2 黑名单列表

可以设置是否使用黑名单,对于使用黑名单的实验室,在黑名单库里的人员不能借用该实验室或设备。管理员根据使用情况决定是否把使用者加入黑名单库。

4.1.2 用户管理

4.1.2.1 角色列表

系统初始角色默认有系统管理员、实验室管理员、教师和学生,角色列表是对系统中用户的权限分配,其中系统管理员具有查看所有功能的权限,不能进行审批,不展示在角色列表中。另外三个角色可以使用添加用户、重新分配权限,但是不能删除。系统可以新增角色,可以添加用户、重新分配权限,也可以删除角色。

4.1.2.2 用户列表

能够查看系统中所有用户的信息。系统中的用户均是从一卡通系统中同步过来的,无法进行新增,但可以查看和编辑,也可以根据筛选条件进行筛选查看,列表中可以筛选账号、姓名、用户角色,在编辑用户中只能修改名称、角色、电话。邮箱和组织架构是不能更改的。

4.1.3 设备管理

4.1.3.1 设备列表

具有新增、更新、查看和删除等设备管理功能,支持 Excel 导入。点击"新增设备",跳转到新增设备页面;选择所属实验室、设备借用方式;必填项包括设备名称、设备型号和设备编号。

4.1.3.2 设备使用统计和设备订单统计

统计所有设备的使用情况,列表显示设备名称、型号、所属实验室,统计每个设备的型号、编号、借用开始时间、借用结束时间、状态和申请人。设备订单统计主要统计设备申请订单情况,列表显示订单流水号、设备名称、型号、所属学院、申请人、借用数量、状态、是否过期以及操作记录等详情。

4.1.3.3 设备维修记录

该模块主要记录设备维修状态,包括设备损坏原因、处理方案、维修人、维修结果、备注、检查时间等页面必填内容,并具备查看、更新、删除等功能。

4.1.4 实验室管理

4.1.4.1 实验室列表

主要功能是管理实验室,支持 Excel 导入,点击"新增实验室",跳转到新增实验室页面,选择包括实验室管理员、状态;必填项包括实验室名称、编号;非必填项包括可容纳人数、简介。

4.1.4.2 实验室使用统计与实验室订单统计

实验室使用统计主要统计所有实验室的使用情况,列表显示实验室名称、所属学院、实验大室、实验室分室、室号、状态、操作显示详情以及每个实验室的借用开始时间、借用结束时间、状态、申请人、借用方式、操作详情。

实验室订单统计主要统计实验室订单申请情况,列表显示订单的流水号、实验室大室名称、实验室分室名称、室号、所属学院、申请人、状态、是否过期以及操作详情。

4.1.4.3 实验室检查记录

实验室检查记录的必填项包括检查人、检查情况、处理方案、处理结果、备注、检查时间,填写完后点击"新增"相关信息就会出现在实验室维修记录列表;操作包括查看、更新、删除等功能。

4.1.5 借用管理

4.1.5.1 实验室预约

系统用户对可借用的实验室进行借用申请。根据开放对象和开放时间,该模块显示实验室是否可借用。

4.1.5.2 设备借用申请

用户对正常的设备进行借用申请。根据开放对象和开放时间,若设备可借,列表则右侧显示'借用'按钮,若设备不可借相关信息也会显示到列表中。

4.1.6 实验课程管理

4.1.6.1 课程表管理

课程表管理是对整个学期的课程表的查看和管理。课程表只能通过 Excel 文档导入,导入后可以查看和删除,无法修改。

4.1.6.2 课程表总览与我的课程表

通过课程表总览系统管理员可以查看本学期所有课程,也可以选择实验室查看每个实验室下的课表,点击课程,弹窗可显示课程表的详情,可以点击课表,生成当前课程表的图片,下载到本地进行查看。

通过我的课程表,学生可以查看整个学期的所有课程,其课时和学期展示是从"课时管理"中读取的默认课时。

4.1.7 智能设备管理

通过自提柜列表,用户可以查看所有自提柜的信息。柜口列表是自提柜上的所有格口的信息列表,用户可以查看该格口的状态及具体的设备,也可以查看柜口详情。操作日志是对自提柜一系列操作的日志记录,包括记录自提柜名称、格口号、格口类型、操作、存放设备类型、存放设备编号、申请单号、操作时间。

4.1.8 我的审核

4.1.8.1 设备申请审核

对用户申请设备进行审核。若当前审批人是自己,则申请显示在待审页面中,若已审核过,则申请显示在已审页面。在审批详情里,可以看到用户填写的申请详情,包括审核记录。如果是终审人,选择自提柜提取方式后,发出设备提取码,把设备放到指定自提柜,用户根据提取码提取设备。

4.1.8.2 实验室申请审核

对用户申请的实验室进行审核操作。若当前审批人是自己,则申请显示在待审页面中,若已审核过,则申请显示在已审页面。在审批详情里,可以看到用户填写的申请详情和实验室信息,包括审核记录。

4.1.8.3 设备发放

设备审核通过后,由申请设备所在的最后一个审批人(一般是设备所属实验室管理员)进行对设备的发放领取、归还等操作的记录。

4.1.9 个人中心

4.1.9.1 我的申请与消息提醒

通过"我的申请",用户可以查看自己对实验室和设备的所有申请。在申请详情里,可以看到借用详情和审批记录。通过消息提醒,用户可以查看相关的站内消息,包括实验室、设备审核操作提醒、审核结果。

4.1.9.2 个人信息与操作日志

个人信息展示用户信息和操作日志,包括用户信息、密码修改和操作记录。

4.1.10 可视化大屏

可视化大屏提供系统数据的详细展示,汇聚系统的所有订单、操作数据和日志,能够分析用户的借用行为和审批情况。系统建立预警系统,当自提柜数量过低时自动提醒管理员,实时监控访问情况和订单生成情况,根据需求人工控制数据展示。

4.1.11 移动端访问

系统可以在微信、钉钉和学校 App 上使用,用户可以随时随地申请借用和审批,实现对教学资源的移动化使用和管理。

4.2 实验室预约、智能设备借用模块流程设计

实验室预约、智能设备借用模块旨在满足基础的实验教学之余,结合实验室实时资源信息,为用户提供可"借用"预约服务模式。用户根据需要,随时随地预约实验室、设备,经审核通过后,用户不受上班时间限制可自主安排实验。

整个系统无须额外安装其他程序,只需打开微信,登录学校企业微信号"办事大厅"找到"实验设备预约平台",即可查询各二级学院、实验创新中心当前可供借用的实验室或设备情况,选择空闲状态下的实验室或仪器设备并提交借用申请,系统即自动发送给对应的审核人进行层级审批。整个审批过程实时反馈审核进度与结果,并同时在后台直接生成报表。

4.2.1 实验室预约模块

实验室预约模块分两种借用方式:整间借用和座位借用。整间借用代表该时段整个实验室都归申请人使用,主要适用于影视现场制作、广播影视声音制作、摄影灯光等方面的实验室;座位借用则是多个人可以同时申请,直到实验室工位占满,主要适用于影视后期节目制作、动画设计等实验室。

学期初,系统通过与教务系统进行对接,获取本学期教学计划内的实验室排课信息,自动匹配,学生即可在开放时间内对实验室进行预约。每个实验室至少绑定一个门禁,学生预约成功,系统自动赋予其一卡通在该时间段的开门权限。

实验室预约申请流程如图3所示。

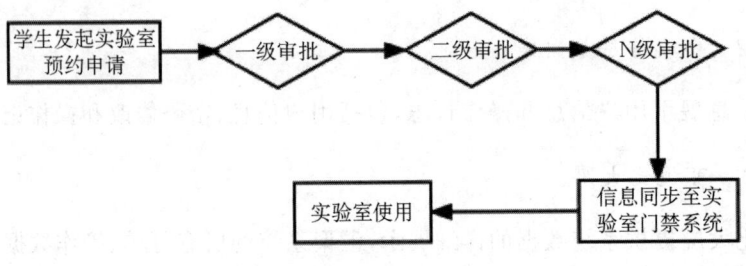

图3 实验室预约申请流程

4.2.2 智能设备借用模块

传统实验室的设备借用主要通过实验室管理员手工登记借还者的相关信息和所借用设备信息等,借还手续纸质化,借还时间也限定于工作时间,既不便利,又不利于节约人力和资源。

智能设备借用模块将快递智能柜模式运用到实验设备借用过程中,让设备自提柜作为连接实验室管理员和用户之间的枢纽,使设备借用时间更加灵活。为方便存放不同规格的实验设备,自提柜设有不同规格的多个设备箱。实验室管理员对自提柜各个设备箱进行统一管理,可以查看所有设备箱的状态及具体的设备信息,并对信息进行整合分析和处理。智能设备借用流程如图4所示。

用户通过微信端查看可供借用设备及附件的情况,提交申请到实验室管理员的微信端。申请成功,实验室管理员把相应设备放入预约柜中并通知借用者到自提柜提取设备。预约柜内部配备射光幕,自动判断每次开关箱门后内部是否发生了设备的移动,对长期占用设备箱的情况进行超期提醒。系统以操作日志的形式自动记录对自提

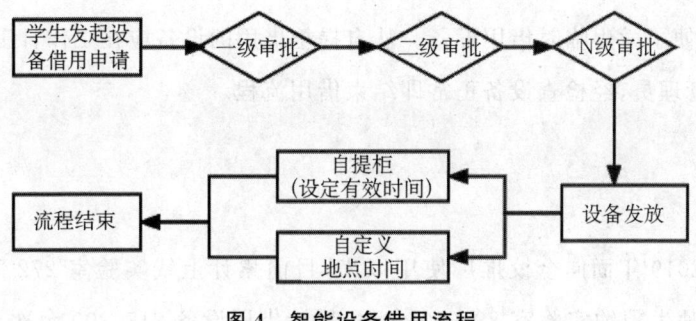

图 4 智能设备借用流程

柜的系列操作,包括自提柜名称、设备箱号、操作、存放设备类型、存放设备编号、申请单号、操作时间等。

5. 实验室管理系统主要应用场景

5.1 设备借用场景

根据学生、教师、实验室管理员、设备管理员等多种权限进行层层划分,还原实际环境中的角色分配,申请、审核随时随地进行,多层级审核与查询一步到位,以前用户借用设备存在找不到借用人、审核人的情况,现在直接通过系统就对借用步骤与详情一目了然,从而精简之前设备借用的冗杂过程。对于正在维修或者损坏的设备,设备管理员或者系统管理员可以直接编辑其检修状态。

5.2 实验室预约

实验室申请、审核随时随地都能进行,设备管理系统层级审批自动发送给对应的审核人,审核结果实时查看,也让申请人能够及时查询到需借用时段实验室是否闲置,不用查询审核老师办公位置与辗转多个层级等待审核。对于正在维修的实验室,实验室管理员或者系统管理员可以直接编辑其状态,调整预约信息。

5.3 自提柜提取

学生在上课期间预约借用设备,实验室管理员可将学生预约借用设备置于自提柜,学生可以在课后来自提柜提取设备。节假日实验室管理员根据设备借用统计将常用设备置于自提柜,这样95%以上的设备可供学生节假日临时需要实验时通过系统直接预约,待系统审批完成即可从自提柜提走使用,这样既避免了实验室管理员节假日值班,又方便了学生临时借用设备。从自提柜借用的设备应在工作日工作时间当面还给实验室管理员,经检查设备正常即结束借用流程。

6.结语

本系统 2019 年面向全校推广使用以来,目前累计上线实验室 272 间,上线设备 6,200 多件,师生预约实验室 88,650 余次,累计借用设备 217,300 余次,为实践教学提供了一种新的服务模式,不但最大限度地做到了实验室的开放共享,提升了实验室和设备的使用效率和管理水平,而且为用户提供了随时、随地、随需的个性化服务,为培养学生的实践创新能力提供了更加高效、便利的实验条件保障。在后续的发展中,我们将结合不同学科专业实验室的特点和需求对平台的功能做进一步的完善和补充,以满足多元化实验室的管理和开放需求。

〔王轶群,高级实验师,浙江传媒学院传媒实践教学与艺术创作中心教师〕

研讨会综述

面向大视听的传媒实践教学新进展
　　——第六届传媒实践教学创新研讨会会议综述　　　　　　　　董　莉　鹿　凤
影视传媒实践教学新场景的建设与思考
　　——传媒类一流专业、一流课程、AIGC系统建设研讨会综述　　　　胡一梁

面向大视听的传媒实践教学新进展
——第六届传媒实践教学创新研讨会会议综述

◎ 董 莉 鹿 凤

摘要：第六届传媒实践教学创新研讨会暨中国高校影视学会实验教学专业委员会第三届理事会成立大会于2023年5月19—21日在深圳召开，来自全国各地的600余位专家学者齐聚一堂，共话传媒实践教学的未来发展蓝图。与会代表围绕实践教学模式、实践课程体系、实验教学中心、传媒类微专业等方面的建设，毕业作品创作，影视业务培训等诸多主题展开了深入研讨和交流，促进了传媒实践教学产学研用各界共建共享生态建设，推动了传媒实践教学不断迈向未来。

关键词：传媒；大视听；实践教学；会议综述

1.引言

当前，以人工智能、大数据、云计算等信息技术为核心的新一轮科技和产业革命正在全球范围内深入进行，当代信息技术已经融入社会各领域，人类社会进入万物皆媒的媒介时代。党的二十大报告强调加快发展数字经济，为新时期"大视听"建设指明了方向。为深入学习贯彻习近平新时代中国特色社会主义思想，服务科教兴国、人才强国、创新驱动发展战略，深化产教融合和科教融汇，第六届传媒实践教学创新研讨会暨中国高校影视学会实验教学专业委员会第三届理事会成立大会于2023年5月19—21日在深圳举办。本次研讨会由浙江传媒学院、深圳大学发起，中国高校影视学会实验教学专业委员会、浙江传媒学院全媒体实验创新中心、深圳大学传播学院承办，23家国家级传媒实验教学示范中心共同协办，来自全国230余所高校、23家企业的600余位代表参加盛会。

本次会议开幕式由中国高校影视学会实验教学专业委员会副主任、东北师范大学传媒科学学院（新闻学院）院长张文东教授主持。深圳大学副校长李永华教授、中国高校影视学会会长丁亚平教授分别从实践创新人才培养、实验教学专业委员会责任、实验教学资源共建共享等方面给予了中国高校影视学会实验教学专业委员会工作高度肯定并寄予厚望。中国高校影视学会副会长兼秘书长张国涛教授宣读了中国高校影视学会实验教学专业委员会换届暨成立第三届理事会的批复，中国高校影视学会实验教学专业委员会理事聘书颁发仪式随后举行。

本次会议举行了主题报告、分论坛、影视业务培训等研讨交流活动，来自南京大学、浙江大学、中国人民大学、武汉大学、中国传媒大学、中国美术学院、西交利物浦大学等30所高校的学者以及来自字节跳动、腾讯、阿里、百度、华栖云等21家企业的代表分别围绕会议主题作了精彩发言。专家学者和企业代表围绕实践教学模式、实践课程体系、实验教学中心、传媒类微专业等方面的建设，毕业作品创作，影视业务培训等诸多主题，重点回答了大视听背景下传媒实践教学如何实现创新发展与面向未来这一紧迫问题，探索基于"四新"理念的传媒实验教学改革新路径，交流传媒实验教学课程建设新经验。

2.大视听格局：传媒实践教学发展的新机遇

2022年9月，国家广播电视总局发展研究中心发布了《中国广播电视全媒体发展报告（2022）》，报告新增了"大视听产业""网络视听平台"等内容，号召依托人工智能、大数据、元宇宙、虚拟现实等信息技术构建大视听产业生态，这给高校培养更多适应多业务、多技术、多素养的复合型视听人才带来了新的机遇。

中国高校影视学会学术委员会主任胡智锋作了题为《新环境下影视学科专业发展的几点思考》的主题报告。他系统阐述了目前影视学科专业发展面临的国家战略、行业发展和学科发展的新需求，指出影视学科需要面向"思政＋人文＋专业"特色发展、以高质量成果推动高质量人才培养、实现创新驱动的多学科融合发展。学科目录调整需解决的人才培养、文化传承、上升通道等问题，也需要解决专博培养模式、师资队伍建设、成果评价体系、相关政策保障等共性问题。胡智锋特别指出，新环境下影视学科专业发展需凸显人文性、实践性、开放性理念。第一课堂践行以思想内涵、专业理论、知识结构为主体的知识理论发展路径；第二课堂践行以立足生活、体验生活、探索实践为主体的社会实践发展路径；第三课堂践行以艺术创作、艺术传播为主体的专业实践发展路径。

中国高校影视学会副会长、国家广电总局媒体融合发展司原司长杨杰作了题为《大视听 向未来》的主题报告,他系统分析了信息技术对视听业务的影响,指出数字化是信息技术发展的基础,提出AIGC必将重构媒体生态和其他信息服务行业,同样将深刻影响传媒实践教学生态建设。

浙江传媒学院全媒体实验创新中心副主任、中国高校影视学会实验教学专业委员会副主任兼秘书长胡一梁作了题为《大视听赋能社会,传媒实践教学生态正嫣然》的主题报告。他从技术不断驱动经济发展、当代社会新拐点新范式和大视听逐渐成为信息表达的主要内容等方面分析了视听信息正在不断赋能社会的方方面面,并不断驱动社会信息化、知识化、自主化,大视听已经赋能社会的方方面面,同样也赋能新文科各个专业建设,社会各领域需要大量大视听实践创新人才。胡一梁指出,传媒高等教育面临的主要问题是专业教学环境不适应媒体深度融合对人才培养的新需求、专业教学内容不适配影视传媒行业数字化转型的新发展、传统教学模式不适合网生代大学生泛在化学习的新特点、传统教学机制不适应教育教学数字化共享合作的新形势,分享了浙江传媒学院的多场景融合传媒教学生态体系构建案例,强调了AIGC正在深刻改变传媒实践教学原有模式。"云+端"是传媒实践教学常态,不断加强虚实融合教学生态建设,借助社会化媒体平台(云)和师生自有端以及多场景物理空间,传媒实践教学将百花齐放。

成都华栖云科技有限公司首席运营官余军作了题为《数智进化——泛媒体大视听背景下的全媒体人才培养》的报告,指出在社会数智化不断加快的环境下,传统媒体在进行产业升级的同时,其核心能力不断泛化,延伸进入更大的市场,这对传媒类专业实验教学提出了新要求,实践教学在人才培养目标、培养方式、专业建设、实验教学、成果孵化和产教融合等方面要做到适配大视听背景下的人才培养需求。余军还分享了华栖云以学生为中心的一站式产学研用一体化平台——全媒体人才培养数智化实践平台的架构与功能。

3.顺时谋势:构建创新型传媒实践教学新体系

3.1 实验教学示范中心建设

3.1.1 面向大视听、多专业共享的国家级传媒实验教学示范中心建设

陕西师范大学国家级传媒实验教学示范中心主任党君在《面向大视听、多专业共

享的国家级传媒实验教学示范中心建设——以陕西师范大学数字传媒技术实验教学中心为例》的报告中,分享了陕西师范大学数字传媒技术实验教学中心的基本情况、建设效果和取得成效,并介绍了示范中心的详细发展规划。该示范中心建设以数字传媒技术国家级实验中心现有实验室平台为核心,引进人工智能、虚拟现实等领域高层次专家团队,内联该校计算机、人文社科、历史地理、教育等相关学科领域的优势资源,在统一的数据、资源和计算中心上实现各实验室、各系统之间的高速互联互通、资源共享,将人工智能技术渗透到媒体的处理流程中,建成了面向大视听、多专业共享的人工智能＋融媒体实验平台,为融媒体实验平台建设开辟了一条崭新的实践路径。

3.1.2 实验中心建设赋能实践教学

华东师范大学传播学院实验中心主任徐正则作了题为《实验中心建设赋能专业实践教学》的报告。他认为,实验中心要深入融入实践教学改革,才能更好地促进传媒专业实践教学的发展。该实验中心在教学模式上倡导厚基础、强专业、重创新的实验实践教学金字塔模式;在实践课程的设置上体现体系化、分层次,形成从基础技能型实验课程到综合设计型实验课程再到研究探索型实验课程的进阶设置;在教学方法上以人文艺术和技术技能双轮驱动模式为基础,通过"以赛促学"、"任务促学"和工作坊、融媒体中央厨房实训教学等培养全媒化、复合型人才,鼓励校内校外实践;在实践理念上注重创新性和前瞻性,通过实践教学相关科研或调查工作开阔学生的眼界,提升学生的理念和实践能力。

3.1.3 媒体内容创新生产实践基地赋能新文科人才培养

浙江大学传媒与国际文化学院卢小雁教授作了题为《依托影视传媒学科构建新文科创新实验基地》的报告,分享了以"智能媒体创新与数字内容生产"为主题的媒体内容创新生产实践基地建设思路、方案。该基地引入前沿传媒技术,提供数字媒体创作生产综合实践创新场地和技术支撑,支撑新文科背景下相关学科的创新性、前沿性的实验实践,从而为人文社会科学研究、公共文化服务、社会治理实践、新闻宣传实务等方面培养具有创新创业能力、跨界整合能力的高素质人才。

3.2 实践教学体系构建

3.2.1 传媒艺术类专业实践教学体系

成都理工大学传播科学与艺术学院副院长田力作了题为《传媒艺术类专业实践教

学体系创新——以成都理工大学传播科学与艺术学院为例》的报告,分享了该院实践教学体系的现状、建设理念、建设举措以及取得的成效。在守正创新、分级多元、交叉融合建设理念的指导下,该院优化实践教学目标与内容,强调实践育人功能;通过打造多元教学平台、重塑实践教学模式构建了分级分层教学体系;通过打造特色实验项目和课程强化了艺术科技融合;通过夯实软硬件保障打造了跨学科实践新空间;通过完善规章制度确保了教学高效运行。在媒体融合背景下,教师需要转变观点,积极应对新的实验技术、场景和手段带来的挑战,同时要坚守专业,突出专业规范性,这是泛信息传播时代传媒教育的立身之本。

3.2.2 数字革命时代影视教育教学创新模式

西交利物浦大学影视艺术学院院长、影视与创意科技学院副院长麦莉娟作了题为《数字革命时代影视教育教学创新模式》的报告,分享了相关学院在组织架构、教育教学等方面的创新模式。科技发展带动影视传媒教育革新,相关学院积极寻求定位及创新模式,聘用影视传媒行业一线专业人士,充分挖掘学校资源,在组织架构、课程结构、上课形式等方面创造新模式,善用活动、第二课堂强化学生在科技方面的知识,从而培养了一批影视传媒市场所需的人才。

3.3 实践教学课程建设

南京大学新闻传播学院白净教授作了题为《数字人与虚拟制片课程设计》的报告,分享了该门课程建设的初衷、课程的师资准备、课程的设计以及对课程的思考。该课程从数字人和虚拟制片技术的行业现状与前景入手,通过对数字人建模、虚拟场景制作、虚拟拍摄与动作捕捉和虚拟制片合成的学习,学生最终以提交作品作为考核方式。白净认为,面对人工智能在影视传媒领域越来越广泛的应用,实践教学领域应不断迭代升级,与影视传媒业界联合打造可行的实践教学应用场景,高校应创造条件鼓励教师探索实践教学前沿领域。

江西师范大学新闻与传播学院刘一儒副教授作了题为《摄像技术与艺术——国家级一流(线下)课程建设之路》的报告,分享了国家级一流(线下)课程建设的经验。一是转变育人理念,培养学生"想动、敢动、能动"的动手意识、"分析问题、选择策略、解决问题"的明辨性思维、"独立思考、善于合作"的创作能力、"指间瞬息、镜头责任"的职业责任和"工业标准、规范流程"的工业流程意识。二是师资队伍建设,在项目中训练师资,师生直面行业前沿,打造专家型教师。三是教学内容上紧跟行业发展,密切联系行业革新。四是探索新型教学方法,向课外要时间、要空间,重构学习时空。五是在教学手段上用技术性思维拿捏教学重点与难点,使用虚拟仿真技术提升教学信息传输效果。

中国人民大学新闻学院何天平副教授作了题为《影像实务教学的田野课堂模式探索——以影像技术课程为例》的报告,介绍了"影像技术"课程建设情况。课程以构建成熟的大视听传播学科体系为中心,以新技术的理念与应用为支撑,形成一种生态型视听传播人才培养模式,建设一支跨学科、国际化的师资队伍,推出一批基础性原创研究成果,搭建基于新型视听传播的学术体系,构建一套开放、迅捷的社会服务响应机制。相关教学团队以一流课程建设为中心,推进开放、开源的教学资源及教学服务建设,充分重视第二课堂的育人作用,建立了从仿真到全真,开放、融合的影像田野课堂新模式。教学模式从讲授型教学转向嵌入式教学,教师面向实践应用场景创新教学方法。努力构建教学环境,将专业能力锻炼与国家使命、社会责任相结合。

北京师范大学传媒与艺术国家级实验教学示范中心教师王赟姝作了题为《体验与生成:教育数字化转型下艺术类实验教学新探索》的报告,阐述了"影像艺术赏析"虚拟仿真实验的教学理念、课堂模式、实验步骤、课程评价体系以及课程延展等。"影像艺术赏析"虚拟仿真实验是教育数字化转型下艺术类实验教学的教学手段和方式的全新探索,以虚拟仿真技术为手段,融合各学科经典理论对戏剧与影视教学方法进行创新性探索,能够在教学实践中形成全方位的美育德育培养路径,让学生在贯通性的知识背景下掌握多维度的艺术理论与具体知识,强化"新文科"建设要求下综合性文科人才培养能力。

3.4 实践创新人才培养模式

3.4.1 创新型人才实战化培养模式

深圳大学传播学院副院长黄玉波教授作了题为《"价值引领 毕设突破 实战贯穿"——新闻传播创新型人才培养的深大改革与探索》的报告,分享了深圳大学新闻传播创新型人才培养的改革和探索。

其一,价值引领,将课程思政实战化,精心打造课程思政品牌实战活动。

其二,毕设突破,开辟新闻传播本科毕设新模式。首先,在选题上,融合实战真题真做,选题解决真实问题,部分项目成果被企业采用;其次,公开答辩接受检验,毕业答辩公开进行,面向同行、企业方、用人单位及媒体,接受公开检验,畅通就业渠道;最后,总结经验,并进行共享。

其三,实战贯通,打造递进式实战教学机制。从面向学科竞赛的仿真实战到从整合性大作业为载体的竞争性实战,再到以毕业设计为载体的创新创业型实战。借助整合式递进式实战化教学手段探索全程紧张型教学,通过竞争和挑战唤起学生主动学习的动力,实现从作业到作品,再从作品到产品的转化,深化新闻传播创新型人才培养方式改革。

其四,创建"一核两翼"实战化教学平台,"一核"指新技术引领的国家级传媒实验教学示范中心,"两翼"指产教协同育人平台和高水平学科竞赛平台。

深圳大学在不同的历史阶段均积极应对新闻传播教育的变化,不断推进实战化培养模式的完善,将先进的教学理念、高水平的资源配置、优质的教学组织、良好的运行机制、严谨的流程和质量管控结合为一体。这充分体现了以学生为主体、以创新为标杆、以时代责任和价值理想为引领的教育改革精神,为新时代培养新闻传播创新型人才提供了独特的"深大经验"。

3.4.2 "产学融合"人才培养模式

吉林动画学院副董事长刘欣教授作了《"产学融合"人才培养模式创新实践》的报告,介绍了吉林动画学院"产学融合"人才培养模式的基本情况以及特色优势,采用吉林动画学院和吉动文化艺术集团双主体办学模式,在专业建设、人才培养、教师团队建设和项目资源建设上实现人才共培、项目共创和团队共建。学院秉承研产一体化和精准的人才培养特色,以培养新时代一专多能影视创新型人才为目标。学院在课程建设上,重组三类课程模式。其一是通专融合,共建通识教育平台;其二是产学融合,共建实践教学平台;其三是专创融合,共建创新创业孵化平台。在师资建设上,构建三型教师队伍。基础型教师承担通识、思政、公共基础和专业基础课程;双师型教师具有双重身份,交叉轮岗并进行双向考核;创业型教师由114名创业成功者、企业家和校友组成。

3.4.3 实践育人培养模式

西安交通大学新闻与新媒体学院张收鹏老师作了题为《新闻传播专业实践育人体系探索》的报告,阐述了新闻与新媒体学院的三全育人实践教学体系。该院的实验教学和实践体系建设以马克思主义新闻观为统领,创新培养理念,改革培养方案,加强实验教学和实习实训体系建设,构建起集课程实验、校媒实训、社会实践、学科竞赛、专业实习为一体的"大实践"培养体系。整个体系分为四个层级,层层递进,以主干课程实验教学为第一层级,以校园媒体实训、假期社会实践为第二层级,以学科比赛竞赛为第三层级,以媒、政、企校外实习为第四层级。通过全过程育人、全员育人、全方位育人的方式培养学生的综合素质能力。张收鹏还从学生的实践教学诉求、教师的实践教学设计、媒体的人才能力需求三个维度,探讨实践如何赋能新闻传播教育,如何助推具有"大实践观"的新闻传播人才培养。

3.5 微专业建设

深圳大学传播学院王建磊副教授作了题为《虚拟数字人微专业课程设置及培养方案简介》的报告,介绍了该微专业建设的目标定位、培养模式与特色、课程体系和教学方式以及学生选拔情况。该微专业建设的定位是虚拟 IP 设计与传播,学生需要掌握虚拟数字人的生产方法与原理,虚拟 IP 的策划、创作与传播技能,了解一定的人工智能、算法、知识图谱原理,能够将代码语言与影像融合,建立对元宇宙行业的专业化理解和研究能力。在课程设计上,该微专业把"虚拟数字人"的原理、制作、运营分成三大模块,每个模块对应设计原创课程。每门课程均以"校内导师+校外导师"模式开展合作教学。在协同育人方面,将原来的深圳大学—腾讯科技(深圳)有限公司的校企合作协议书中的内容进一步夯实,继续推进实习生合作机制。

4.技术支撑:传媒实践教学基础

阿里云智慧教育产品解决方案总监郭婧作了题为《阿里云智慧教育探索实践——AI 科技助力知识与实践教学》的报告,探讨了阿里云知识图谱和大语言模型"通义千问"在助力学科知识高效学习和实践型人才培养方面的作用。阿里云知识图谱能够促进教学模式的升级和融合学科创新的探索,实现高效的教研和精准的教学。利用图谱建立新的专业和新的课程,能够把传统的传媒基础课程和心理学、计算机、艺术设计、社会学等课程进行融合,构建更符合市场需求的新型传媒类专业。报告还介绍了大语言模型"通义千问"在传媒实践教学方面的应用场景,在素材的检索与搜集、文本分析、创意素材生成、多语种翻译以及在教、学、评、辅等方面的应用。

腾讯互动娱乐内容生态部制作总监李海峰作了题为《虚拟制作——连接虚拟与现实的先锋通道》的报告,分析了虚拟制作的基本原理、应用拓展和专业支撑,介绍了腾讯互动娱乐内容生态部打造的虚拟制作影棚,通过虚拟人拟真表现、人与虚实环境融合和人与虚实环境交互实现虚实融合的实时娱乐交互,能够开展虚拟实况活动、虚拟发布会、线下沉浸式体验产品等。

上海日向信息技术有限公司总经理杨锦杰作了题为《虚拟制片系统搭建 step by step》的报告，介绍了全实时 LED、扩展现实（XR）系列产品及其虚拟制片的特点、组成与功能，分析了虚拟制片用 LED 显示屏的技术要点及搭建案例，分享了 Aximmetry 虚拟演播室系统和虚拟跟踪设备选择注意事项。

北京强氧科技发展有限公司运营总监钱晓勇作了题为《强氧科技赋能传媒实践教学新进展》的报告，介绍了强氧科技把传媒新技术、新业务带入院校进行技术交流、应用支持的情况，分享了强氧科技与深圳大学、暨南大学、中山大学、海南师范大学、江西师范大学等院校合作开设传媒新业务的课程案例，形成了产教融合的强氧模式。

艾迪普科技股份有限公司产品中心总经理王一鹏作了题为《虚实无界 生动映现——3D 数字内容生产及应用实践教学》的报告，介绍了该公司研发的元数云平台——CGSaaS，该平台覆盖数字创意、数字文化、数字信息、数字孪生等数字内容产业的应用领域。传媒实践教学结合素材资源、课程学习、软件下载、创意社区、资讯要闻、商业服务六大板块，可以打造以内容生态、创客生态、产学研生态、云应用生态为基础的完整商业化数字内容创作实践教学生态闭环，实践教学的应用场景包括数据新闻内容、精品慕课、三维创意视频、360 全景视频包装、展示艺术设计、元宇宙内容生产等。

北京中科大洋科技股份有限公司教育事业部总经理魏哲作了题为《面向大视听的影视创作实践教学设计与应用》的报告，介绍了基于 AI 的影视制作全业务流程系统的特点、组成与功能，分享了面向大视听的各类传媒实验平台建设方案及实验室建设案例，通过教育部产学合作协同育人项目建设了融合新闻、融媒演播、智能媒体创作三类产教融合课程，促进了实践教学产教融合。

深圳看到科技有限公司商务总监曹虹作了题为《创造卓越影像产品 丰富人类生命体验》的报告，分享了该企业在 VR 拍摄制作方面的软硬件产品及其应用场景。在硬件上，该公司能够提供专业级 VR 影像领域完整的全套产品方案，拥有 12K 全景影像采集、8K 超高清全景直播、3D VR 直播、自由视角拍摄等新一代影像技术。在软件上，交互式 VR 漫游云创作系统 KanDao Creator 是双向互动媒体创作工具，它打破线性叙事的局限，以连接、融合、传播的能力，提供全新的故事呈现形式，支持多机位全景直播漫游、全景视频、全景图片，以及普通视频、图片、文本的融合互动创作。

字节跳动火山引擎智能创意高级经理董淑保作了题为《抖音账号矩阵运营案例分享》的报告，介绍了以内容为核心、以账号为前台、以 1＋N 账号突破为账号矩阵，实现带货直播、生活服务的业务流程，分享了基于数智化平台的内容制作、创意分发、闭环矩阵管理运营实践案例。

南京睿悦信息技术有限公司联合创始人刘峰瑞作了题为《抖音账号矩阵运营案例分享：AIGC＋元宇宙推动教育数字化规模化应用》的报告，介绍了 Nibiru XR OS、Nibiru Studio、Nibiru Creator 的特点、功能，及其在复旦大学、南京邮电大学、金陵科技学院等学校的应用案例，分析了 AIGC 在数字内容创作上的应用。

图萌（上海）科技有限公司营销总监蒋伟作了题为《设计链接元宇宙 思政融入大传媒》的报告，介绍了以设计为根、造工具为魂、依服务量身、聚生态共赢的理念，分享了用艺术的方式表达技术、用技术的手段呈现的相关艺术教育/传媒场馆装修设计、课程服务以及 XR 研发等方面的项目案例。

5. 结语

在本次研讨会上，大家关注的重点集中在新一代信息技术的迅速发展给传媒实验教学带来的冲击和挑战，运用新一代信息技术构建面向大视听的传媒实践教学产学研用共建共享生态是当务之急。本次研讨会还举办了传媒影视技术交流与设备展示活动，华栖云、佳能（中国）、强氧科技、艾迪普科技等公司参加了现场展示活动并协办了本次研讨会。会议搭建起高校与企业之间的互动平台，让高校代表了解到行业的新需求和新动态，契合了传媒高等教育产学研创共建共享的需求。

〔董莉，编辑，浙江传媒学院图书馆文员；鹿凤，实验师，浙江传媒学院全媒体实验创新中心实验员〕

影视传媒实践教学新场景的建设与思考
——传媒类一流专业、一流课程、AIGC系统建设研讨会综述

◎ 胡一梁

摘要：2023年11月18日至19日，传媒类一流专业、一流课程、AIGC系统建设研讨会在湖北黄冈举行，来自全国29个省（区、市）100余所高校、10余家影视传媒相关产业公司的300余名嘉宾齐聚一堂，围绕AIGC、大模型等技术迅猛发展的背景下，影视传媒实践教学如何赋能一流专业、一流课程建设等相关主题展开深入研讨。研讨会总结了相关高校各个院系传媒类一流专业、一流课程、实验教材、AIGC系统建设经验，旨在搭建产教用一体化平台，助力新技术赋能传媒实践教学。

关键词：影视传媒；实践教学；新场景；AIGC；一流专业

1.引言

随着高等教育"四新"建设和AIGC、大模型等人工智能技术的广泛应用，影视、新闻、艺术等传媒类专业迎来巨大发展空间。一流专业是人才培养的基石，一流课程是专业建设的核心，实践教学是人才成长的沃土。近几年来，国内各个高校传媒类专业以高质量发展为主线，以新文科建设为契机，在一流专业、一流课程、实验教材、AIGC系统等方面取得了丰硕成果。

"一花独放不是春，百花齐放春满园。"为此，中国高校影视学会实验教学专业委员会、浙江传媒学院全媒体实验创新中心、黄冈师范学院新闻与传播学院共同主办了主题为"新范式、新场景——携手向一流"的"传媒类一流专业、一流课程、AIGC系统建设研讨会"。会议由浙江传媒学院电视编辑与导播国家级实验教学示范中心、浙江传媒学院电视艺术学院、黄冈师范学院传媒与艺术国家级实验教学示范中心承办；由东

北师范大学传媒国家级实验教学示范中心、华南师范大学国家级信息传播实验教学示范中心、陕西师范大学国家级传媒实验教学示范中心、浙江大学传媒实验教学中心、天津师范大学新闻传播国家级实验教学中心、云南大学新闻传播国家级实验教学示范中心、安徽大学国家级新闻传播实验教学示范中心、河北师范大学新闻传播学院、成都理工大学传播科学与艺术学院、西交利物浦大学影视艺术学院、西藏民族大学新闻与传播学院协办。

本次会议为期两天,举办了主题论坛、实践教学赋能专业建设论坛、一流专业一流课程建设分论坛、大视听转播实践教学创新论坛、数字视听创作业务培训等活动,影视传媒高等教育产学研用领域的40名专家进行了分享。

2.主题报告会

开幕式及主题论坛于2023年11月18日上午在黄冈师范学院千人报告厅举办,开幕式由东北师范大学传媒科学学院(新闻学院)院长张文东教授主持。

黄冈师范学院校党委常委、纪委书记胡娟致辞,向莅临本次年会的嘉宾表示诚挚欢迎,介绍了黄冈师范学院在教学、科研、社会服务方面的情况,指出传媒行业正在经历深刻变革,这些变革给传媒行业带来了机遇,也给高校传媒教育带来了新挑战和更高的要求,在传媒行业发生深刻变革的背景下召开这场会议恰逢其时,影视传媒教育必须与时代同频共振,迎接AIGC新场景。

中国高校影视学会副会长、国家广电总局媒体融合发展司原司长杨杰致辞。他表示,中国高校影视学会目前有15个专委会、26个创研中心,助推学会在影视人才培养、影视研究与教学方面打开了全新局面。这次由实验教学专业委员会召开的会议是面向影视传媒产学研用交流合作的重要平台,希望实验教学专业委员会加快传媒实践教学资源的共建共享、加强实践教学师资培养、赋能中西部传媒实践教学。

开幕式之后举办了主题论坛,由山东师范大学影视传媒研究院院长、中国高校影视学会实验教学专业委员会副主任马池珠主持。

中国高校影视学会副会长、南京艺术学院科研处处长王方作了题为《艺术学科调整和学科建设》的报告。他指出,要把艺术人才培养的导向转到应用型人才的培养上,人才培养要更符合时代要求,让学术更学术专业更专业,专业博士培养要讲创新。他介绍了南京艺术学院在艺术学科调整方面的做法,分享了艺术专业进行数字化转型和高层次艺术人才培养的经验,提出必须根据时代要求对影视传媒各专业学位点结构进行调整,更要面向未来需求和实践需求进行传媒人才的培养。

中国高校影视学会常务理事、实验教学专业委员会主任、浙江传媒学院副校长姚争教授作了题为《关于实验室的一种实验:基于未来影像的文科实验室建设构想》的报告。他认为,未来影像社会应用实验室立足于未来影像技术发展,探索创新影像语言体系、表达方式和应用场景具有必然性和可行性。实验室建设遵循基础性与前瞻性相结合、理论性与实用性相统一、艺术性与科技性相融通的原则,通过实证式研究、机器自动分析、理论驱动型实验实现人文研究的科技化、科技研究的人文化。报告介绍了未来影像实验室的主要组成、研究内容和社会服务构想,指出文科实验室建设需要面向教学、面向科研、面向社会,应培养具有创新意识的影视传媒人才。

浙江传媒学院陈奕副教授作了题为《数字虚拟影像实践创作与教学》的报告,他以自身教学科研社会服务的翔实的案例,从高校教师、创作者、研究者、应用者的角度分享了在数字虚拟影像实践创作与教学过程中的探索与案例,以小说剧本、前期设计、中期拍摄、后期制作为线形象地介绍了全流程可视化的理念与实践,并指出高质量的影像创作人才培养必须坚持艺术与技术、课堂与实践相结合。

黄冈师范学院新闻与传播学院原院长、传媒与艺术国家级实验教学示范中心常务副主任杨疾超作了题为《AIGC 赋能下的国家级实验教学示范中心建设》的主题报告,他介绍了黄冈师范学院传媒与艺术国家级实验教学示范中心的建设历程、运行机制与建设成果,分析了在 AIGC 技术的加持下该示范中心的发展思路,指出该示范中心将通过 AIGC 技术创造多元化、个性化的学习环境,提供多样化的教学资源,满足学生不同的学习需求和兴趣。

华中科技大学新闻与信息传播学院石长顺教授作了题为《生成式 AI 传媒场景应用范式转型与双一流建设》的主题报告,他指出传媒创新人才培养必须实践教学先行,与此同时也需要协同企业参与共建,并提出了重点建设新闻传播学科人工智能基础课程和关联知识课程体系,协同 AI 新企业共建一批"场景驱动"的应用型模块课程,建设有影响力的智能传播国家级规划教材和国家一流课程。

中国高校影视学会实验教学专业委员会副主任兼秘书长、浙江传媒学院全媒体实验创新中心副主任胡一梁教授作了题为《智向未来,携手共建传媒实践教学共享平台》的报告。他指出,大视听高清化、智能化、交互化、行业化的发展趋势给影视传媒人才培养带来了无限可能,并分享由网络平台、移动 App 组成的传媒实践教学共享平台——媒教空间的架构与功能。媒教空间旨在打造一个面向全国的传媒实践教学共享平台,形成传媒产学研用各界共同构建面向大视听的实践教学生态新局面。

3. 一流专业、一流课程研讨

来自高校的传媒专业负责人从一流专业、一流课程到 AIGC 系统建设方面进行了案例分享,他们系统探讨了教学带动科研与科研促进教学的良性互动、以课程建设为抓手建设一流专业、XR 对未来教学的影响、融合新闻传播人才"实战"培养、课程建设如何服务社会等话题。

新乡学院新闻传播学院教师段筱作了题为《亲近世界·洞察人心——一流课程创新分享》的报告,围绕"是否接受未来部分学生成为无用阶级"这一话题,讲述了影视后期制作类课程说人话(摒弃传统陋习,正视受众)、办人事(按照市场需求组织内容)、洞察人心(努力让听你课程的人心潮澎湃)三个举措,展示了线上课程点击量达到 1,180 万的过程,介绍了通过虚拟人互动复刻帕多瓦大学"双教师授课"制度的尝试。

武汉体育学院新闻传播学院名誉院长张德胜作了题为《国家级一流本科课程的科研支撑》的报告,通过把在教学中解决不了的问题列为科研的对象、把科研内容引入教学的案例分享,阐释了教学带动科研与科研促进教学。国家级一流课程建设一是需要把知识、能力、素质三者进行有机融合,培养大学生解决复杂问题的思维与能力,实现课程的高阶性;二是需要把握课程内容的时代性和前沿性、教学形式的互动性和先进性、学习结果的探究性和个性化,实现课程的创新性;三是课程有一定难度,对老师备课和学生课下学习有较高要求,实现课程有一定的挑战度。报告介绍了"体育解说评论""体育与社会"等国家级一流本科课程建设经验,分享了新媒体时代对体育解说评论人才"四协同四育人"培养模式的探索与实践。

浙江传媒学院电视艺术学院制作系主任李琳作了题为《以课程建设为抓手建设一流专业》的报告。她分享说,应通过显性课程隐性化、隐性课程显性化实现一、二、三课堂的联动与融合。李琳分享了通过打造新型课程教学场景、构建"三类三化"专业课程体系、拓展建构"时空融合"泛在教学模式赋能影视摄制专业国家级一流本科课程的建设经验,指出一流课程建设是一流专业建设的基础。

西南政法大学新闻传播学院副院长张治中作了题为《以实验室建设为基础 推动专业＆课程"双一流"建设》的报告,介绍了西南政法大学新闻传播学院的发展历程、基本情况、建设现状,分享了以实验室为教学科研平台,创新人才培养模式、开发实验课程、孵化教学改革项目、助力微课大赛、推动国家级一流专业的经验,以国家级示范中心的要求为标准完成"人权传播融媒体实验教学中心"的建设,完善中心的软件硬件设施,实现进一步的教研融合。

江西师范大学新闻与传播学院实验中心主任刘一儒作了题为《技术性思维拿捏下传媒实践课资源建设》的报告,介绍了"摄像技术与艺术"的建设经验。在微观上,用技术性思维拿捏教学重难点,使用虚拟仿真技术提升教学信息传递效果;在宏观上,突破了传统技术类课程"只教机器、只学机器、只用机器"的低阶教学状态,提出了一套有利于学生成才的影视传媒实践教学模式。

山东师范学院影视传媒研究院院长马池珠作了题为《一流课程建设与申报》的报告,介绍了山东师范学院建设国家级一流课程的做法,分享了成功申报国家级一流(线下)课程"电视导演"和国家级线上线下混合式一流课程的"现代教育技术"的经验,并以混合式一流课程为例向大家阐述了国家级一流课程的内涵特点、申报要点、评审指标和建设过程,为一流课程申报建设指出了明晰的方向。

华南师范大学教育信息技术学院院长张学波作了题为《聚焦内涵提升,推进传播学国家一流本科专业建设》的报告,阐述了专业建设围绕"课程思政"改革,以马克思主义新闻观为纲、以新媒体和影像为特色、以新文科为理念、以实践为导向,构建复合型全媒型传播人才培养模式的具体举措,指出国家级一流专业必须强化新文科建设,深入落实课程思政,重构适应新形势的课程体系。

武昌首义学院新闻与文法学院副院长余林作了题为《一基架、三驱动、四赋能——混合式国家级一流课程的建设路径》的报告,分享了国家级一流线上线下混合式课程"融合新闻学导论"的建设特色,实现了思辨驱动、情感驱动、实践驱动,形成了党团赋能、基地赋能、项目赋能、技术赋能的建设格局,提出了混合式一流课程建设从"小混"走向"大混",充分发挥"五金"(金专、金课、金师、金地、金教材)带动效应的建设思路。

浙江传媒学院电视艺术学院朱怡副教授作了题为《国家一流社会实践课程建设思考——以浙江传媒学院全媒体视听创作为例》的报告,提出"把一流课程作为课题来建设"的建设思路,基于一流课程的高要求、高标准,实现"问题意识"指导下的课程定位、建设思路,并提出了解题方向。同时,朱怡以"全媒体视听创作"为例介绍了建设思路——围绕全媒体的内容特点和社会实践课程特色,在课程建设上实现"强"导向、"优"教改、"活"创作的创新特色。

河北师范大学新闻传播学院副院长王晓旭作了题为《立足京津冀协同发展 以大思政实践推动一流传媒专业建设》的报告。他介绍了河北师范大学新闻传播学院通过思政教学研究、实践思政育人、以赛促学思政平台、一流课程思政平台建设传媒类国家级一流专业矩阵的具体做法,并指出专业建设需要深入构建大思政育人格局以及建设数字赋能一流课程。

4.实践教学赋能专业建设

实践教学赋能专业建设分论坛就 AIGC 背景下的实践教学如何赋能实践创新人才培养展开讨论，本场论坛由华南师范大学教育信息技术学院院长张学波担任主持。

浙江大学传媒实验中心主任卢小雁作了题为《AI 嵌入下的 XR 虚拟实景拍摄对影视制作实验教学的促进》的报告，指出下一代数字技术决定着下一代人类的交往，报告从社会发展背景与前景、未来趋势探索两个维度简要陈述了虚拟实景拍摄对影视制作实验教学的促进。报告认为，未来创造与综合应用能力培养、通识等方面越来越重要知识的系统化学习、跨学科交融与产学协同发展。

中南政法财经大学新闻与文化传播学院石永军教授作了题为《融合新闻传播人才培养的"实战"探索——以中南大"聚焦直播"团队建设为例》的报告。他介绍了融合新闻传播课程体系，分享了通过实战 AGIL 四步实践教学模式形成学生用户意识、流程意识、导向意识，从而实现了对学生观察思考、策划组织、表达沟通、团队协作、技术应用等能力的培养。

辽宁大学广播影视学院副院长张晓飞作了题为《百舸争流 奋楫者先——关于实践教学的几点思考》的报告，介绍了学院实验室在新文科背景下融合全元素、链接未来建设目标、"一切＋"和"＋一切"的建设理念，分享了其通过沈阳国际青年影像节、辽宁大学影视创作基地、新 V 度影像工作室、全类型精品创作的"一节、一地、一室、一片"协同联动培养实践创新人才的经验。

天津师范大学新闻传播学院摄影系主任祁小龙作了题为《以赛代练——天津师范大学新闻传播学院实践教学探索》的报告，介绍了利用社会化媒体平台提升学生实践能力的路径以及在实践教学的过程中以课堂为依托、以实践为主项、以就业为导向、以大赛为引领的经验，分享了天津师范大学新闻传播学院调整授课模式、加强实践教学、重构实践教学系统、实习以赛代练的案例。

上海交通大学媒体与传播学院新闻与传播系副主任王昊作了题为《以人工智能为引领的媒体内容生产革新教学实践》的报告，列举了世界上目前广泛应用的 50 种 AI 工具，以案例分享了 AI 在文本生成、声音生成、视频生成等领域的应用。他指出 AIGC 在定制化内容生产、虚构性内容生产、整合式内容加工等方面有巨大的优势，强调无论何时传媒专业基础知识、基本技能的学习都非常重要。

山西传媒学院视听学院副院长杜君作了题为《实践聚力人才培养，项目赋能教学创新》的报告。他介绍了以创作提质减量强化课程群实践建设、实训布局优化促进多年级实践联动、院线创投双助力提振专业（行业）认同感的实践教学模式，以及以小学期项目为驱动、凝聚培根铸魂合力、深耕实践教学的案例，分享了深化产学结合的企业提前入驻、契合多元需求的半订单式培养、彰显品牌效应的横向课题研究、保障项目实施的学分置换机制。

湖南工业大学文学与新闻传播学院实验中心主任李佳龙作了题为《基于项目制学习的大视听实践教学》的报告。他介绍了用轻资产的方式进行项目合作、用案例吸引更多外部力量进行实践教学，以及以兴趣驱动学生学习内生力、用社群模式激发学生的创造力、用项目实训培养学生一专多强的专业力的经验，并分享了实践教学模式与学生管理心得，指出降低达人创作门槛、提高达人单位时间创作效率、提高矩阵内容创作能力是实践教学的创新方向。

苏州大学传媒学院实验教学中心常务副主任倪健作了题为《实验室与传媒课程建设助力应用型人才培养的实践与思考》的报告。他介绍了学院实验室建设、实践课程建设与拓展、课外实践活动等情况，分享了"传媒实务"课程建设案例，指出实践课程需要在内外结合的基础上注重实用与向外延伸。

成都理工大学传播科学与艺术学院实验中心主任熊巍作了题为《实验室建设赋能一流专业人才培养的举措及成效》的报告。他分享了层级式实践教学体系的构建，以及通过将前沿实验教学项目融入专业课程来培养学生实践创新能力的经验，提出影视传媒实践教学必须加强产学研用生态建设。

佳能官方认证讲师邵小白作了题为《低预算、高画质的佳能转播实战应用》的报告，结合现场搭建的多机位直播系统深入浅出地解析了低成本高性能专业直播系统的组成、功能和工作流程，通过现场实操，展现了佳能现场制作产品的优异性能。

北京体育大学体育赛事制作与转播实验室主任赵琳琳作了题为《发挥资源优势服务体育强国——北京体育大学体育赛事制作与转播实验室教学实践创新与路径探索》的报告，介绍了全国首个5G高新视频体育融合创新实验室在"体育＋科技"的融合创新方面的应用，分享了师生承担冬奥会转播、省部级科技开发和实践课程建设等案例，指出学科发展嵌入社会需求、教学实践嵌入学科发展、动力机制建构是实践教学欣欣向荣的必由之路。

中国传媒大学教育服务中心技术支持部主任张俊作了题为《中传电视转播：十年实践教学回顾与总结》的报告，系统介绍了中传转播班的选拔办法、教学模式和进阶之路,分享了依托转播班承担校内外大型活动,培养新时代影视传媒实践创新人才的经验。

5.新技术赋能教学新场景

会议还举办了 AIGC 新技术交流会和技术展,华栖云、英特尔(中国)、北京米穗、艾迪普、佳能(中国)、杭州优链、北京景澜、强氧新科、北京中科大洋等公司协办了本次会议。

成都华栖云科技有限公司高级副总裁张亚敏作了题为《迎接 AIGC 时代,重构传媒实践教学》的报告。她介绍了 AIGC 在影视传媒领域的落地应用和基于 AIGC 环境的全媒体人才培养实践平台的组成、功能及应用案例,指出社会需要大量掌握 AIGC 技术、具备模式创新能力的人才。

英特尔 AI 架构师丁蓝作了题为《英特尔助力高校 AIGC:人工智能与计算机科学领域的创新探索及实践》的报告。他介绍了英特尔提供的丰富的平台与技术,以及英特尔与合作伙伴在 AIGC 领域的探索,分享了英特尔全流程 AIGC 训练推理一体机——攀升磐龙 TW-S4AIGC 在 AIGC 实践教学中的案例。

北京米穗科技有限公司创始人张学敏作了题为《米穗 AIGC 系统赋能传媒实践教学》的报告,介绍了米穗科技在媒体 AIGC 生产平台上的探索,分享了 AI2.0 大工具属性赋能影视传媒实践教学解决方案,介绍了米穗科技的影视传媒系统开发理念。

艾迪普科技股份有限公司产品中心总经理王一鹏作了题为《数智赋能,培养适应新时代要求的全媒体复合人才》的报告,阐述了艾迪普在数字内容智能生产领域的技术创新、生态构建、产业发展的最新进展与思考,分享了艾迪普应用型 3D 数字内容人才培养综合解决方案,提出了课岗融合、课赛融合、课证融合、课创融合的"岗、课、赛、证、创"五位一体的综合育人模式。

佳能(中国)有限公司视频市场部的闫馨作了题为《佳能专业视频产品应用案例分享》的报告,从综艺、纪录片、演出、体育赛事、直播、监控等领域介绍了佳能产品的广泛应用,分享了佳能专业产品的新技术、新业务、新发展。

杭州优链时代科技有限公司创始人蒋亚洪作了题为《元宇宙时代——人和万物的 3D 数字分身》的报告。他分享了如何创建真人 3D 数字人、数字分身案例、数字分身应用场景,重点介绍了在教育、旅游、商业等方面的多个应用场景。他指出未来十年是元宇宙时代。优链 3D 云阵相机为现场嘉宾带来元宇宙创新应用体验,一秒拍摄体验真人 3D 数字分身的相关技术受到了与会人员的热烈欢迎。

北京景澜科技有限公司教培部总监鲁振伟作了题为《如何培养未来传媒创新人才》的报告。他分享了景澜科技在北京冬奥会、杭州亚运会等大型活动播控、虚拟制作方面的应用案例，介绍了根据高校实际情况和需求构建不同深度的合作模式，提出了助力影视传媒、艺术学科建设与高端未来媒体创新人才培养的解决方案。

北京强氧科技发展有限公司运营总监钱晓勇作了题为《VP 拍摄的理解》的报告，从不同的维度简明扼要地介绍了 VP 拍摄的技术、创作方面的发展历程以及屏幕、灯光、摄影机三者在同一空间内如何高质量协同，并携带强氧 UHD＋后期制作解决方案进行现场展示。

北京中科大洋科技股份公司教育事业部总监魏哲作了题为《结构化思维 AIGC 在实践教学中的创新应用》的报告。他从智能信息技术对媒体生产的变革角度出发介绍了内容生产逐渐从"重"到"轻"、从以"人工"为中心到以"AI"为中心的过程，分享了 AIGC 快速融入教学环节的案例，指出 AIGC 需要由浅入深地在影视传媒实践教学中落地。

艾迪普科技股份有限公司高级产品经理闫俊丽作了题为《AIGC 数智＋3D 数字内容创作实践》专题业务培训，详细解读数字视听前沿趋势，阐述了融合 AIGC、数字人等技术的艾迪普新一代数字内容生产工具，结合元数云平台丰富的创作资源及云上服务支撑，实现内容生产力的全新重构、新型视听形态的升级，助力传媒类专业实践教学内容的升级与方法路径的创新，提升全媒体人才复合型能力。

6.结语

11 月 19 日中午，本次会议在风景如画的遗爱湖畔圆满落下帷幕。本次会议内容涵盖传媒实践教学多个方面，就当前 AIGC 发展，一流专业、一流课程建设，实践教学赋能传媒人才培养，产学研用各界实践教学共建共享等议题进行了深入交流和探讨，有力地推动了传媒实践教学生态产学研用共建共享。大家纷纷表示，将继续关注和支持传媒实践教学的发展，共同推动传媒实践教学的创新。

〔胡一梁，教授级高级工程师，浙江传媒学院全媒体实验创新中心副主任〕

图书在版编目(CIP)数据

中国传媒实践教学研究.第四辑/胡一梁主编.--北京：中国传媒大学出版社，2024.11.
ISBN 978-7-5657-3834-0

Ⅰ.G206.2-53

中国国家版本馆 CIP 数据核字第 2024DE2659 号

中国传媒实践教学研究（第四辑）
ZHONGGUO CHUANMEI SHIJIAN JIAOXUE YANJIU (DI-SI JI)

主　　编	胡一梁
策划编辑	李水仙
责任编辑	李水仙
特约编辑	李明远
封面设计	拓美设计
责任印制	李志鹏
出版发行	中国传媒大学出版社
社　　址	北京市朝阳区定福庄东街 1 号　　邮　编　100024
电　　话	86-10-65450528　65450532　　传　真　65779405
网　　址	http://cucp.cuc.edu.cn
经　　销	全国新华书店
印　　刷	唐山玺诚印务有限公司
开　　本	787mm×1092mm　1/16
印　　张	17
字　　数	323 千字
版　　次	2024 年 11 月第 1 版
印　　次	2024 年 11 月第 1 次印刷
书　　号	ISBN 978-7-5657-3834-0/G·3834　　定　价　79.80 元

本社法律顾问：北京嘉润律师事务所　郭建平